(Cousou- la Coucout...)

NOTICE

SUR LA

MAISON DE GASSION,

PAR

A. DE DUFAU DE MALUQUER

I0039358

PAU

Vve LÉON RIBAUT, LIBRAIRE

6, RUE SAINT-LOUIS, 6

1896

NOTICE

SUR LA

MAISON DE GASSION

3
im
2421

BIBLIOTHÈQUE NATIONALE R.F. IMPRIMÉS

NOTICE

SUR LA

MAISON DE GASSION

PAR

A. DE DUFAU DE MALUQUER

PAU

Vᵛᵉ LÉON RIBAUT, LIBRAIRE

6, RUE SAINT-LOUIS, 6

—

1896

TARBES. — IMP. CLÉMENT LARRIEU.

NOTICE

SUR LA

MAISON DE GASSION

M. Ch.-L. Frossard, pasteur à Bagnères-de-Bigorre, termine en ces termes l'étude très complète qu'il a consacrée au maréchal de Gassion, dans le *Bulletin de la Société de l'histoire du Protestantisme français*, du mois d'avril 1895 (1) :

« Quel dommage pour la gloire de la France qu'un si bon général « ait voulu jusqu'à la fin faire le soldat; il ne fût pas mort si jeune.

« Il a laissé le bel exemple de sa vie à ses contemporains. Après « en avoir retracé une esquisse bien imparfaite, nous souhaitons à « notre chère patrie, si la guerre menace ses frontières, pour la « défendre et la venger, à la tête de chacune de ses armées un Jean « de Gassion.

« En attendant ce jour de victoire, il nous paraît juste, et nous « émettons le vœu que d'un bloc du beau marbre qu'on extrait des « Pyrénées, à Saint-Béat ou à Louvie, on fasse une statue pour « mettre sous les yeux des Béarnais la vigoureuse image de leur « illustre compatriote. La ville de Pau a trouvé une place pour le « maréchal Bosquet, elle saura bien en faire une pour le maréchal « de Gassion.

« Que la ville de Paris, se souvenant que deux fois Gassion a « arrêté les Espagnols et les Impériaux qui avaient franchi la fron- « tière du Nord, et par là menaçaient la capitale, donne à une rue « nouvelle, un nom qui ne ferait pas mauvaise figure entre ceux de

---

(1) Ch.-L. Frossard, *Jean de Gassion*, *maréchal de France*, Paris, Grassart, 1895, in-8°, 37 pages. (Extrait du *Bulletin de la Société de l'histoire du Protestantisme français.*)

« Gasparin et Gaston de Saint-Paul, dans la nomenclature de ses
« voies et chemins.

« Plus ambitieux, encore, nous demandons que le souvenir de
« Jean de Gassion renaisse dans l'âme de nos jeunes soldats français.
« Difficilement ils trouveront un plus parfait modèle militaire, digne
« d'une plus pure gloire patriotique. »

Avant d'écrire la généalogie de la famille du célèbre maréchal de
France, nous avons été heureux de rappeler ce passage d'une œuvre
consciencieuse, que l'on ne peut lire sans éprouver une réelle émo-
tion, et nous considérons comme un devoir de nous associer de toute
notre âme au pieux désir exprimé, avec tant de chaleur, par l'honorable M. Frossard.

*
* *

L'Armorial de Béarn de 1696-1701 n'a donné sur les Gassion que
des notes rapides, puisées, pour la plus grande partie, dans le Dictionnaire historique, de Moréri, et dans le Dictionnaire de la Noblesse,
de La Chenaye-Desbois (1). Il nous a paru intéressant de rechercher
les origines de cette famille, qui devait s'illustrer, au XVIe et au
XVIIe siècles, dans la magistrature et dans l'armée.

On trouve, pour la première fois, des détails généalogiques sur
les Gassion dans la Vie de Gassion, maréchal de France, depuis 1609
jusqu'en 1647, par l'abbé Michel de Pure (2). Voici comment débute
cet auteur :

« La maison de Gassion est également illustre et ancienne. Elle
« a jetté diverses branches en France, en Arragon et en Angleterre.

« Elle a même eu en France divers établissemens qui l'ont plutôt
« partagée qu'augmentée.

----

(1) Armorial de Béarn, tome 1er, Paris, Honoré Champion, 1889, pages
3 ; 42 ; 102 et 109.

(2) Paris, chez Guillaume de Luyne, 1673. 2 volumes in-12. — Cet
ouvrage a eu une autre édition, sous le titre suivant : Histoire du maréchal de Gassion, où l'on voit diverses particularités remarquables qui se
sont passées sous le ministère des cardinaux de Richelieu et de Mazarin,
et sous le règne de Gustave Adolphe, roi de Suède, Amsterdam, chez
J. Louis de Lorme et Estienne Roger, marchands libraires, sur le Rockin,
près de la Bourse, 1696, 2 volumes in-12.

« C'est une erreur aussi fausse que commune qu'elle ait été moins
« considérable par l'épée que par la robe. Elle a eu, sans doute, un
« aussi grand nombre de gens de cœur et de main dans les premiers
« tems que dans la suite elle a produit d'hommes de tête et de
« sçavoir..... »

L'abbé de Pure fait connaître, entre autres sujets remarquables,
Guillaume de Gassion, qui aurait été, vers 1499, sénéchal du pays
de Sauveterre et d'Oloron. Ce Guillaume ou mieux Guilhamot de
Gassion, auteur incontestable de la famille dont nous nous occupons,
n'a jamais rempli d'aussi importantes fonctions, comme nous le
démontrerons plus bas.

Le tableau généalogique tracé par l'abbé de Pure, en tête de son
ouvrage, et mentionnant les branches de la maison de Gassion,
fixées à Toulouse et en Bretagne, est exact. Il n'en est pas de même
des notes biographiques concernant plusieurs des personnages qui
figurent dans ce tableau : la fantaisie a joué, plus d'une fois, un rôle
prépondérant dans leur rédaction (1).

Le père Anselme, après avoir reproduit une partie des renseignements donnés par l'abbé de Pure, ne commence, en historien pru-
dent, la généalogie suivie de cette maison qu'avec Jean de Gassion,
procureur général, grand-père du maréchal (2).

Plus hardi que le père Anselme, Moréri, s'inspirant, sans doute,
d'un mémoire communiqué par un Gassion, a publié une généalogie
de la même famille, à partir de l'année 1385 (3). La Chenaye-
Desbois l'a reproduite presque textuellement dans son *Dictionnaire
de la Noblesse*, et, de nos jours, l'*Annuaire de la Noblesse de*

---

(1) Tallemant des Réaux dit, dans ses *Historiettes* : «... Les neveux du
maréchal, qui portent l'épée, fils du président, son frère, ont fait faire sa vie
trop ample et misérablement écrite par l'abbé de Pure. Ils affectent de faire
passer leur maison pour être d'ancienne noblesse, et font une généalogie telle
qu'il leur plait... » *(Les Historiettes de Tallemant des Réaux*, deuxième
édition, par M. Monmerqué, Paris, Garnier, frères, 1861, tome v, page 168,
note 1.)

(2) Père Anselme, *Histoire généalogique de la maison royale de France,
des pairs, grands officiers de la couronne et de la maison du roy et des
anciens barons du royaume*, etc., tome vii, Paris, 1733, page 536.

(3) Moréri, *Dictionnaire historique*, tome v, Paris, 1759, *verbo* GASSION,
page 86.

France en a donné une nouvelle édition (1). Le nombre considérable d'erreurs graves renfermées dans le mémoire de La Chenaye-Desbois nous oblige à le mettre sous les yeux du lecteur, en ayant soin d'insérer, sous forme d'annotations, des analyses de documents venant le rectifier et le dégager de toutes les fables, de toutes les inexactitudes dont il est émaillé (2) :

« GASSION, ancienne maison de Béarn, qui a donné son nom au « château de *Gassion* dans la même province (3), et y a produit, « depuis plusieurs siècles, des personnes distinguées, entr'autres un « maréchal de France, divers lieutenans généraux des armées du « roi, deux évêques (4) et plusieurs autres officiers de marque, « tant dans l'épée que dans la robe. Le premier seigneur de cette « famille, dit Moreri, d'après M. de Marca, *Histoire de Béarn*, depuis « lequel les titres, qui ont échappé aux fréquentes guerres qu'il y a « eu autrefois dans ce pays, permettent de prouver la filiation, est :

« I. — Arnaud-Guilhem DE GASSION, qui rendit hommage, le

---

(1) Borel d'Hauterive, *Annuaire de la Noblesse de France*, Paris, Dentu, 1889, page 145.

(2) La Chenaye-Desbois, *Dictionnaire de la Noblesse*, 2ᵉ édition, tome VII, Paris, Antoine Boudet, 1774, page 116; — La Chenaye-Desbois et Badier, *Dictionnaire de la Noblesse*, tome IX, Paris, Schlesinger frères, 1866, colonne 19.

(3) Le marquisat de Gassion fut créé au mois de février 1660. Avant cette époque, il n'y avait, en Béarn, ni château, ni fief du nom de Gassion. — On lit dans le *Dictionnaire géographique, historique et politique des Gaules et de la France*, par l'abbé Expilly, Amsterdam, 1764, tome III, page 562 : « Gassion, château très ancien et en mauvais état dans le pays messin, diocèse de Trèves, parlement et intendance de Metz, juridiction et recette de Thionville, dont il n'est éloigné que d'un quart de lieue. Neurbourg est son véritable nom : il a pris celui de Gassion, depuis que le maréchal de ce nom y établit son quartier général en 1643. On arrive à ce château par une allée d'arbres qui règne depuis la chaussée jusqu'au pont-levis du château. »

(4) Il n'y eut qu'un seul évêque du nom de Gassion, Pierre, qui administra le diocèse d'Oloron et mourut en 1652.

« 5 juillet 1385, pour le château de Gassion et la terre de Goès (1),
« dont il étoit seigneur. De Guiraudine d'Audax (2), qu'il avait épou-
« sée par contrat du 15 février 1360, il laissa :

« 1. — Bernard, qui suit ;

« 2. — Et Arnaudine, morte sans alliance. (Trésor de la Chambre des
« comptes de Béarn.)

« II. — Bernard DE GASSION, 1er du nom, se maria, par contrat du
« 3 juillet 1388, avec Jeanne DE MONTAUSER, et en eut :

---

(1) *Le Dénombrement général des maisons de la vicomté de Béarn*, de
1385, mentionne à Goès, *l'ostau* (maison) *de l'Abadie*, domenger (gentilhomme). Les Gassion ne devinrent abbés laïques de Goès qu'à la suite
du mariage contracté, dans la seconde moitié du xve siècle, entre Guilhamot
de Gassion, d'Oloron, et Johanine d'Abbadie de Goès, héritière. — Il convient de signaler qu'il y avait à Goès, en 1385, deux possesseurs de fiefs
qu'il ne faut point confondre : *le seigneur du Domec de Goès* et *le seigneur
de l'abbaye de Goès*. On trouve, en effet, dans la nomenclature des domen-
gers du bailliage d'Oloron, dressée à cette époque : *l'ostau d'Agoès* et
l'abadie d'Agoès. (Raymond, *Inventaire sommaire des archives des Basses-
Pyrénées*, tome vi, *Dénombrement*, pages 46 et 49.)

Voici une note sur les seigneurs du Domec de Goès, du xive siècle, qui
sont absolument étrangers aux Gassion :

En Bertrand de Domec de Goès, na Condor, sa femme, Arnaud, leur fils,
et Guiraute, femme de ce dernier, consentirent, au mois de mai 1319, le
jour de la fête de la Sainte-Croix (3 mai), l'affranchissement des maisons
appelées Vignau, Vergès et Conques, situées à Goès ou au Faget de Goès,
ainsi que des maîtres, fils et filles desdites maisons, nés ou à naître.
(E. 1707, fo 92.) — Bertrand de Domec de Goès eut de sa femme :
1° Arnaud de Domec de Goès, marié à Guiraute; 2° Senebrun de Domec de
Goès ; 3° Bertranot de Domec de Goès ; 4° et Gaillardot de Domec de Goès.
(E. 1767, fo 92.)

En Navarrot ou Navarre, seigneur du Domec de Goès, dont nous parle-
rons plus loin, appartenait, vraisemblablement, à la même famille que les
précédents.

Le mot béarnais *domec*, devenu souvent nom patronymique, signifie
château et domaine du domenger. (Lespy et Raymond, *Dictionnaire béarnais ancien et moderne*, tome 1er, page 243.)

(2) On a voulu écrire, très probablement, d'*Audaux*. — Audaux est une
commune du canton de Navarrenx.

« 1. — Navarrot, qui suit;

« 2. — Et Guilhem, chanoine d'Oloron. (Archives de l'église d'Oloron.)

« III. — Navarrot DE GASSION rendit hommage, le 15 juin 1428,
« pour son château de Gassion et sa terre de Goës, au comte de Foix
« et vicomte de Béarn (1). Il épousa, par contrat du 31 juillet 1423,

---

(1) Navarrot, *alias* Navarre, seigneur du « domec » de Goës, — qui
n'avait rien de commun avec les Gassion, — reconnut devoir 13 florins à
Jean Baron, d'Oloron, le 3 mai 1422; donna quittance de la somme de
15 florins en faveur de Jean, seigneur d'Izeste, le 10 avril 1428; et fit un
emprunt de 200 sols morlaas blancs aux curés et prébendiers de l'église
Sainte-Croix d'Oloron, le 13 mai suivant. Il reçut, le 28 juillet 1429,
ainsi que Guirauton d'Izeste; Me Arnaud de Puyou, de Goës; mossen
Arnaud de Pardies, curé dudit lieu; Menauton d'Osque; Me Arnaud de
Sacaze; mossen Guilhemet, curé de Légugnon; Menaut d'Audaux, de Sainte-
Marie; et Arnaud-Guilhem de Leaas, une procuration de la part de Clariane
d'Abbadie de Goës. (E. 1766, fos 23; 104; 106 et 131, vo.) Navarre, seigneur de Goës, assista, le 30 mai 1438, aux pactes de mariage d'Arnaud
de Jasses, fils de Louis, seigneur de Jasses, avec Marguerite de Gayrosse,
fille de mossen de Gayrosse, abbé de Larreule; contracta, le 27 juillet 1438,
une obligation de 23 sols, 3 deniers jaqués, en faveur de Guilhem-Arnaud
de Ledeuix, habitant à Oloron, et le 17 mai 1439, une autre obligation
de 45 florins, de 10 sols chacun, envers le même. (E. 1767, fos 38, 41 et
62.) Il est encore cité, du 27 mars 1426 au 22 septembre 1440, dans de
nombreux actes des notaires d'Oloron (E. 1766, fos 90; 102; 112; 119;
135, vo; 148, vo et 172; E. 1767, fos 13; 15; 18; 23; 30; 35; 39, vo; 45;
47; 51, vo; 52, vo; 53, vo; 60; 61, vo; 66; 70; 72, vo; 73, vo; 74; 75;
77, vo; 81; 83; 96; 100, vo; 103; 108; 108, vo et 111.) — Le 16 juin
1428, dans le couvent des frères prêcheurs d'Orthez, « Navarrot, seigneur
du domec d'Agoers (*sic*), » rendit hommage pour ses biens nobles à Jean,
comte de Foix, vicomte de Béarn et comte de Bigorre, en présence de haut
et puissant seigneur mossen Mathieu de Foix, comte de Comminges; mossen Jean, seigneur de Caupenne; en Jean, seigneur de Doazit; mossen
Gaillard d'Abos, chevalier; et de Jean de Carresse, notaire public et général
de Béarn, qui retint l'acte. (E. 321, fo 21, vo.) — 24 juillet 1441, à Oloron,
dans la maison de Juliote d'En Bertran, sa femme : Testament de en
Navarre, seigneur de Goës : Il veut être enterré dans le cimetière Saint-Jean
de Goës où reposent ses ancêtres et prédécesseurs, seigneurs et dames dudit
lieu; il institue, pour sa première et universelle héritière, Johanie, sa fille
légitime; il veut que, dans l'année de son décès, cent messes basses soient

« Gracie DE BONNEFONT (1), de laquelle il laissa :

« 1. — Fortanet, qui suit ;
« 2 et 3. — Bertranet et Jacqueline, dont on ignore la destinée. (Trésor
« de la Chambre des comptes de Béarn.)

---

chantées dans l'église de Goès, pour le repos de son âme ; il lègue : 9 sols
jaqués à l'église Notre-Dame de Sarrance ; 5 sols jaqués aux églises de
Sainte-Marie ; 12 deniers morlàns à chacune des églises de Goès, de Précillon et d'Estos ; 2 écus à la confrérie de mossen Saint-Clément, dont il est
membre ; il nomme pour exécuteurs testamentaires : mossen Arnaud de
Pardies, curé de Goès ; Jean de Cortade ; Peyret de Florence, d'Oloron, son
gendre ; Menauton d'Osque ; Juliote d'En Bertran, sa femme, et Johanine
de Cortade d'Oloron. — Témoins : Bertrand de Puyo, de Goès ; Bertranet
de Laborde, de Précillon ; Tristan de Goès. (E. 1767, f° 118, v°.)

(1) Entièrement faux : Navarrot, *alias* Navarre, seigneur du « domec »
de Goès, épousa Juliote d'En Bertran, qui descendait, probablement, de
Pe-Bernat d'En Bertran, mentionné comme possédant trois maisons à Oloron, en 1385. (*Dénombrement*, p. 31.) — Navarrot eut, au moins, deux
enfants, savoir : 1° Johanie de Goès, dont l'article suit ; 2° et Tristan de
Goès, qui épousa Johanique, fille de Berdolet de Bergès-Suson, de Faget.
Ce dernier reçut de Navarrot, le 10 mars 1430, en faveur du mariage
de sa fille, la somme de 40 florins. (E. 1766, f° 161.) — Johanie de Goès,
instituée héritière dans le testament de son père, épousa Peyret de Florence,
voisin d'Oloron, qui vendit, le 12 mars 1433, une place à Guilhem de
Sombrun, *voisin* de la même ville. (E. 1767, f° 13.) Le 6 avril 1441, à
Goès, Peyret de Florence et Johanie, dame de Goès, sa femme, reconnurent
devoir 20 florins, de 10 sols chacun, aux tuteurs des enfants de Guilhem
de Sombrun, défunt. (E. 1767, f° 121.) Une transaction eut lieu à Oloron,
dans la maison de Peyret de Florence, le 27 mars 1443, entre Johanie,
dame et première universelle héritière de la seigneurie de Goès, et Peyrolet,
seigneur de l'abbaye d'en bas de Borce, en la vallée d'Aspe, son cousin germain, relativement à la succession d'honorable dame na Aunos, propriétaire
de la maison d'Arudy, d'Estaut. Aux termes de cet acte, ladite Johanie,
dame de Goès, Peyret de Florence, *voisin* d'Oloron, son mari, Johanet, leur
fils aîné et premier héritier, majeur de 14 ans et mineur de 25, et Peyrolet,
seigneur de l'abbaye d'en bas de Borce, vendirent à l'honorable en Guilhem
de Lane, seigneur de Cassaber, aussi cousin de la même na Aunos, la maison d'Arudy, avec ses dépendances, ainsi que les dîmes et fief de Sus.
(E. 1767, f° 135.)

« IV. — Fortanet (1) DE GASSION eut de son mariage, contracté le
« 14 février 1450, avec Jeanne DE SAINTE-COLOMME, un fils, appelé
« Bernard, qui suit.

« V. — Bernard DE GASSION, IIᵉ du nom, s'allia, par contrat du
« 13 avril 1467, avec Marianote DU COUTERÉ (2), de laquelle il laissa :

« 1. — Guillaume, qui suit ;
« 2. — Et Arnaud, rapporté après son frère.

« VI. — Guillaume DE GASSION, sénéchal du pays d'Oloron et de
« Sauveterre (3), eut de Jacqueline DE MONTAUT, son épouse (4) :

« 1. — Jean, mort sans postérité (5) ;
« 2. — Et Gaillard (6), dont la fille unique, Gracie, fut mariée à Bernard
« de Coulomnies (7), conseiller au Conseil souverain de Béarn, dans
« la maison duquel elle porta la terre de Goès.

----

(1) On a voulu, sans doute, écrire *Fortaner*, prénom assez commun en
Béarn, au xvᵉ siècle.

(2) Il faut lire, probablement, *du Coterer* ou *des Coterers. Le Dénombrement de 1385* mentionne, à Oloron, *l'ostau de Guilhemet deus Coteres* et
*l'ostau de Saudanete deus Coteres en que demore Arnaudet de Castanh, de
Cardesse* (pages 33 et 34).

(3) Guillaume ou plutôt Guilhamot de Gassion, rappelé comme défunt,
dans une procuration du 13 août 1563, et qualifié dans cet acte « noble
Guilhamot de Gassion. » Le notaire n'aurait pas négligé de dire que
Guilhamot était sénéchal d'Oloron et de Sauveterre, s'il avait réellement
exercé ces importantes fonctions. — On verra, plus bas, que Guilhamot de
Gassion était coadjuteur de Mᵉ Guiraud Coterer, notaire d'Oloron, au com-
mencement du xviᵉ siècle.

(4) Inexact : Guilhamot de Gassion épousa Johanine d'Abbadie de Goès.

(5) Jean de Gassion, fils aîné de Guilhamot et de Johanine d'Abbadie,
s'établit à Toulouse et laissa plusieurs enfants de Bernarde de Cambefort,
sa femme.

(6) Ce Gaillard de Gassion était fils de Peyroton de Gassion et de Gratiane de Cortade, et petit-fils de Guilhamot de Gassion et de Johanine
d'Abbadie.

(7) Lisez : *Colomiès.* — Gratie de Gassion, fille de Gaillard avait plusieurs frères et sœurs. Elle devint héritière, après la mort de ses frères, qui
ne se marièrent point.

« VI. — Arnaud DE GASSION, second fils de Bernard, IIe du nom, et
« de Marianote DU COUTERÉ, fut pourvu, en considération de sa
« valeur, par lettres patentes de la reine Catherine de Navarre, du
« 31 mai 1499, du gouvernement de la ville et du château de Sauve-
« terre, place des plus importantes du pays, pendant les guerres avec
« les espagnols. Il eut une très grande part au gouvernement, sous
« cette princesse (1), et épousa, par contrat du 18 mai 1499, Raymonde
« DE MÉRITEIN, dont il eut :

« 1. — Jean, qui suit;
« 2. — Michel, colonel d'un régiment d'infanterie;
« 3. — Hugues, commandant des gendarmes du connétable de Montmo-
«   « rency; ces deux frères furent tués à la bataille de Saint-Quentin,
«   « en 1558 (2);
« 4. — Et Raymond, père de Jean, seigneur d'une bravoure distinguée,
«   « qui fut tué en Écosse (3), à la tête de la cavalerie, dont il mérita
«   « d'être nommé commandant général, après être parti de France, en
«   « qualité de capitaine des chevaux légers, dans les troupes auxiliai-
«   « res que le roi Henri II avoit envoyées à Marie de Lorraine, reine
«   « d'Écosse. (*Histoire de M. de Thou* et *Histoire d'Écosse*, par
«   « Buchanan.)

« VII. — Jean DE GASSION, Ier du nom, fut employé dans les affai-
« res les plus importantes par Henri II, roi de Navarre. Lorsque ce
« prince eut été pris avec François Ier, à la bataille de Pavie, en
« 1525, il fut choisi par les États de Béarn, pour traiter de sa rançon.
« Il passa en Espagne, où il convint de 31 mille écus sol; mais

---

(1) Arnaud de Gassion, contrôleur des finances de Catherine, reine de
Navarre, et commandeur de l'hôpital de Miséricorde en Soule, consentit un
cheptel, le 21 décembre 1492, à Navarrenx, en faveur de Marie de Noguès,
femme de Jean Goyon, *voisin* de cette ville. (E. 1606, f° 24, v°.) — Il est
peu probable que cet Arnaud de Gassion, cité par l'abbé de Pure et qualifié
par lui « seigneur de Gous ou Goués » (Goès) ait été gouverneur de Sauveterre. — Nous n'avons pu le rattacher à la famille du maréchal de France.

(2) Michel et Hugues de Gassion sont, également, mentionnés par l'abbé
de Pure. Nous n'avons pas de renseignements sur eux.

(3) Un Jean de Gassion mourut en Écosse, avant le 13 août 1563,
comme on le verra plus loin; il était fils cadet de Jean de Gassion, Ier du
nom, abbé laïque de Goès, bourgeois et marchand de Toulouse, et de
Bernarde de Cambefort.

« voyant que les ministres de Charles Quint, lui manquant de
« parole, prétendoient mettre à plus haut prix la liberté de son sou-
« verain, il se servit des sommes qu'il avait entre les mains pour
« gagner ses gardes, avec le secours desquelles il le tira de prison (1).
« Il épousa, par contrat du 30 janvier 1527, Jacqueline DE CAMOU (2),
« dont il laissa :

    « 1. — Jean, qui suit ;
    « 2. — Et Hugues, seigneur du Coin etc. (3), gouverneur du château de
    « Nantes, en 1589, qui fit prisonnier de guerre le comte de Soissons,
    « qu'il relâcha, depuis, généreusement. Il fut père de Henri, dont le
    « fils, Claude, céda tous ses droits à Jacques de Gassion, seigneur de
    « Bergeré, son cousin. (*Histoire de M. de Thou*, tome III, page 410.)

---

(1) D'après l'abbé de Pure, ce Jean de Gassion, Ier du nom, était fils de
Guillaume, sénéchal du pays de Sauveterre et d'Oloron. — Jean de Gassion,
fils aîné de Guilhamot de Gassion, d'Oloron, et de Johanine d'Abbadie de
Goès, s'établit à Toulouse, comme marchand, dans les premières années du
XVIe siècle. Il est inexact que les Etats de Béarn l'aient choisi pour traiter
de la rançon d'Henri II. Dans sa délibération du 23 mai 1525, cette
assemblée se borne à voter la somme de 4,233 écus, 16 sols, pour la rançon
de Henri, prisonnier à Pavie avec le roi de France. (c. 681, fo 31.) Jacques
de Foix, évêque d'Oloron, fut chargé du recouvrement de cette somme. Le
19 décembre 1526, Guicharnaud de Lalane, lieutenant du bayle de Navarrenx, agissant en vertu d'un ordre d'Anne, princesse de Navarre, lieutenante générale, emprisonna, à Navarrenx, *Guicharnaud de Gassion*, de
Bugnein ; Bernard de Casamayor, d'Audaux ; Jean d'Arribau, garde de
Castelbon ; Jean de Lanoguère, d'Orriule ; Arnaudet de Busi, d'Araujuzon ;
Arnaud de Capdeville, d'Araux ; Arnaud-Guilhem de Ranquetat ; Peyrot de
Sombièles, de Viellenave ; Arnaudet de Poeymirou, d'Angous, et Ramonet
de Dabancens, de Jasses, comme responsables de la dépense faite par l'évêque d'Oloron, préposé au recouvrement de la rançon du roi dans la plaine
de Navarrenx. Ils obtinrent leur élargissement, le 23 décembre 1526, à la
suite d'une requête qu'ils avaient adressée à la princesse de Navarre.
(E. 1610, fo 179.) — Guicharnaud de Gassion, *voisin* et jurat de Bugnein
mentionné ci-dessus, n'avait de commun que le nom avec la famille du
maréchal.

(2) Jean de Gassion, Ier du nom, épousa, comme on le verra plus loin,
Bernarde de Cambefort.

(3) Hugues de Gassion, seigneur du Coin, était fils cadet de Jean de
Gassion, Ier du nom, et de Bernarde de Cambefort.

« VIII. — Jean DE GASSION, IIe du nom (1), après avoir été élevé
par les soins de la reine Jeanne de Navarre, dans l'étude des belles
lettres, fut nommé par cette princesse, procureur général du Conseil
souverain de Béarn. Quoique cet emploi le dispensât des fonctions
militaires, il se jeta dans Navarrenx, qui avoit été surpris par les
ennemis de son roi, et y soutint le siège avec beaucoup de courage,
après la mort du gouverneur, résistance qui donna le tems au
comte de Montgommery de venir au secours. Le siège fut levé et
les ennemis poursuivis si vivement par Gassion, qu'une partie se
noya, en se retirant, et les autres, assiégés dans Orthez, furent
faits prisonniers de guerre (2). Gassion, qui fut, depuis, maître des
requêtes, chef du Conseil secret de la reine Jeanne et second président au Conseil souverain de Béarn, signala son zèle en d'autres
occasions pour cette princesse et pour le roi, son fils, surtout lorsqu'il prit les armes et chassa de Pau le comte de Soissons, qui
étoit venu pour épouser la princesse Catherine dont il étoit aimé.

---

(1) Ce Jean de Gassion, IIe du nom, était *neveu* de Jean de Gassion,
Ier du nom, et *fils cadet* de Peyroton de Gassion, *voisin* et marchand d'Oloron, et de Gratiane de Cortade.

(2) Ce fait d'armes est inexactement raconté et Jean de Gassion ne paraît
pas avoir pris une part si considérable dans cette guerre. Le siège de
Navarrenx, commencé le 27 avril 1569, fut levé, le 9 août de la même
année. Bertrand de Gabaston, seigneur de Bassillon, colonel de l'infanterie
béarnaise et gouverneur de Navarrenx, qui se montra un des plus actifs
défenseurs de cette place, fut massacré, *quelques jours après la levée du
siège*, ayant été accusé d'intelligence avec l'ennemi. — Les États de Béarn,
convoqués à Lucq, le 5 juillet 1569, décidèrent que des personnes catholi-
ques romaines seraient choisies pour rendre la justice. Jean de Gassion fut
remplacé, comme procureur général, par Jean Supersantis, et c'est la seule
mention qui soit faite de lui par les historiens contemporains. Si Jean de
Gassion avait joué à Navarrenx le beau rôle que lui prêtent l'abbé de Pure,
Moréri et La Chenaye-Desbois, ses coreligionnaires Bordenave et Olhagaray, ne l'auraient certainement pas laissé ignorer. (Nicolas de Bordenave,
Histoire de Béarn et Navarre, publiée par Paul Raymond, Paris, veuve Jules
Renouard, 1873, pages 172, 243 à 252, 262, 284 et 287; — Pierre
Olhagaray, *Histoire des comptes* (sic) *de Foix, Béarn et Navarre*, etc.
Paris, 1629, pages 611, 612 et 614; — A. Communay, *Les Huguenots
dans le Béarn et la Navarre*, Paris, Champion, 1885, pages 32, 34 à 36,
5 à 48; et 72.)

« Henri IV, qui étoit extrêmement opposé à ce mariage, eut tant de
« reconnoissance de ce service et des autres que lui avoit rendus le
« président de Gassion, que, ne pouvant l'élever à la dignité de pre-
« mier président, à cause du calvinisme qu'il professoit, il laissa le
« poste vacant pendant la vie de cet illustre magistrat. Il épousa :
« 1° en 1563, Jeanne DE FRAICHE, fille d'un maître des requêtes de
« Navarre, et nièce de Jacques, bâtard de Foix, évêque de Lescar,
« chancelier et lieutenant général de Henri II, roi de Navarre, dans
« le pays de Foix, de Béarn et de Navarre (1); et 2° en 1573, Marie

(1) Jacques de Foix, évêque de Lescar, n'était point bâtard ; il était le
cinquième fils de Corbeyran de Foix, II° du nom, chevalier, vicomte de Cou-
serans, seigneur de Rabat, de Fornex, de La Bastide-de-Sérou, de Massat
et d'autres lieux, et de Jeanne de La Roque, et appartenait à une branche
collatérale des seigneurs souverains de Béarn, issue des premiers comtes de
Foix, la branche des seigneurs de Fornex et de Rabat (Moréri, *Dictionnaire
historique*, tome III, Paris, Jean-Baptiste Coignard, 1712, page 80; — La
Chenaye-Desbois et Badier, *Dictionnaire de la Noblesse*, tome VIII, Paris,
Schlesinger, 1866, colonnes 154 et 155). Élu évêque d'Oloron, en 1521,
Jacques de Foix révisa les statuts synodaux, en 1529, et fut nommé évêque
de Lescar, en 1534. Abbé de Larreule, en Béarn, il était, aussi, abbé de
Saint-Volusien de Foix, en 1535, date à laquelle il donna des lettres de
grand vicariat aux frères Roger de Foix et Pierre de Nolhes, chanoines du
chapitre de Foix, étant occupé ailleurs. Il transigea, en 1548, avec ce chapitre. Chancelier de Foix et de Béarn, lieutenant général d'Henri II, roi de
Navarre, en 1534, Jacques de Foix reçut une procuration du roi et de la
reine de Navarre, pour traiter à Anet, le 16 juillet 1540, du mariage de
la princesse de Navarre avec le duc de Clèves. Il assista, le 17 janvier 1531,
à Sainte-Marie, aux pactes de mariage de Jeanne de Mirassou, de Moumour,
sa servante, avec Peyroton d'Abadie, de Gensac, et constitua à celle-ci une
dot de 130 francs. (E. 1770, f° 22, v°.) Le 12 avril 1545, il acheta, pour
le prix de 2,000 livres tournois, les seigneuries de Lalongue et de Moncaubet des mains de noble Paul d'Andoins, seigneur et baron d'Andoins, et les
vendit, le 22 mai 1546, à honnête dame Annerotes d'Engassaguilhem, habitant à Oloron, veuve de Pierris de Lane, marchand, de cette ville. (E. 1786,
f° 74.) Il acquit, encore, de Gabriel de Béarn, seigneur et baron de Gerderest, pour la somme de 4,000 livres, les seigneuries de Lannecaube, de Saint-
Jammes et les fiefs de Gerderest, d'Audirac et de Saint-Laurent. (*Bulletin
de la société des sciences, lettres et arts de Pau*, II° série, 1871-1872,
page 64.) — Jacques de Foix fit son testament, le 16 octobre 1554, et
mourut à Lescar, le 7 avril 1555, après avoir institué pour héritier Henri II,

E FRAICHE DE SAINT-GOIN (1)... »

.e mémoire de La Chenaye-Desbois étant presque entièrement
ct en ce qui concerne la descendance du président Jean de
ssion (2), nous n'avons plus qu'à donner la véritable généalogie
cette famille.

*
* *

.e *Dénombrement général des maisons de la vicomté de Béarn*,
ssé en 1385, par ordre de Gaston Phœbus, mentionne l'ostau
aison) *de Guiraute de Gassioo*, à Bugnein; l'ostau de *Goalhart de
ssioo*, à Cardesse, et l'ostau de *Gassioo*, à Castetbon (3). A cette

---

de Navarre, son parent. (Révérend père de Lacoudre. *La vie de Saint-
lusien, évêque de Tours et martyr, patron de l'abbaye de Foix*, Limoges,
22, page 73; — Abbé Dubarat, *Histoire de Béarn*, de Pierre de Marca,
e Ier, introduction, page cclxvii; etc.)

1) On apprendra, dans la véritable généalogie des Gassion, donnée plus
, que Jean épousa : 1° Catherine de La Salle, d'Oloron ; 2° Marie du
xo, *alias* de Fréchou, de Saint-Goin. Cette dernière était *l'une des
les-filles* et non *la nièce* de Jacques de Foix, évêque de Lescar.

2) La Chenaye-Desbois, *Dictionnaire généalogique, héraldique, chro-
ogique et historique*, tome II, Paris, Duchesne, 1757, *verbo* GASSION,
e 175; — La Chenaye-Desbois, *Dictionnaire de la Noblesse*, 2e édition,
e VII, Paris, Antoine Boudet, 1774, page 116; — La Chenaye-Desbois
Badier, *Dictionnaire de la Noblesse*, tome IX, Paris, Schlesinger frères,
56, colonne 19.

3) Raymond, *Inventaire sommaire des archives des Basses-Pyrénées*,
e VI, *Dénombrement*, pages 51, 53 et 74. — En l'année 1318, le samedi
ès la fête des apôtres Saint-Pierre et Saint-Paul, Arnaud d'En Gassio
), de Geup (commune de Castetbon), se soumit à l'amende que noble
e Madame Marguerite, comtesse de Foix, vicomtesse de Béarn, lui avait
osée, pour avoir manqué à la montre militaire faite à Lembeye. (E. 296.)
Dans son testament, daté d'Alluyes, 12 août 1504, haute et puissante
cesse Madame Charlotte d'Armagnac, duchesse de Nemours, comtesse
rmagnac, de Guise, de l'Isle-Jourdain, dame des baronnies de Brou,
lluyes et d'autres lieux, femme de haut et puissant seigneur Mgr messire
arles de Rohan, chevalier de l'ordre du roi, comte de Guise et vicomte
Fronsac, fit un legs de 50 écus à Me Richard Gassion, docteur en méde-
. (E. 240.) — On trouve à la Bibliothèque Nationale, *Pièces originales*,
ume 1289, n° 29,029, *verbo* GASSION, f° 2, un sceau de *mossen*

époque, on ne trouve aucune maison de ce nom à Oloron, et les Gassion paraissent ne s'être établis dans cette ville que dans les premières années du xv⁰ siècle.

Johanet DE GASSION, d'Oloron, est témoin de divers actes notariés, du 21 avril 1421 au 17 novembre 1428 (1). Le 17 février 1426, « Johanet de Gassioo, *voisin* d'Oloron, » prêta 21 sols 9 deniers jaqués à Peyrolet de Laborde et à Guirautine, sa femme, de Ledeuix, et, le 1ᵉʳ mai 1429, 66 florins d'Aragon, de 10 sols chacun, à Auger de Florence, d'Oloron, et à Johanine, sa femme (2). — Johanet de Gassion vivait encore, le 16 décembre 1442 (3).

Arnauton DE GASSION, *voisin* d'Oloron, assista, le 22 mai 1442, au Faget de cette ville, aux pactes de mariage de Bernard d'Arunpné, fils d'Arnaud d'Arunpné, *voisin* de Cardesse, avec Condesse, fille de Peyrot du Faur, *voisin* d'Oloron (4).

La filiation des Gassion est prouvée depuis Guilhamot, dont l'article suit.

I

Abbés laïques et seigneurs de Goès, seigneurs de Montlaur.

I. — Noble Guilhamot DE GASSION, d'Oloron, épousa, vers 1480, noble Johanine D'ABBADIE, abbesse laïque de Goès (5). Il était coad-

---

GASSION, cire rouge, en partie détruit. Nous croyons pouvoir y reconnaître *un homme d'armes, tenant dans sa main droite une lance et dans sa main gauche un bouclier; adextré d'un oiseau au bec crochu (ou d'un griffon).* Ce sceau est sur parchemin. — Le mot béarnais *Gassioo,* que l'on prononçait *Gassiou,* devenu nom patronymique, était, originairement, un diminutif du prénom *Gassie.*

(1) Archives des Basses-Pyrénées, E. 1766, fⁱ 18, v⁰; 32, v⁰; 54, v⁰; 65, v⁰; 82, v⁰; 115, v⁰, et 116.

(2) Archives des Basses-Pyrénées, E. 1766, fⁱ 87, v⁰, et 127, v⁰.

(3) Archives des Basses-Pyrénées, E. 1766, fⁱ 123; 125, v⁰; 145, v⁰; 149, v⁰; 181, v⁰; E. 1767, fⁱ 77; 128, v⁰, et 129, v⁰.

(4) Archives des Basses-Pyrénées, E. 1767, f⁰ 122.

(5) Archives des Basses-Pyrénées, E. 1781, f⁰ 427, v⁰, et 430. — D'après l'abbé de Pure, Johanine d'Abbadie était petite-fille de M. de Sainte-Colomme, sénéchal de Béarn. — Nous n'avons pu vérifier l'exactitude de ce renseignement.

juteur de Mᵉ Guiraud Coterer, notaire d'Oloron, le 1ᵉʳ juin 1505 (1).
— De son mariage vinrent :

1º Jean de Gassion. Iᵉʳ du nom, dont l'article suit ;

2º Peyroton de Gassion, qui a formé une branche rapportée au chapitre III ;

3º Et autre Jean de Gassion, qui était curé de Goès, dès le 26 octobre 1539 (2). — Arnaudet, maître de la maison de Laborde, du Faget d'Oloron, vendit, le 16 août 1545, à « vénérable mossen Johan de Gassion, recteur de Goès, docteur en sainte théologie, » 15 sols jaquès d'arrière-fiefs et de pension annuelle, pour le prix de 15 francs, de 10 sols par franc (3). — Dans son testament, daté de Goès, 26 septembre 1546, Jean de Gassion choisit sa sépulture dans l'église Saint-Jean de cette commune; il veut qu'un calice d'argent, du poids de 26 onces, 2 deniers, et deux burettes d'argent qu'il possède, soient vendus, pour le prix être employé à dire des messes; il lègue un autre calice d'argent, du poids de 16 onces, 10 deniers, à l'église de Goès, pour le service divin; il lègue à Peyroton de Gassion, son frère, la moitié de son mobilier et de sa vaisselle d'étain; il institue pour héritier honorable homme mossen Jean de Gassion, son frère, et lui substitue Jean, fils aîné de ce dernier; — exécuteurs testamentaires : vénérable mossen Jean de Cortade cadet, curé d'Accous; honorables Peyroton et Gaillard de Gassion, père et fils. — Jean de Gassion vivait encore, le 21 mai 1547 (4).

II. — Noble Jean DE GASSION, Iᵉʳ du nom, dans cette branche, abbé laïque de Goès, bourgeois et marchand, de Toulouse, épousa dans cette ville, vers 1508, Bernarde DE CAMBEFORT (5). Le 8 août 1536, « honorable, savant et discret, noble Jean de Gassion, fils natif « de la ville d'Oloron, à présent marchand et bourgeois de Tou- « louse, » reçut une procuration de noble Catherine de Méritein, dame d'Esgoarrabaque, de Moncin, veuve de Jacques de Sainte-Colomme, lieutenant de Mgr de Lautrec (6). Il prêta hommage, en

(1) Archives des Basses-Pyrénées, E. 1772, fº 360.

(2) Archives des Basses-Pyrénées, E. 1772, fº 592.

(3) Archives des Basses-Pyrénées, E. 1775, fº 207.

(4) Archives des Basses-Pyrénées, E. 1776, fᵒˢ 348 et 477.

(5) Le tableau généalogique de l'abbé de Pure la nomme Bernarde Caubefort. Il faut lire, évidemment, Cambefort.

(6) Revue de Béarn, Navarre et Landes, tome Iᵉʳ, Paris, 53, rue de Vaugirard, 1883, page 12, note.

1538, pour l'abbaye de Goès (1). Le 28 septembre 1548, Berdolet de Casenave, d'Estos, et Guilhamet de Pucheu, du Faget de Goès, vendirent à « honorable homme Jean de Gassion, marchand, bourgeois « de Toulouse et abbé de Goès, » et à vénérable mossen Guilhem de Dombidau, curé de Goès, 20 sols d'arrière-fiefs ou cens annuel, pour le prix de 20 francs. Cette somme provenait de l'obit fondé dans l'église Saint-Jean de Goès par le défunt mossen Jean de Gassion, curé dudit lieu (2). — Jean de Gassion, Ier du nom, mourut avant le 13 août 1563. — Il avait eu de sa femme :

1° Jean de Gassion, IIe du nom. dont l'article suit;

2° Hugues de Gassion, auteur d'une branche rapportée au chapitre II;

3° Autre Jean de Gassion, qui vendit, le 25 mai 1551, en qualité de procureur de noble Jean de Gassion, son père, en faveur de noble Gaillard de Gassion, son cousin germain, l'abbaye de Goès et la maison de Gassion, située au Marcadet d'Oloron. — Jean de Gassion mourut en Ecosse, avant le 13 août 1563, « sans hoyrs de corps, » après avoir institué pour héritier noble Hugues de Gassion, seigneur du Pontet, son frère (3);

4° Et Isabeau de Gassion, qui contracta mariage, le 6 janvier 1545, avec noble Jacques de Balanquier, natif de Bayonne, marchand, habitant à Toulouse, et reçut de son père une dot de 1,500 livres tournois, assignée sur une métairie et terres assises au lieu et juridiction de Bazière (4). — Isabeau de Gassion laissa de cette alliance :

---

(1) On lit, en effet, en marge de l'acte d'hommage de Navarrot, seigneur du « domee » de Goès, du 16 juin 1428 : « *Rerfeyt es stat lo present homenadge et collational, per commendament de Messrs deu Conselh ordinari deus rey et regine, a requeste de Me Johan de Gassion, d'Oloron, s^r de Montlaur. abat de Agoers, sive deu domee d'Agoes.* » (E. 321, f° 24, v°.)

(2) Archives des Basses-Pyrénées, E. 1776, f° 630, v°; E. 1781, f° 258 v°; 260, v°, et 283, v°.

(3) Archives des Basses-Pyrénées, E. 1781, f° 427, v°.

(4) *Bazière,* commune de l'arrondissement de Villefranche-de-Lauragais et du canton de Montgiscard (Haute-Garonne). — On lit dans les pactes de mariage : « ..... *Item,* en oultre, ledit de Gassion baillera a Ysabel, sa filhe, au jour de ses nopces, deux robes nuptiales belles et honestes, a la discretion dudit de Balanquier, garnies de fourrures et autres choses appartenantes aulx robes nuptiales, robe dessus et gonelle dessoubs. » Ces pactes de mariage furent remis, le 16 septembre 1546, dans le château de Montclar, au diocèse de Mirepoix, sénéchaussée de Toulouse, par noble Jean

IV. — Noble Jean de Balanquier, Ier du nom, seigneur de Montlaur et de Lagarde (1), capitoul de la ville de Toulouse, en 1589 (2), qui eut de son mariage, contracté le 15 avril 1570, à Toulouse, avec honnête fille Anne de Rabaudy, fille de sire Pierre Rabaudy, marchand, de cette ville, et de défunte Anne Delpech (3) :

V. — Noble Jean de Balanquier, IIe du nom, docteur en droit, avocat au parlement de Toulouse, qui fut pourvu, suivant lettres datées de Saint-Germain en Laye, 17 décembre 1598, de la charge de conseiller en la même Cour, en remplacement de Me Simon de Raynier. Il fut reçu en cette qualité, le 29 août 1601, et mourut, le 26 juin 1614 (4), après avoir eu de Jeanne de La Roche :

VI. — Noble Jacques de Balanquier.

---

de Gassion, bourgeois de Toulouse, et Jacques de Balanquier, marchand, de ladite ville, à Paul Engelbert, notaire royal du lieu de Lagarde, en Lauragais. (Archives de la Haute-Garonne, e 13, *verbo* DE BALANQUIER.)

(1) *Montlaur*, commune de l'arrondissement de Villefranche-de-Lauragais et du canton de Montgiscard : — *La Garde* ou *Lagarde*, commune de l'arrondissement et du canton de Villefranche-de-Lauragais (Hte-Garonne).

(2) Abel et Froidefont, *Tableau chronologique des noms de messieurs les capitouls de la ville de Toulouse* (1147-1786), Toulouse, de l'imprimerie de Me Jean-Florent Baour, scelleur de la chancellerie, imprimeur de la ville, 1786, page 116.

(3) Honnête et discrète femme Anne de Ensaguet, mère d'Anne Delpech, assista au contrat. — Anne de Rabaudy reçut une dot de 4,000 livres tournois. (Archives de la Haute-Garonne, e. 13, *verbo* DE BALANQUIER.) — Vendredi, 22 décembre 1595 : Arrêt du parlement de Toulouse maintenant Jean de Balanquier, écuyer, seigneur de Montlaur et de Lagarde, dans la possession et jouissance de la juridiction haute, moyenne et basse dudit lieu de Montlaur. (Archives de la Haute-Garonne, *Parlement de Toulouse*, n. 146, f° 153.)

(4) Archives de la Haute-Garonne, *Parlement de Toulouse*, série n, *Edits*, registre xii, f° 143, v°; n. 170, f° 115; n. 282, f° 202; n. 335, f° 129; n. 348, f° 88. — 6 avril 1606, au faubourg Saint-Michel de Toulouse et dans le jardin du donateur : M. Me Thomas de Calmels, chanoine en l'église Saint-Étienne, chancelier en l'université de Toulouse et conseiller du roi en la Cour de parlement de cette ville, fait donation, sous réserve d'usufruit, en faveur de M. Me Jean de Balanquier, aussi conseiller du roi en la même Cour, d'une métairie située au lieu de Montlaur. Cette libéralité est faite par le sieur de Calmels, — porte l'acte, — « en reconnaissance

III. — Noble Jean DE GASSION, IIe du nom, natif de Toulouse, abb
laïque de Goès et seigneur de Montlaur, homme d'armes de haut e
puissant seigneur Mgr de Martigues, lieutenant pour le roi au pay
de Bretagne, se trouvait, le 13 août 1563, avec son frère Hugues d
Gassion, seigneur du Pontet, gentilhomme servant du roi de France
aussi homme d'armes de Mgr de Martigues, à Dinan, « au logei
« ou pend pour ensaigne l'escu de France, ou est à present demeu
« rant Léonard de La Vallée, » lorsqu'il reçut procuration dudi
Hugues, à l'effet de vendre les biens qu'ils possédaient en Béarn e
qui provenaient des successions de Jean de Gassion, leur père, e
d'autre Jean de Gassion, leur frère puîné, décédé en Écosse. Confor
mément à cette procuration, Jean de Gassion, agissant tant en so
nom personnel qu'au nom de son frère Hugues, vendit, suivant act
du 16 juin 1565, à Oloron, en faveur de noble Gaillard de Gassion
son cousin germain : 1° la noble maison abbatiale de Goès, pour l
prix de 1,700 francs bordelais ; 2° la maison de Gassion, située à
Marcadet d'Oloron, confrontant par devant avec rue publique d
seigneur, par derrière avec terre, champ de Johanot de Dombidau
jurat de ladite ville ; d'un côté, avec terre, maison de Me Bertranc
de La Salle, et, du côté d'en haut, avec terre et maison de nobl
Gaillard de Gassion. Cette seconde aliénation, faite pour le prix d
1,300 francs, comprenait, aussi, certains fiefs annuels que les pro
priétaires de la maison de Gassion percevaient sur divers particulier
de la rue dès maisons d'Oloron (1), en leur qualité d'ayant droit e

----

des bons offices qu'il a reçus tant de feu noble Jean de Balanquier, sieu
dudit Montlaur, que dudit sieur donataire, son fils, et de leur maison.
(Archives de la Haute-Garonne, *Parlement de Toulouse, Insinuation:*
registre XII, f° 411.)

(1) Voici les noms des habitants de *la rue des maisons*, débiteurs de
maîtres de la maison de Gassion : « ..... ço es, de Perarnaud deu l'uste
quoate sos : de Beglaue, quoate sos ; de Tuquet de Beglaue, quoate sos ; d
Guilhamot de La Coste, quoate sos ; de Verdolet d'Anglade, quoate sos
de Arnaudet de Noguerou, quoate sos ; de Bernad de La Salle, quoate sos
de Marie de Gestas, quoate sos ; de Claberete de Bordes, quoate sos ; d
Guilhamou de Bordes, quoate sos ; de Guilhemarnaud de Crampe, quoat
sos ; de Arnaudet de Ferros, quoate sos ; de Marienote de Casamayor
quoate sos ; de Gratiane de Marro, quoate sos ; de Johan deu Maest
quoate sos ; de Gassie de Senct Martin, quoate sos ; de Gratiane de

cause des maîtres de la maison des Coterers (1). Le même jour, 16 juin 1565, Jean de Gassion promit de vendre à Gaillard, son cousin germain, pour le prix de 1,000 livres tournois, la borde, appelée « deus Coterees, » située à Goès, et le moulin, appelé, aussi, « deus « Coterees, » situé à Oloron, biens qui avaient été adjugés définitivement audit Jean de Gassion et à noble Jean de Gassion, son père, par arrêt du parlement de Toulouse. Enfin, suivant acte portant la même date, Jean de Gassion fit donation à honnête dame Gratiane de Cortade, autrement de Gassion, sa tante (veuve de Peyroton de Gassion et mère de Gaillard), de la maison du Recteur, située à Goès, que le défunt mossen Jean de Gassion, curé dudit lieu, avait fait construire et avait léguée à son frère, noble Jean de Gassion, abbé de Goès, habitant à Toulouse. Il lui fit donation, également, du mobilier garnissant cette maison et la maison d'Oloron. Ces libéralités étaient faites en reconnaissance des bons soins que le donateur avait reçus de sa tante, « ayant été malade dans la maison de « Gassion, à Oloron, où il s'était rendu pour les affaires de son père « et de ses frères (2). » — Jean de Gassion, IIᵉ du nom, épousa Marguerite DE CUTANDO (3), qui lui donna Jean, IIIᵉ du nom, dont l'article suit.

IV. — Noble Jean DE GASSION, IIIᵉ du nom, seigneur de Montlaur, fit son testament, le 18 juin 1581, à Toulouse, dans la maison des héritiers de Rabaudy, marchand. Il déclara, dans cet acte, vouloir être inhumé dans l'église des frères jacobins de cette ville auxquels

Cosserat, quoate sos ; de Yzolle deu Paraler, quoate sos ; de Bernadon de Cauhaper, quoate sos ; de la heretere, quoate sos ; de Gratiane deu Faur, nau arditz ; de Johan de Cauhaper, nau arditz ; deu Bolonge, nau arditz ; de Peyrot d'Arrieven, quoate sos ; de Johannet d'Abbadie, sieys dines... » (E. 1781, fᵉ 430.)

(1) On voit que l'ancien nom de la maison de Gassion était *des Coterers,* en béarnais *deus Coteres,* dont la traduction littérale est *des couteliers.* Bien que les propriétaires de cette maison eussent la jouissance de quelques privilèges, nous ne pensons pas qu'elle fût noble. Il est certain qu'elle ne donnait pas à son possesseur droit d'entrée aux États de Béarn.

(2) Archives des Basses-Pyrénées, E. 1781, fᵒˢ 427, vᵒ ; 430 ; 432 et 434, vᵒ.

(3) Le nom de la femme de Jean de Gassion, IIᵉ du nom, figure dans le tableau généalogique publié par l'abbé de Pure.

il fit un legs de 100 écus sol; il légua : 10 écus sol à noble Hugues de Gassion, son oncle, gouverneur pour le roi de la ville de Nantes, en Bretagne; 10 écus sol à Hébrard et Marc de Cutando, ses cousins; 16 écus sol à Jean Bonnet, marchand à Belberaud; 33 écus sol et un tiers à Jean Guesselh, prêtre, de Montlaur; 16 écus sol deux tiers aux pauvres de l'hôpital Saint-Jacques; 206 écus sol deux tiers à Lazare Géominot, natif de Bourgogne, docteur et avocat à Toulouse, son maître; et 4 écus sol à Bessier de Belganir (?), son serviteur. Il institua pour héritier noble Jean de Balanquier, sieur de Lagarde, son cousin germain (1).

II

Seigneurs du Pontet et du Coin, en Bretagne.

III. — Noble Hugues DE GASSION, seigneur du Pontet, — second fils de noble Jean DE GASSION, Ier du nom, abbé laïque de Goès, bourgeois et marchand, de Toulouse, et de Bernarde DE CAMBEFORT, — était, comme on l'a déjà vu, gentilhomme servant du roi de France et homme d'armes de haut et puissant seigneur Mgr de Martigues, lieutenant pour le roi en Bretagne, le 13 août 1563. Gouverneur de la ville et du château de Nantes, dès le 18 janvier 1581, il écrivit des mémoires curieux sur Charles et Sébastien de Luxembourg, frères, comtes de Martigues, gouverneurs de Bretagne, au service desquels il s'était trouvé (2), et laissa, de son mariage avec Marie DE COETANDO, Henry de Gassion, dont l'article suit.

---

(1) Archives de la Haute-Garonne : Actes de Bonnet, notaire de Toulouse, folio 54.

(2) *Original des troubles de ce temps, discourant brièvement des princes les plus illustres de la maison de Luxembourg (depuis Henri II, jusqu'en 1569.....) recueilli de plusieurs livres, et particulièrement des mémoires de Hugues de Gassion*, par frère Raoul Le Maistre, jacobin; — Nantes, Des Marests et Faverye, 1592, petit in-4°. — Il avait déjà paru, à Nantes, chez le même libraire, en 1590, un ouvrage qui pourrait bien être en partie le même que le précédent. Il a pour titre : *Brief discours de la vie et de la mort de Charles et Sébastien de Luxembourg, freres, comtes de Martigues, gouverneurs de Bretagne, et des guerres où ils se sont trouvés, recueilli des mémoires de Hugues de Gassion, leur domestique.* (Lelong, Bibliothèque de France, 31987.) Voir Brunet, *Manuel du libraire*, tome III, Paris, Didot, 1862, colonnes 968 et 969.

IV. — Noble Henry DE GASSION contracta mariage, en 1607, avec Jeanne DU GUÉ, qui lui donna Claude, dont l'article suit.

V. — Noble Claude DE GASSION s'allia, en 1651, à Marguerite DE SPADIEUC, fille de René DE SPADIEUC, seigneur de Landière, conseiller au présidial de Nantes, et fut déclaré noble d'extraction par arrêt de la Chambre établie pour la réformation de la noblesse en Bretagne, en date du 13 novembre 1668 (1). — Claude de Gassion laissa de son mariage, Augustin, dont l'article suit.

VI. — Noble Augustin DE GASSION, écuyer, seigneur du Coin (2), déposa, le 1er septembre 1698, le blason suivant, qui fut enregistré, le 26 septembre de la même année : « d'azur, a une tour ronde crénelée de trois pièces, d'or; écartelé d'argent a un lévrier de gueules, accolé d'azur, courant devant un arbre de sinople (3). » — Augustin de Gassion eut de dame Gabrielle BAUDRY D'ASSON, sa femme, entre autres enfants, Charles, dont l'article suit.

VII. — Messire Charles DE GASSION, chevalier, seigneur du Coin, épousa, le 21 avril 1719, suivant contrat au rapport de Me Forget, notaire à Nantes, demoiselle Anne FLUSTRE DE VARENNES, fille unique de messire Charles FLUSTRE, chevalier, seigneur de Varennes,

-----

(1) Bibliothèque Nationale, *Cabinet de d'Hozier*, volume 156, n° 4029, GASSION, en Béarn, f° 1, v°; — *Dossiers bleus*, volume 306, n° 7750, GASSION, f° 3. — Dans le premier de ces recueils, le chef de cette branche est nommé Hugues de Gassion et on le dit époux de Marie de Coetando. Dans les *Dossiers bleus*, on lit : « *Jacques* de Gassion, *originaire de* « *Luçon, en Poitou*, chevalier de l'ordre du roy, capitaine de la ville et « chasteau de Nantes, épousa Marguerite *de Coetando*. » C'est, évidemment, une erreur. On trouve, pourtant, au XVIe siècle, un *Jacques* de Gassion, sieur du Pontet, et au XVIIe siècle, Marguerite de Gassion, veuve de René de Mairé, écuyer, sieur de la Sècherie, et Marguerite de Gassion, veuve d'Ambroise des Cloudis. (Archives de la Loire-Inférieure, E. 980 et E. 982.)

(2) *Le Coin*, château, commune de Saint-Fiacre, arrondissement de Nantes, canton de Vertou (Loire-Inférieure).

(3) *Armorial de Bretagne*, tome Ier, états, page 512, n° 88 ; — blasons coloriés, tome Ier, page 98.

et de défunte Anne DE LA ROCHE-SAINT-ANDRÉ (1). — Il eut de cette alliance Anne de Gassion, dont l'article suit.

VIII. — Damoiselle Anne DE GASSION contracta mariage à Nantes, le 15 décembre 1738, avec messire Louis-Charles GOULLARD, chevalier, seigneur du Retail, fils mineur de feu messire Louis-Gabriel GOULLARD et de dame Marie-Henriette DE L'ECORCE (2.

Nous ignorons si Charles de Gassion laissa des fils de son mariage.

III

Abbés laïques et seigneurs de Goès.

II. — Honorable homme Peyroton DE GASSION, *voisin* et marchand de la ville d'Oloron, — fils cadet de noble Guilhamot DE GASSION et de noble Johanine D'ABBADIE, abbesse laïque de Goès, — était fermier et receveur des revenus de l'abbaye de Lucq, le 6 novembre 1514 (3). Il acheta, le 19 mars 1526, pour le prix de 180 écus, de 18 sols chacun, de Bernadico et de Peyrot de Roaries, père et fils, marchands, d'Oloron, une maison, située au Marcadet de cette ville, confrontant : d'une part, à terre de Bertrand de Cuyeus, défunt ; d'autre part, à terre de Bertranet de La Condie ; par derrière, à terre de Laroy ; et par devant, à rue publique du seigneur (4). Peyroton de Gassion était député du corps de ville d'Oloron, le 7 janvier 1537. Il consentit divers cheptels : le 7 décembre 1537, au profit de Jean de Domec, du Faget de Goès ; le 22 novembre 1538, au profit de Bernard de Sosbielas et de Laurence, sa femme, de Ledeuix ; le 17 janvier 1539, en faveur de Gaillard de Forquet, de Goès ; et le 9 novembre 1541, en faveur de Peyrolet de Larcher, d'Estos (5). Le

---

(1) Archives de la Loire-Inférieure, E. 852.

(2) Archives de la Loire-Inférieure, E. 852. — Voir, aussi, marquis de Granges de Surgères, *Histoire nobiliaire, 2,500 actes de l'état civil,* Nantes, chez l'auteur, 66, rue Saint-Clément, 1895, page 174.

(3) Archives des Basses-Pyrénées, E. 1415, f° 176.

(4) Archives d'Oloron, actes de Blaise de Sévigné, notaire d'Oloron, 1525-1526, registre non inventorié, f° 125, v°.

(5) Archives des Basses-Pyrénées, E. 1771, f° 192, v° ; E. 1772, f° 31, v° ; 36 ; 100, v° ; 196, v° ; 272 ; et 406, v° ; E. 1773, f° 89, v°.

27 février 1539, Bernard de Layot, de Lasseube, reconnut devoir au seigneur Peyroton de Gassion, d'Oloron, la somme de 23 francs, 4 sols, pour vente de grosse laine (1). — 14 avril 1548, dans la maison de Gassion, à Oloron : Testament d'honorable homme Peyroton de Gassion, natif de ladite ville : il veut être enterré dans l'église du couvent des Frères mineurs d'Oloron, où son père et sa mère reposent; il laisse à sa femme, Gratiane de Cortade, l'administration et l'usufruit de tous ses biens, meubles et immeubles; il lègue aux Frères mineurs d'Oloron 15 francs, de 10 sols chacun, à la condition de fonder un obit et de célébrer une messe par an; il veut que chacun de ses fils, sauf Gaillard, reçoive la somme de 100 livres, payable lorsqu'ils auront vingt ans; il lègue à Jeanne, sa fille, 200 écus pour se marier, ainsi qu'un trousseau semblable à celui de Guiraute, son autre fille; il institue pour héritier universel, Gaillard, son fils; si celui-ci ne peut s'accorder avec Gratiane de Cortade, il lègue à cette dernière la maison de Guiraud de Cuyeus qu'il a achetée conjointement avec elle, et la moitié des meubles garnissant la maison de Gassion; il a reçu de Gratian de Cortade, père de ladite Gratiane, 250 écus petits et 4 marcs d'argent de dot. Le testateur lègue : à Guiraute, sa fille, femme de Mathieu de Campagne, d'Oloron, deux cheptels de vaches; à Marie, sa servante, 20 sols; au *Corpus Domini*, 5 sols; à chacun des quatre ordres de pauvreté, 2 sols; à Notre-Dame de Sarrance, 2 sols; à l'hôpital d'Oloron, 1 écu. — Exécuteurs testamentaires : honorables hommes Mᵉ Guilhem de Dombidau; Jean d'Abbadie; Jean-Petit de Cortade: et Mathieu de Campagne, d'Oloron; — témoins : Arnaud de Casaus, habitant à Goès; Mᵉ Jean d'Esperbasco; Pedro Saubole; Guilhamolo de Garmidon, habitants d'Oloron; Arnaudet d'Anglade; Auger de Patiou; Mᵉ Jean de Bisquey, d'Oloron; et Perarnaud de Laprabe, notaire, qui retint l'acte (2). — Peyroton de Gassion laissa de son mariage avec Gratiane DE CORTADE :

1° Gaillard de Gassion, dont l'article suit;
2° Jean de Gassion, natif d'Oloron, marchand, habitant à Toulouse, associé pour le commerce, le 1ᵉʳ août 1559, avec Pierris Sirvent, fils du seigneur Jean Sirvent, marchand, de Toulouse, puis, en 1561,

---

(1) Archives des Basses-Pyrénées, E. 1773, fᵒ 166, vᵒ.
(2) Archives des Basses-Pyrénées, E. 1776, fᵒ 552.

avec Jacques de Balanquier, marchand de ladite ville, son cousin. —
Dans son testament daté de Pau, 19 mars 1562, Jean de Gassion
déclare vouloir être enterré dans le temple de la ville de Pau, par les
soins de Mⁱ Jean de Gassion, son frère, avocat en la Cour de la reine;
son frère, Gaillard de Gassion, lui doit 800 livres tournois ; Jean de
Gassion, cadet, aussi son frère, doit lui rendre compte de 60 livres
jaquèses de marchandises et de pastel destinés à être vendus à
Saragosse. Le testateur lègue : 100 livres à Gaillard de Gassion,
son frère; 200 livres à chacune de ses sœurs Guirautine et Johanine; il mentionne son cousin, noble Jean de Gassion, abbé de Goès,
et institue pour héritier Mⁱ Jean de Gassion, son frère, avocat au
Conseil (1);

3° Autre Jean de Gassion, auteur d'une branche rapportée au chapitre IV;

4° Encore autre Jean de Gassion, dernier né, marchand à Saragosse, en
1562;

5° Guiraute de Gassion, mariée, suivant contrat du 7 avril 1538, avec
Mathieu de Campagne, marchand et hôtelier, de la ville d'Oloron, fils
de Fortic de Campagne, de cette ville, bourrelier. Elle reçut une dot
de 100 écus, de 18 sols chacun, et une tasse d'argent du poids de
un marc et demi (2). — Guiraute de Gassion eut de son mari :
a. Pierris de Campagne; — b. Guillaume de Campagne; — c. et
Gratiane de Campagne, mariée, avant le 16 avril 1574, avec
Arnaud de Campfrancq (3);

6° Et Johanine de Gassion, mariée à M. Mⁱ Fortis de Spona, alias de
Sponde, d'abord avocat en la Cour du sénéchal de Pau et au Conseil
du roi, puis conseiller au Conseil souverain, qui vendit, le 6 février
1555, à Pau, pour le prix de 100 écus petits, en faveur du seigneur
Pedro Sacaze, marchand, de Nay, la maison de Capblanc, située dans
la rue du Marcadet d'Oloron (4). — Johanine de Gassion reconnut
avoir reçu, le 19 juin 1571, à Pau, de damoiselle Catherine de La
Salle, femme de M. Jean de Gassion, la somme de 50 livres tournois,
prix de la vente de la robe rouge du seigneur de Sponde, conseiller

---

(1) Archives des Basses-Pyrénées, E. 1997, fᵒˢ 294 et 327; E. 1999,
fᵒ 6, vᵒ.

(2) Archives des Basses-Pyrénées, E. 1772, fᵒˢ 43; 105 et 122; E. 1775,
fᵒ 237; E. 1777, fᵒ 66; E. 1781, fᵒˢ 237 et 338, vᵒ.

(3) Archives des Basses-Pyrénées, E. 1782, fᵒ 290, vᵒ; E. 1784, fᵒ 163, vᵒ.

(4) Archives des Basses-Pyrénées, E. 1995, fᵒ 26, vᵒ; E. 1998, fᵒ 13, vᵒ;
E. 1999, fᵒˢ 77 et 99; — Archives de Pau, BB. 1, fᵒ 10.

de la reine, en faveur de noble Bernard de Cassagnère (1). — Fortis
de Sponde, *voisin* de la ville de Pau, le 20 avril 1552, laissa
les enfants suivants : *a*. Bernard de Spona, *alias* de Sponde, avocat,
qui habitait Toulouse, le 22 août 1584; — *b*. Jeanne de Spona,
alias de Sponde, mariée, le 6 janvier 1566, à Ramonet de Pathiole,
de Précillon, habitant à Oloron (2); — *c*. Catherine de Spona, *alias*
de Sponde, qui épousa Mᵉ Bernard de Codalongue, huissier au
Conseil souverain et jurat de Pau; — *d*. et Anne de Spona, *alias*
de Sponde, mariée : 1° à Mᵉ Jean de Lauga, de Jurançon, dont elle
eut une fille unique, Marie de Lauga; 2° le 22 août 1584, à
Mᵉ Manaud d'Ossau, de la ville de Lescar (3).

III. — Noble Gaillard DE GASSION, *voisin* et marchand d'Oloron,
figure en qualité de témoin dans des actes notariés, datés de cette
ville, 24 janvier 1538 et 29 juillet 1552, et remplissait les fonctions de
garde de la même ville, le 14 février 1553 (4). Le 15 février 1551,
Gaillard de Capdepont et Johanette, sa femme, se reconnurent débiteurs envers lui de la somme de 55 écus et demi, de 18 sols chacun,
pour vente de quatorze livres de coton (5). Le 7 avril 1561, « le sei-
« gneur Gaillard de Gassion, marchand, d'Oloron, » s'associa avec
Jean de Gassion, dernier né, son frère, et Gratian de Morlàas, pour
faire le commerce des toiles et d'autres marchandises, en Béarn, en
France et en Espagne, et remit à ceux-ci, dans ce but, la somme de
2,800 livres tournois (6). Il fit donation, le 18 mai 1561, en faveur
du seigneur Arnaud de La Maison, marchand, d'Oloron, de tous ses
droits sur la maison de Labetan, située à la marque du Cos, de
Moncin; s'engagea à enseigner la profession de marchand, le 31 janvier 1563, à Pès de Lembeye, frère du seigneur Jean de Lembeye,
d'Araujuzon, habitant à Oloron, et le 16 juin 1566, à Pès de Domec,
de Pau (7). Le 4 novembre 1564, il prit comme serviteur, pour

---

(1) Archives des Basses-Pyrénées, E. 2001, f° 135.
(2) Archives des Basses-Pyrénées, E. 1779, f° 257, v°; E. 1999, f° 287, v°.
(3) Archives des Basses-Pyrénées, E. 2005, f° 625, v°.
(4) Archives des Basses-Pyrénées, E. 1772, f° 350; E. 1777, fᵒˢ 131 et
370, v°.
(5) Archives des Basses-Pyrénées, E. 1777, f° 256.
(6) Archives des Basses-Pyrénées, E. 1780, f° 202, v°.
(7) Archives des Basses-Pyrénées, E. 1781, f° 74, v°, et E. 1779, f° 216.

une année, à raison de 20 livres tournois, Jean d'Espourrin, d'Oloron (1). Comme on l'a vu plus haut, Gaillard de Gassion acquit, le 25 mai 1551, de noble Jean de Gassion, son cousin germain, fondé de procuration de son père, et le 16 juin 1565, d'autre noble Jean de Gassion, II° du nom, de Toulouse, aussi son cousin germain, l'abbaye de Goès, la maison de Gassion, située au Marcadet d'Oloron. Le même jour, ledit Jean de Gassion promit de lui vendre la borde, appelée des Coterers, située à Goès, et le moulin des Coterers, situé à Oloron (2). Gaillard de Gassion, assisté de M° Jean de Gassion, avocat, son frère, reçut, en qualité de seigneur de Goès (3), le 25 mars 1568, le serment de fidélité d'Arnaudet de Moreu et de Jeanne de Moreu, mère de ce dernier, ses vassaux, condamnés à remplir cette formalité par sentence du Conseil souverain, et, le même jour, le serment de fidélité de Jean du Plàa, gendre de Porrucholo; Bernard de Porrucholo; Guilhamot de Peyrot et Johanet de Lostau, *voisins* et cagots de Goès. Le 16 avril 1568, il reçut le serment de fidélité d'Arnaud de La Come, du Faget de Goès (4). — Il acheta, les 27 juin 1558 et 28 avril 1567, les dîmes de Saint-Martin d'Ogeu et une partie de la dîme d'Asasp, de noble Bernard d'Engassaguilhem, seigneur d'Arros, près Oloron, et, le 20 mai 1567, pour le prix de 400 francs, de 10 sols chacun, de noble Jaymes de Sainte-Colomme, seigneur d'Esgoarrabaque, 35 francs de fiefs dus par divers particuliers de Cardesse. Il afferma ces fiefs, le même jour, à Fortaner de Camps, de cette commune (5). Gaillard de Gassion convint, le 28 juin 1568, avec M°° Ramonet de Lostau, cagot

---

(1) Archives des Basses-Pyrénées, ᴇ. 1781, f° 300.

(2) Archives des Basses-Pyrénées, ᴇ. 1781, f° 434. v°.

(3) Gaillard de Gassion devait être seigneur de Goès, depuis peu de temps. Le 13 juillet 1555, en effet, à Sainte-Marie, M° Raymond de Carrère, de Sainte-Colomme, fondé de procuration de noble Antoine de Montesquiu, seigneur de Sainte-Colomme, avait vendu, pour le prix de 600 francs bordelais les seigneurie, terre, fruits, propriété et juridiction du lieu de Goès, près Oloron, en faveur de vénérable mossen Berthòmiù de Luger, chanoine d'Oloron, et de Gratiane de Bordenave, sa mère. (ᴇ. 1778, f° 39.)

(4) Archives des Basses-Pyrénées, ᴇ. 1782, f°° 230; 231, v°, et 233.

(5) Archives des Basses-Pyrénées, ᴇ. 1779, f° 204; ᴇ. 1782, f°° 106, v°; 107; 199 et 199, v°; ᴇ. 1784, f° 167.

d'Oloron, et Guilhamet de Peyrot, cagot de Goès, de certaines réparations à effectuer au moulin de Goès, pour le prix de 63 francs et
demi (1). Il s'associa, le 1er juin 1567, avec Jean de Manota, de Lasseube, pour faire le trafic des mules et des mulets, en France et en
Espagne, et lui compta, à cet effet, la somme de 1,000 livres tournois. Il s'associa, enfin, pour faire le même commerce, le 18 février
1572, avec Guilhem de Ilo, de Gurs, et Guillaume de Campagne,
d'Oloron, son neveu, et leur remit pour cela la somme de 1,817
livres 17 sols, 6 deniers tournois (2). Gaillard de Gassion, qui figure
encore dans divers actes notariés (3), fit son testament, à Oloron, le
28 mai 1573, et mourut avant le 17 juin de la même année (4). Il
s'était marié trois fois : 1° à Gratiane d'ANDREU, qui avait apporté en
dot 400 écus petits et 4 marcs d'argent ; 2° le 25 mai 1555, à Bernadine d'AMBILLE, fille de Johanot d'AMBILLE (5) ; 3° à Marie DU

---

(1) Archives des Basses-Pyrénées, E. 1782, f° 279, v°.

(2) Archives des Basses-Pyrénées, E. 1782, f° 105; E. 1783, f° 99, v°.

(3) Archives des Basses-Pyrénées, E. 1779, f°ˢ 179, v° et 228, v°;
E. 1781, f°ˢ 296, v°, et 336; E. 1782, f°ˢ 71, v°; 134; 139; 199, v°; 282;
284, v°; 289, v°, et 309, v°.

(4) Archives des Basses-Pyrénées, E. 1783, f°ˢ 216 et 228.

(5) En faveur de son mariage Bernadine d'Ambille reçut de Bertrand
d'Ambille, son frère, et de Bernard de Pomalade, son beau-frère, une dot de
300 francs bordelais. Ces derniers hypothéquèrent, pour garantir le paiement
de cette somme, la maison que possédait, au bout du pont d'Oloron, le défunt
Johanot d'Ambille, père de Bertrand et de Bernadine. (E. 1778, f° 9, v°.)
Cette habitation, située au bout du *pont de pierre* d'Oloron, était désignée,
aussi, sous le nom de « *maison deu barber deu rey*, » maison du barbier du
roi. En effet, le 8 janvier 1538, honorable Me Jean d'Ambille, d'Oloron,
barbier du roi, prit comme apprenti, pendant quatre années, pour le prix
de 14 écus, de 18 sols chacun, Jean du Bolan, *alias* de Lenfant, de
Monein, et s'engagea à lui enseigner son métier de barbier et de chirurgien.
Jean d'Ambille figure, aussi, dans des actes des 3 avril, 9 juin 1537 et
10 janvier 1539. (E. 1772, f°ˢ 105; 144; 162; E. 1773, f° 107, v°.) —
Vénérable mossen Guilhem d'Ambille, chanoine, vicaire général et official
de Mgr l'évêque d'Oloron, assista, le 16 février 1544, au contrat de
mariage du seigneur Peyrot de Cortade, marchand, de cette ville, avec Bernadine de Supervielle, de Sainte-Marie. Ce personnage est encore cité dans
des actes des 28 septembre 1546, 19 avril et 16 novembre 1547.
E. 1775, f° 135, v°; E. 1776, f°ˢ 191, v°; 325, v° et 440.) Enfin, vénérable

COLOMER, fille d'egregy M. Me Archambaud DU COLOMER, de Sainte-Marie, successivement jurat de cette ville, procureur général du roi et conseiller au Conseil souverain de Pau, et de Johanette DE MAZÈRES (1). — Gaillard de Gassion eut du premier lit :

1° Gratie de Gassion, dont l'article suit ;
2° Une fille, morte jeune.

Il laissa de Bernadine d'Ambille :

3° Arnaudine de Gassion, qui épousa, à Oloron, suivant contrat du 16 novembre 1573, Me Pascal d'Auture, d'abord avocat au Conseil du roi, habitant à Pau (2), puis juge au sénéchal de cette ville, dont elle eut postérité ;

4° Guirautine de Gassion, mariée, à Oloron, par contrat du 11 novembre 1576, avec Me Pascal de Cachalon, de la ville de Pontacq (3), conseiller auditeur en la Chambre des comptes de Pau, pourvu de l'office de garde du trésor des chartes du roi, en remplacement de Gratian de Lostau, le 25 décembre 1574, et reçu en cette qualité, le 14 mars 1575 (4). — Pascal de Cachalon était âgé de 65 ans lorsqu'il fit son testament, à Pau, le 1er février 1605 (5). Il avait eu de Guirautine de Gassion : a. Jean de Cachalon, baptisé dans le temple

---

mossen Antoine d'Ambille, chanoine et trésorier du chapitre d'Oloron, probablement de la même famille que les précédents, est mentionné dans des actes des 29 novembre 1545 et 16 novembre 1547. (E. 1776, f° 414 et 440.)

(1) Archives des Basses-Pyrénées, E. 1770, f° 10; E. 1778, f° 133, v°.

(2) Archives des Basses-Pyrénées, E. 1784, f° 13, v°. — « Les annonces de Peyrot de Capdevielle, de Narcastet, et de Johanete de Reyteron, de Rontignon, ont été faictes, par trois dimanches, et ont esté espousés par Mr Carmentrand, ministre a Pardies, a Narcastet [le ... de novembre 1573]. *Item*, de Mr Paschal d'Auture, habitant de Pau, et de Arnaudine de Gassion, d'Oloron, et ont esté espousez à Oloron, le 4e de janvier 1574. » (Archives de Pau, *État civil*, GG. 1, f° 144, v°.)

(3) Archives d'Oloron : Actes de Vignau, notaire ; registre non inventorié de 887 feuillets, papier, f° 2.

(4) *Bulletin de la Société des sciences, lettres et arts de Pau*, 1871-1872, IIe série, tome Ier, pages 175, 176 et 185.

(5) Archives des Basses-Pyrénées, E. 2022, f° 55, v°, et 94.

protestant de Pau, le 20 mars 1578 (1) décédé jeune ; — h. Daniel
de Cachalon, pourvu des deux offices d'auditeur en la Chambre des
comptes et de garde du trésor des chartes du roi, en remplacement
de son père, démissionnaire en sa faveur, suivant provisions enregistrées le 22 février 1606. Il obtint, par lettres patentes vérifiées en la
Chambre des comptes de Pau, le 27 avril 1609, l'anoblissement de
sa personne et d'une maison, appelée Duclos, située à Pontacq, en
considération de ses services et de ceux que son père avait rendus ;
fut admis aux Etats de Béarn, pour ce fief, le 9 mai de la même
année (2) ; devint doyen de la Chambre des comptes de Pau et vivait
encore, le 4 août 1657 (3) ; — c. David de Cachalon ; — d. Pierre
de Cachalon ; — e. Pascal de Cachalon ; — f. Suzanne de Cachalon,
baptisée dans le temple protestant de Pau, le 1er mai 1580 (4) ; elle
épousa M. de La Serre, de Ger ; — g. Et Philippe de Cachalon, qui
contracta mariage à Pau, le 12 décembre 1604, avec Mr Jean de
Loyard, docteur en médecine, de cette ville (5).

5° Pierris de Gassion, institué héritier dans le testament de son père. —
Il mourut avant le 16 novembre 1573 (6) ;

6° Gratiane de Gassion, qui épousa, avant le 28 avril 1581, Arnaud de
Campagne, fils du seigneur Bertrand de Campagne, marchand,
d'Oloron (7) ;

7° Autre Gratie de Gassion ;

8° Jean de Gassion, pourvu, par titre du 16 novembre 1570, à l'effet de

---

(1) « Le 20 de mars 1578, par Mr Martel fut baptizé Jehan, filz de Paschal Cachalon, natif de Pontac, et..........., sa femme, native d'Oloron ; —
présenté par Mr Jehan de Gassion, conseiller du roy, et Catherine de
Fresche, sa femme, habitans a Pau. » (Archives de Pau, *Etat civil*, GG. 1,
f° 75, v°.)

(2) *Bulletin de la Société des sciences, lettres et arts de Pau*, 1885-
1886, IIe série, tome xv, page 148 ; et 1886-1887, tome xvi, pages 120 ;
159 ; 162 ; 186 ; 197 et 219. — Archives des Basses-Pyrénées, c. 704,
f°s 218, v°, et 220.

(3) *Armorial de Béarn*, tome 1er, page 23.

(4) « Le premier de may 1580, par Mons' Martel fut baptizée Susanne,
fille de Paschal de Cachalon, auditeur de la Chambre des comptes, et de
Guirautane de Gassion ; — présentée par Mr de Colomiès, conseiller du roy,
et madamoiselle sa femme. » (Archives de Pau, *Etat civil*, GG. 1, f° 118.)

(5) Archives des Basses-Pyrénées, E. 2020, f° 567.

(6) Archives des Basses-Pyrénées, E. 1784, f° 13, v° ; E. 1785, f° 90.

(7) Archives des Basses-Pyrénées, E. 1788, f° 540.

faire ses études, de la cure d'Ogeu, vacante à raison de l'absence et de l'incapacité de M⁺ Martin de l'ausader. — Il mourut avant le 2 novembre 1574 (1);

9° Joanine de Gassion;

Gaillard de Gassion eut, enfin, de Marie du Colomer :

10° Bertrand de Gassion, décédé avant le 20 août 1581 (2);

11° Marie de Gassion, qui épousa, à Oloron, suivant contrat du 19 janvier 1588, Zacharie de Lafite, fils unique de M⁺ Jean de Lafite, de Bellocq, et d'Isabé du Verger, de Castetarbe, (mariés par contrat, en date à Castetarbe, du 1ᵉʳ janvier 1559) (3). — Marie de Gassion eut un grand nombre d'enfants. L'ainé de ceux-ci, Jean de Lafite, baptisé dans le temple protestant de Bellocq, le 23 décembre 1590 (4), fut le père du célèbre jurisconsulte Jacques-Antoine de Lafite-Maria (5):

12° Et autre Gratiane de Gassion.

IV. — Gratie DE GASSION contracta mariage, à Pau, le 13 février 1564, avec le seigneur Bertrand D'AMBILLE, marchand, d'Oloron, fils de Johanot D'AMBILLE. Assistée, dans cet acte, d'honnête dame Gratiane de Cortade, sa grand'mère, et du seigneur Gaillard de Gassion, marchand, d'Oloron, son père, elle reçut en dot 1,000 livres tournois et deux tasses en argent du poids de 4 marcs et d'une once (6). Bertrand d'Ambille donna quittance de la dot de sa femme, le 30 septembre 1565. — Gratie de Gassion, veuve sans enfants, obtint une sentence des jurats d'Oloron, en date du 17 juin 1573, assignant sa dot sur la maison d'Ambille, autrement *du barbier du roi*, de cette ville (7). — Gratie de Gassion épousa en secondes noces,

(1) Archives des Basses-Pyrénées, E. 1784, fᵒ 165; E. 1785, fᵒ 175.

(2) Archives des Basses-Pyrénées, E. 1788, fᵒˢ 219 et 604, vᵒ.

(3) Archives des Basses-Pyrénées, E. 1795, fᵒ 157, vᵒ.

(4) « Le 23 jour du mois de decembre 1590, Jean de La Fite, fils du sieur Zacharie de La Fite, de Belloc, et de damoiselle Marie de Gassion, sa femme legitime, a esté présenté au sainct sacrement de baptesme par le sieur Jean de La Fite, de Belloc, et luy a esté administré par moy, susdit, (signé :) Olhagaray. » (Samson Olhagaray, ministre de Bellocq.) (Archives d'Orthez, *Etat civil protestant de Bellocq*, 1580-1641, fᵒ 83, vᵒ.)

(5) *Armorial de Béarn*, tome 1ᵉʳ, pages 129 et 130.

(6) Archives des Basses-Pyrénées, E. 1781, fᵒ 380.

(7) Archives des Basses-Pyrénées, E. 1783, fᵒ 228; E. 1785, fᵒ 90.

Oloron, le 2 novembre 1574, *egregi* M⁰ Bernard du Colomer, *alias*
e Colomiès, conseiller du roi au Conseil souverain de Pau et maire des requêtes de son hôtel, fils et héritier de M. M⁰ Archambaud
u Colomer, d'abord jurat de la ville de Sainte-Marie, puis procu-
eur général et conseiller du roi, et de Johanette de Mazères (1). Le
1 mars 1580, à Oloron, le seigneur Arnaud de Lamaison, marchand
t bourgeois de cette ville, vendit la maison abbatiale d'Arette, pour
e prix de 2,735 francs 5 sols, en faveur d'*egregi* M⁰ Bernard du
Colomer, conseiller du roi, et de damoiselle Gratie de Gassion, sa
emme (2). Après la mort de Bertrand de Gassion, son frère consan-
uin, Gratie recueillit toute l'hérédité de Gaillard de Gassion, son
ère, et devint, par suite, dame de Goès. Bernard du Colomer, agis-
ant en son nom et pour le compte de sa femme, afferma, pour trois
ns, le 21 janvier 1582, à raison de 89 francs par année, la seigneurie
e Goès, en faveur de Bertrand de Candalop, d'Oloron, et le 1ᵉʳ mai
592, pour dix ans, à raison de 800 francs tous les deux ans, la moitié
e la dîme d'Arette, en faveur de Mᵉˢ Jean de Diserotte, Jacques de
Bustanoby et Arnaud de Fondeville, ministres de la parole de Dieu (3).
— Gratie de Gassion, qui vivait encore, le 16 août 1609, laissa posté-
ité de son second mari (4).

IV

*Seigneurs de Bergeré, de Pondoly, de Gerbais-Gendron, d'Arbus et
d'autres lieux, marquis de Gassion.*

III. — *Egregy* M. M⁰ Jean de Gassion, Iᵉʳ du nom dans cette
branche, — troisième fils d'honorable homme Peyroton de Gassion,

---

(1) Archives des Basses-Pyrénées, E. 1785, f⁰ 175; E. 1786, f⁰ 163, v⁰.
— On voit que Gratie de Gassion avait épousé successivement les frères des
econde et troisième femmes de son père.

(2) Archives des Basses-Pyrénées, E. 1788, f⁰ 239, v⁰.

(3) Archives des Basses-Pyrénées, E. 1789, f⁰ 80, v⁰; E. 1799, f⁰ 65.

(4) Archives des Basses-Pyrénées, E. 1788, f⁰ 262; E. 1789, f⁰ˢ 81, v⁰;
310, v⁰; 317, v⁰; 318, v⁰; 945, v⁰; E. 1793, f⁰ˢ 63; 124, v⁰; 125, v⁰;
E. 1795, f⁰ˢ 193, v⁰; 349; E. 1805, f⁰ˢ 353, v⁰; 519; 667; E. 1808,
f⁰ 84; E. 1809, f⁰ˢ 180, v⁰; 214; E. 1812, f⁰ 264, v⁰; E. 1819, f⁰ 95;
E. 2019, f⁰ 87, v⁰.

voisin et marchand d'Oloron, et d'honnête dame Gratiane DE COR-
TADE, — n'avait pas vingt ans, à l'époque où son père fit son testament (14 avril 1548). Il s'établit à Pau, vers 1557, comme avocat au
Conseil du roi, acheta, dans cette ville, le 20 novembre 1559, pour le
prix de 300 francs bordelais, de Mᵉ Jordan de Mediavilla, avocat en la
Cour, et de Pierris d'Yhars et Jeanne de Mediavilla, sa femme, gendre et fille aînée dudit Jordan, la maison de Sansot (1), confrontant,
de deux côtés avec les murailles de la ville, et d'un autre côté avec
la rue publique (2); et fut choisi, comme fondé de procuration, à
Charre, le 15 janvier 1561, par noble Jean Douhat et Jeanne de Foix,
dite de Beyrie, sa femme (3). Il est qualifié « Mᵉ Johan de Gassion,
« licencié en droit, natif de la ville d'Oloron, *voisin* habitant en la
« ville de Pau, avocat au Conseil de la reine, » dans un acte, daté
de cette ville, 12 juin 1563, par lequel il acheta pour le prix de
2,000 écus petits, la dîme et les fruits décimaux de la marque de
Loupien de Moncin, de Mᵉ Jean de La Coste, de la ville de Moncin,
secrétaire de la reine (4). Jean de Gassion embrassa la réforme et
devint l'un des favoris de Jeanne d'Albret. Jurat de la ville de Pau,
dès le 31 octobre 1563, en remplacement de Mᵉ Pès de Pardies,
déchargé de ces fonctions par la reine, il fut choisi par ses collègues,
le 17 mai 1566, avec Arnaud de Salinis, aussi jurat, pour représenter
la communauté aux États généraux de la province, qui devaient
s'assembler à Pau, le lendemain (5). Élu syndic des États, en rem-

---

(1) « Monsieur Meste Johan de Gassion, conselher deu rey, thien et possedeixs, en la carrere de Castetmenor, une place, terre et mayson qui se a acquisit deu deffunct Mᵉ Jordan de Mediavilla ; — confronte ab la murralhe de
la ville et, per toutz partz, ab carrere publica ; — estimade detz franxs, valen
dues liures, detz sos morlans;

« Pluus, thien et possedeixs, en ladite carrere, une place et mayson qui se
a acquisit et crompat de Agnette de La Coste, fundade contre la murralhe
de la ville ; — confronte ab mayson de la ville et ab mayson deudit sʳ et ab
la dite carrere ; — estimade sincq franxs, valen une liure, sincq sos morlaas... » (Archives de Pau, cc. 3, fᵒ 135.)

(2) Archives des Basses-Pyrénées, E. 1996, fᵒ 77.

(3) Archives des Basses-Pyrénées, E. 1997, fᵒ 102, vᵒ.

(4) Le 21 juin 1565, à Pau, Jean de Gassion revendit cette dîme au
même Jean de La Coste. (E. 1997. fᵒ 362.)

(5) Archives de Pau, BB. 1. fᵒˢ 54; 56; 62, vᵒ; 63 et 98; Archives des
Basses-Pyrénées, E. 1998, fᵒ 13.

placement de M⁰ Pierre du Prat, nommé premier syndic, il fut reçu
en cette qualité, le 25 mai 1566 (1). Jean de Gassion vendit, le 29 juin
1566, pour le prix de 255 francs, la maison de Soberpoey, *alias de
Moret*, de Sainte-Marie, en faveur de Guilhamot de Montaut (2). Il
acheta, le 2 août 1566, pour le prix de 112 écus et demi, de M⁰ Arnaud-
Guilhem de Hereter, jurat de Pau, la maison de Fortiquet, située
dans cette ville, dans la rue de Casteimenor, confrontant : d'un côté
avec maison de M⁰ Bernard de Laurets, jurat de ladite ville; d'un
autre côté, avec maison de M⁰ François des Tisnès, de la même ville,
et par le devant, avec la rue publique; et consentit, le 25 août 1566,
avec Etiennette du Tisner et Jourdain du Tisner, son fils, agissant
avec le consentement de Jacques du Tisner, neveu d'Etiennette et
cousin germain de Jourdain, un échange aux termes duquel il leur
céda cette maison et reçut, en retour, un *coster* (appentis), appelé
« au Honset (3), » construit sur la muraille de Pau (4). Ayant décidé
de bâtir une maison sur l'emplacement occupé par cet appentis, Jean
de Gassion s'adressa au corps de ville de Pau à l'effet d'être autorisé
à construire partie de cet édifice sur une venelle et une muraille
appartenant à la communauté. Le corps de ville lui accorda ce qu'il
demandait, dans la délibération suivante :

« Lo septal de desembre mil cincq cens sixante sieys, assemblatz, au
man de la guoarde, los juratz et depputatz de ladite ville, en la maison
commune dequere, scaber : Arnaud Guilhem de Hereter; Arnaud Salinis;
Johan de Gassion; Berdolet de Foixet, juratz: Pees de Sanct Martin;
Pierre Arbusio; Johan de Faget; Pierre d'Arrocque; Bernad de Sanct

(1) Archives des Basses-Pyrénées, c. 682, f⁰ 112; c. 692, f⁰ˢ 166 à 168.
(2) Archives des Basses-Pyrénées, ε. 1779, f⁰ 267, v⁰.
(3) On lit dans le *Dictionnaire béarnais ancien et moderne*, de
M. M. Lespy et Raymond, tome 1ᵉʳ, page 377 : « Honset, lieu enfoncé.
— Vieux nom d'une petite rue de Pau qui était dans un enfoncement. »
D'après Louis Lacaze, la rue du Honset était, anciennement, la rue Sully
tout entière. C'est, aujourd'hui, la partie comprise entre la rue Henri IV
et l'entrée de l'hôtel Gassion. « Ce nom de *Honset*, — ajoute Louis Lacaze,
— est, en béarnais, le synonyme d'impasse; la rue en question, en effet,
se terminait, à son extrémité sud par une ruelle étroite le long de la
muraille de la ville..... » (*Recherches sur la ville de Pau*, Pau, veuve Léon
Ribaut, 1888, page 104.)
(4) Archives des Basses-Pyrénées, ε. 1999, f⁰ˢ 301 et 303.

Cricq; Johanet Buisson, depputatz de ladite ville..................

« Incontinent, lodit de Guassion, parlant en son nom propy, se lheba e
remonstra ausdits senhors juratz et depputatz que, despuixs nau ans, lu
sere en la present ville, haven moyenat de y acquerir une petite maisou
aperade de Sansot, en laquoalle es havitant, et, despuixs quoate ans, eu
a jurat et scindic de ladite ville, se ere empleguat au service public, an
que ere de nottorie a la compaignie, senhs se esplanhar en res, et, eu
despuixs petit de temps, luy se aye adquisit ung petit coster viis adviis e
sadite maison, aperat deu foncet, scituat au portalet et enter la murralh
de la ville et autre murralhe qui es propy de la maison de l'escole de
present ville, et desire en tal coster bastir maison, per ampliar et acom
dar l'autre, so que no pot bonnement senhs se adjudar de ladite murralh
de l'escole et bastir suus aquere, prenen lo caner et en asso se adjudar e
la ordenance de la reyne, feyte a la requisition de las gens qui haben suffe
l'incendy (1), per laquoalle es portat que en tal cas falhire, paguasse la me
tat deu caner et de ladite murralhe qui a present y es, ensemble souffrisse
l'advenir, servitut per metter bastiment suus sa murralhe, en cas ladite vi
o autres, haven drets de ere, volossan bastir et ampliar ladite maison

(1) Le corps de ville de Pau venait de prendre, le même jour, la décisi
suivante : « ..... l'o deliverat, sus la proposition qui este feyte suus
danger qui ere deu focq qui pode advenir per las chimineyes de las ma
sons de la present ville, a faulte de no estar netteyades, et si aqueres
deben netteyar en particular ou bien aus despentz commus este : — Rest
que per los dangers et incendis de focq qui a faute de no netteyar lasdit
chimineyes s'en poderen a l'advenir inseguir, que aqueres seran netteyad
per dus personnadges expres qui seron eslegitz o bien per los medixs qu
ci davant, per aqueres netteyar eren estatz eslegitz, aus despentz comm
et aus mendres despentz qui far se poyra et anxi que sera advisat per le
dits juratz. » (Archives de Pau, nn. 1, f° 102.) — Voici une délibérati
du corps de ville de Pau, prise, à une date antérieure, à la suite d'
incendie qui avait consumé la maison Cerbais, autrement Gendron,
probablement d'autres maisons de la ville : « Lo xxix d'octobre mil v° lxi
assemblatz los juratz et deputatz, a la maison de la ville, et, preese delib
ration sus las chimineyes et incendis qui poyren survenir, que la char
de neteyar las chimineyes, dues vegades l'an, sere balhade a M° Johan
Pucheu, cagot, de Maseres, a la some de setze escutz, et las cordes lo ser
fornides per la goarde, une vegade l'an, solament, et a la charge que se
tengut raportar las chimineyes rompudas et render las cordes vielhe
(Signé :) J. de Gassion, jurat de Pau; — A. G^m de Hereter, jurat de Pa
— B. de Foixet, jurat de Pau; — Salinis. » (Archives de Pau, nn.
f° 73, v°.)

l'escole, affectan plaguosse ausdits senhors juratz et depputatz, en consideration et recompense de sons serviciis qui a feyt, pendent losdits quoate ans et se totz los jorns, lo voler donnar et autreyar drect et facultat de se prener lodit caner et murralhe et suus aquere bastir et edificar sadite maison, senhs paguar res ny souffrir ladite servitut, a l'advenir, offrin continuar son service, tant que sera possible; et, adaqueres fiis, presente une requeste comensante : *Remonstre humblement.....* et finiente : DE GUASSION. Et, per losdits senhors juratz et depputatz, apres que lodit de Gassion este fore de ladite maison de la ville, este deliverat suus lo contengut dequere et concludiet et restat per los totz, de ung comun accort, que audit de Gassion es valhat drect, puissance et facultat de poder prener tot lodit caner qui es enter lasdites maisons deu fonset et ladite maison de l'escole, ensemble de bastir suus ladite murralhe de l'escole contigue audit caner, en cas lo apparie esser asses forte, autremen, lodit de Gassion poyra far abbatter tal murralhe et en far far une autre et la far hauzar tant que bon lo semblara, senhs prener plus de terre de ladite escole que solement tant que ladite murralhe et fundament se estene, senhs far, aussi. portes ny fenestres deu costat de ladite escole, senhs per aquere paguar res a las guoardes de ladite ville, en consideration et recompense deusdits serviciis, a la charge, empero, que, a l'advenir, si ladite ville ou autres habent charye et drects d'elle, vol bastir et carcar suus ladite murralhe, deu costat de l'escole, aquero poyra far, paguan la micytat de la valor de ladite murralhe. A que eren presens los juratz et depputatz, so es : Arnaud Guilhem de Hereter; Me Gratian Fabri; Berdolet de Foixet; Arnaud Salinis, juratz; maestes Bernad de Sanct Cric; Pees Darrocque; Johan de Faget; Johanot Buysson, depputatz; Me Pierre Arbuzio et Pierre de Senct Martin, vessiis et gens de conselh de ladite ville. Feyt a Pau, en ladite maison de la ville, lo septal jorn deu mees de desembre mil cincq cens sixante sieys, presens, testimonis los susdits, qui commandan a my, Arnaud d'Abbadie, notary, l'an present, de Pau, rethenir acte de ladite donnation, autrey et permission et audit de Gassion en expedir instrument per lo servir, a l'advenir, anxi que de rason.

(Signé :) « A. SALINIS, jurat de Pau; — A. G. HERETER, jurat de Pau; — D'ABBADIE, notaire : Be DE FOIXER, jurat de Pau; — Gratian FABRI, jurat de Pau; — Joan DE FAGET, deputat; — P. DE LUGER, deputat, consentien; — B. DE SAISCT CRIC, depputat; — M. LEXIA, depputat, aussi consent; — J. DE HERETER; — J. BUISSON, deputat, consent; — P. DE SANCT MARTIN (1). »

(1) On lit en marge de cette délibération : « *Proposition deu senhor de Gassion, sus lo bastiment de la murralhe de sa maison qui tire vers l'escole. — Rest sus ladite proposition frees : conditions et modiffications*

Créé procureur général par Jeanne d'Albret, Jean de Gassion fut remplacé, le 1ᵉʳ mars 1567, comme jurat de Pau, par Mᵉ Bernard de Saint-Cricq. La reine l'exempta, le 19 décembre de la même année, de remplir les fonctions de conseil de cette ville et les États de Béarn nommèrent à sa place, pour syndic, le 9 avril 1568, Mᵉ Martin de Luger, avocat (1). Élu député du corps de ville de Pau, le 14 novembre 1568 (2), Jean de Gassion fut pourvu, le 20 octobre 1570, d'un office de conseiller au Conseil souverain, vacant à la suite du décès de Jean de Bordenave et reçu en cette charge, le 16 novembre de la même année (3). En 1573, messire Bernard d'Arros, seigneur, baron dudit lieu et de Rodes, lieutenant général de Jeanne d'Albret, choisit Jean de Gassion comme commissaire, à l'effet d'affermer et de vendre les biens ecclésiastiques du parsan d'Oloron (4). Il était conseiller et maître des requêtes du roi, lorsqu'il fut nommé, le 23 mai 1582, par la princesse Catherine, régente, troisième président au Conseil souverain, en remplacement de Guillaume de Lavigne. Reçu en cette qualité, le 29 mai de la même année, et confirmé dans ses fonctions, le 8 novembre 1583, il fut, de nouveau, admis au Conseil, en tant que de besoin, le surlendemain, 10 novembre (5). Il devint, enfin, le 21 octobre 1584, président criminel, aux lieu et place de Hieronim (Jérôme) de Marca, décédé, et fut reçu dans cette charge, le 22 novembre suivant (6). — Jean de Gassion obtint d'Henri IV, le 3 avril

---

remarcables. — Recompense et don en favou deu sʳ de Gassion, jurat. — 1566. » (Archives de Pau, nᵒ 1, fᵒˢ 102 à 104.)

(1) Archives des Basses-Pyrénées. c. 682, fᵒ 121, vᵒ; c. 692, fᵒ 246.

(2) Archives de Pau, nᵒ 1, fᵒˢ 110, vᵒ; 111 et 115, vᵒ.

(3) Bulletin de la société des sciences, lettres et arts de Pau, IIᵉ série, 1894-1895, page 64.

(4) Archives des Basses-Pyrénées, E. 1238, fᵒ 285; E. 1521, fᵒ 39; E. 1755, fᵒ 279, vᵒ; E. 1780, fᵒ 591, vᵒ; E. 1781, fᵒ 380; E. 1784, fᵒ 194; E. 1785, fᵒˢ 24; 318; E. 1787, fᵒ 17; E. 1788, fᵒˢ 262; 654, vᵒ; 656; E. 1789, fᵒ 872, vᵒ; E. 1810, fᵒ 232; E. 1817, fᵒ 89; E. 1998, fᵒˢ 13; 145; E. 2000, fᵒ 22; E. 2001, fᵒ 390, vᵒ; E. 2009, fᵒ 166, vᵒ; E. 2010, fᵒ 258, vᵒ; E. 2013, fᵒ 169, vᵒ; E. 2016, fᵒ 28, vᵒ; E. 2020, fᵒ 232; E. 2024, fᵒˢ 178; 1080 E. 2132, fᵒ 206, vᵒ, etc.

(5) Extrait des choses principales qui se trouvent sur les registres des enregistrements du parlement, etc., pages 32 et 33. (Bibliothèque de M. l'abbé Dubarat.)

(6) Extrait des choses principales qui se trouvent sur les registres des enregistrements du parlement, etc., pages 36 et 37.

581, l'anoblissement de la maison de Bergeré et de la borde de
'ondoly, situées à Jurançon (1). Le 20 juin 1583, M° Pierris Laprabe,
'incent de Lamouroux et Pierre de Lamouroux, chirurgiens de
ainte-Marie, fermiers pour une année de la dîme d'Issor, reconnu-
:nt devoir, en cette qualité, la somme de 580 francs à Jean de
assion (2). — Le Conseil souverain ayant autorisé la ville de Pau
vendre les maisons « de l'Escolle et du Maset, » Jean de Gassion
roposa au corps municipal d'acheter la première de ces construc-
ons pour le prix de 706 francs, et son offre fut agréée, le 28 avril
597 (3). Il fut admis aux États de Béarn, le 19 juin 1604, comme
igneur de Bergeré (4); fit son testament, le 10 mars 1605 (5); rési-
na son office de président criminel en faveur de Jacques, son fils,
ui en obtint les provisions du roi, le 26 octobre 1609, avec cette
:serve que le cédant exercerait encore les fonctions de cette charge,
endant trois années (6); et mourut, le 29 janvier 1612. Son corps
t enseveli dans le temple de Pau, le 31 janvier (7). — Le président
:an de Gassion fut un magistrat d'une rare valeur et Olhagaray le

(1) Archives des Basses-Pyrénées, n. 679, f° 251. — « Le 3 d'avril
581, est anoblie en faveur de M. de Gassion, conseiller et maître des
:quêtes, la métairie de Bergeret, son pressoir et autres appartenances,
squ'à la concurrence de 70 arpents de terre, tant en considération des
:rvices par lui rendus auprès de M. d'Arros, lieutenant général, dans la
lle de Navarrenx, et pendant le siège mis par Terride, que dans les em-
ois divers qu'il aurait eus d'avocat du Conseil, de jurat de la ville de
au, syndic de Béarn, procureur général et, alors, conseiller et maître des
quêtes; à l'enregistrement de laquelle patente, fait, le 7 avril 1581,
rait consenti tant le syndic du pays, avec éloge singulier dudit sieur de
assion, que les habitants de Jurançon, en Sa Majesté les déchargeant de
ois feux, comme cela fut, en effet, exécuté: moyennant quoi, ledit sieur
: Gassion et ses successeurs auraient été affranchis de toutes charges
subsides ordinaires et extraordinaires, personnels et réels. » (Bulletin
: la société des sciences, lettres et arts de Pau, II° série, 1871-1872,
ge 187.)
(2) Archives de Pau, nn. 1, f° 539; 604, v°; et 609.
(3) Archives des Basses-Pyrénées, e. 1780, f° 507.
(4) Archives des Basses-Pyrénées, c. 702, f° 108.
(5) Archives des Basses-Pyrénées, e. 2024, f° 86, v°.
(6) Extrait des choses principales, etc., page 62.
(7) Ch.-L. Frossard, Jean de Gassion, maréchal de France, page 5.

qualifie de « *grand justicier* (1). » — Il avait épousé, en premières
noces, à Oloron, le 16 septembre 1561, — assisté des seigneurs
Gaillard et Jean de Gassion, ses frères, — Catherine DE LA SALLE,
fille de feu Pés DE LA SALLE, marchand et jurat d'Oloron, et d'honnête dame Arnaudine DE NAVAILLES. Catherine d. La Salle reçut
une dot de 400 écus petits, qui lui fut constituée par sa mère et par
Jean de La Salle, son frère. — Jean de Gassion donna quittance de
cette somme, le 23 janvier 1564 (2). — Devenu veuf, Jean de Gassion
se maria, en secondes noces, le 23 septembre 1573, avec damoiselle
Marie DU FREXO, *alias* DE FRÉCHOU, de Saint-Goin, veuve, sans
enfants, de noble Jean DE LA SALLE, seigneur de Saint-Pé de
Salies, et fille de feu *egregy* Me Gratian DU FREXO, *alias* DE FRÉCHOU,
seigneur et abbé laïque de Saint-Goin, conseiller et maître des
requêtes de Sa Majesté, et de damoiselle Philippe DE FOIX. Cette
dernière, qualifiée, dans certains actes, de *nièce* de très révérend
père en Dieu Jacques de Foix, évêque de Lescar, chancelier de Foix
et de Béarn, lieutenant général d'Henri II, roi de Navarre, était,
en réalité, l'une des filles naturelles de ce prélat (3). Marie du

---

(1) *Histoire des comptes* (sic) *de Foix, Béarn et Navarre*, Paris, 1629,
page 614.

(2) Archives des Basses-Pyrénées, E. 1780, f° 378, v°; E. 1781, f° 346;
E. 1776, f° 556; E. 2000, f° 21.

(3) Jacques de Foix avait eu, en effet, plusieurs enfants naturels, peut-
être avant d'entrer dans les ordres. — Nous citerons :

1° Arnaud de Foix, abbé de Lucq et commandeur de Lespiau, les 3 novembre 1553 et 17 mars 1563. Ayant embrassé la réforme, dès 1558,
il est qualifié seigneur de Lucq, le 25 novembre 1589, et abbé d'Aussevielle, les 19 avril et 12 mai 1592. (Notaires de La Bastide-Monréjau,
n° 37, f° 311; n° 55, f° 25, v°; n° 77, f° 1, v°; n° 79, f° 1, v°; n° 84, f° 9.)
Dans son testament, daté de Lescar, 9 juillet 1593, il institua pour
héritier universel M. Me Jean de Gassion, président au Conseil
souverain, en la Chambre criminelle, à la charge de remettre, dans
un mois, les biens provenant de son hérédité à Pierre de Foix, son fils
naturel, et fit certains legs à damoiselle Jeanne Durban, autrement de
Labassère, sa nièce, à noble Pierre de Medrano, seigneur de Maumusson,
mari de cette dernière, et à damoiselle Jeanne d'Abbadie, aussi sa nièce.
Arnaud de Foix mourut à Lescar, le 9 juillet 1593, à dix heures du
matin, dans la maison de Marque, *alias* de Coste, et fut enterré « au
sépulcre où l'on ensevelissait les chanoines de Lescar. » (E. 2010,

Frexo fut assistée, au contrat, de : M. M⁰ Jean du Frexo, conseiller de Sa Majesté, son oncle paternel et tuteur; damoiselle Philippe de

f⁰ˢ 208 et 258; E. 2014, f⁰ 240, v⁰; E. 2017, f⁰ 44, v⁰.) — Il laissa deux enfants naturels, savoir : a. Pierre de Foix, abbé d'Aussevielle, les 30 octobre, 14 novembre 1610 et 1ᵉʳ octobre 1611; — b. et Gratiane de Foix (Notaires de La Bastide-Monréjau, n⁰ 112, f⁰ˢ 3; 23, v⁰; 88 et 123);

2⁰ Rose de Foix, qualifiée *nièce* de l'évêque Jacques de Foix, dans son contrat de mariage, passé dans la maison de M. de Barzun, près de Viven, le 17 décembre 1535, avec noble Arnaud d'Abbadie de Lème, Iᵉʳ du nom, fils aîné de noble Isabé de Burgaust, dame de Malaussanne et de l'abbaye de Lème. Elle reçut de Jacques de Foix une dot de 2,000 livres tournois (E. 355). — De cette union vint : Arnaud d'Abbadie, IIᵉ du nom, abbé laïque de Malaussanne. Il épousa damoiselle Catherine de Serres, laquelle, en sa qualité de mère et tutrice de noble Antoine d'Abbadie, autrement de Malaussanne, fils aîné et héritier universel de son mari, fit donation, le 15 décembre 1593, en faveur de M. Jean de Gassion, président au Conseil souverain, son cousin, époux de damoiselle Marie du Frexo, *alias* de Fréchou, de la moitié des biens délaissés par noble Arnaud de Foix, seigneur de Lucq et commandeur de Lespiau, « à la charge que ledit sieur de Gassion ferait toutes les diligences et impenses nécessaires à la poursuite du procès pendant entre lui, noble Pierre de Medrano, seigneur de Maumusson, damoiselle Jeanne Durban, sa femme, et Mᵉ Jean de Salha, curateur de Pierre et de Gratiane de Foix, bâtards dudit sieur de Lucq, auxquels lesdits biens devaient appartenir. » (E. 1286, f⁰ˢ 59 et 60.) Jean de Gassion fit un accord, en 1594, avec Mᵉ Jean de Salha, et transigea, le 2 mai 1596, avec noble Pierre de Medrano (E. 2013, f⁰ 98; E. 2014, f⁰ 240, v⁰);

3⁰ Jeanne de Foix, *alias* d'Andoins, dame d'honneur de la reine de Navarre. — Antoine, roi de Navarre, lui donna le moulin de Bourdettes, le 1ᵉʳ juin 1560 (*Bulletin de la société des sciences, lettres et arts de Pau*, IIᵉ série, 1871-1872, page 87);

4⁰ Philippe de Foix, qualifiée *nièce* de Jacques de Foix, évêque de Lescar, dans son contrat de mariage, du 18 mars 1544, avec *egregy* Mᵉ Gratian du Frexo, *alias* de Fréchou. Elle reçut de Jacques de Foix une dot de 1,200 francs qui fut portée, ensuite, à la somme de 2,400 francs. (*Papiers de la famille de Bergon*, communiqués par M. Étienne Gabe, d'Oloron-Sainte-Marie.) En outre, Jacques de Foix donna à Gratian du Frexo une dîme, qui se percevait à Monein, et légua à Philippe, ainsi qu'à son mari, une maison, appelée de Labat, située à Lescar, contiguë

Foix, sa mère; Jean du Frexo, son frère; et de Guicharnaud de Mesplès, seigneur d'Aren, son oncle. Marie du Frexo, promit d'apporter

à l'évêché, et une métairie, dite du Tuquou, sise dans la même ville. Cette libéralité fut confirmée par lettres patentes, du 26 août 1555, enregistrées, le 10 juillet 1556 (E. 337 et *Bulletin de la société des sciences, lettres et arts de Pau*, II° série, 1871-1872, page 64.) — Philippe de Foix épousa, en secondes noces, le capitaine Laurent de Ledeuix et fit son testament, à Navarrenx, le 4 mars 1577. — Laurent de Ledeuix épousa, le 1er juin suivant, Peyronnette de Noguès, de Susmiou. (E. 1635, f° 138, v° et 187, v°.) — Philippe de Foix laissa de Gratian du Frexo, entre autres enfants : a. Jean du Frexo, *alias* de Fréchou, qui continua la descendance masculine; — b. Marie du Frexo, *alias* de Fréchou, seconde femme du président Jean de Gassion; — c. et Catherine du Frexo, *alias* de Fréchou, mariée, avant le 16 janvier 1572, avec le seigneur Jean de Marrun, marchand, de Départ, auquel elle porta une dot de 1,000 francs bordelais. Au mois de février 1586, Jean de Marrun fut arrêté par l'ortie de Brassalay, capitaine et gouverneur du château d'Orthez, « sur et à l'occasion de certain billet et lettres missives qui avoient été trouvés en main et pouvoir d'un serviteur dudit de Marru et que ledit de Marru transmettait au seigneur de Poudenx. » Par arrêt du Conseil ordinaire du roi, du 20 février 1586, Marrun, atteint et convaincu du crime de lèse-majesté, fut condamné à être mis à quatre quartiers en la ville d'Orthez, et les deux tiers de ses biens furent confisqués. Après l'exécution de son mari, Catherine du Frexo obtint d'Henri IV des lettres patentes, datées de Pau, 23 novembre 1587, lui faisant donation des biens confisqués, situés à Départ et à Salles-Mongiscard, « en considération de ce qu'elle étoit fille naturelle et légitime de défunt M° Gratian du Frexo, conseiller et maître des requêtes des défunts roi et reine Antoine et Jeanne, et de la défunte Philippe de Foix, *fille naturelle du défunt Jacques de Foix, en son vivant évêque de Lescar, lieutenant général du défunt roi Henri.* » (E. 1246, f° 13, v° et *Bulletin de la société des sciences, lettres et arts de Pau*, II° série, 1871-1872, page 254.) — Catherine du Frexo laissa de Jean de Marrun : Marie de Marrun, qui épousa M° Josué d'Abbadie et mourut avant le 30 janvier 1609, ayant eu de son mariage : Marie d'Abbadie (E. 1246, f° 13, v° et 50, v°);

5° Isabeau de Foix, mariée, suivant contrat en date, à Lescar, du 13 juillet 1545, avec noble Jean Durban, seigneur de Labassère, dont elle eut : a. Pierre Durban, seigneur de Labassère, qui testa, le 3 octobre 1585; — b. et Jeanne Durban, *alias* de Labassère, mariée le 3 avril 1588, à une dot de 2,400 francs, comprenant la somme de 1,400 francs, sur les biens du défunt M. de Saint-Pé, de Salies, son premier mari, et la somme de 200 francs que M. de Lucq (Arnaud de Foix, seigneur de Lucq), son oncle, lui avait donnée. Les témoins du contrat furent : Me Guicharnaud de Casamajor, trésorier du roi, habitant à Navarrenx; Bertrand de Campagne, marchand, d'Oloron; et Bernard de Codalongue, notaire au Conseil, qui retint l'acte. (1). — Jean de Gassion eut de Catherine de La Salle, sa première femme :

> 1° et 2° Nicolas et Jean de Gassion, admis à jouir des revenus de la cure d'Ogeu, « en faveur d'étude, » par ordonnance du conseil ecclésiastique du Béarn, du 22 juillet 1573, et entretenus, à partir de cette date, au collège de Lescar. Aux termes d'une transaction, du 17 avril 1574, entre noble Bernard d'Engassaguilhem, seigneur d'Arros, près Oloron, qui avait racheté l'abbaye laïque et les dîmes d'Ogeu, de damoiselle Marie du Colomer, veuve de noble Gaillard de Gassion, seigneur de Goès, d'une part, et cette dernière, assistée du seigneur Jean de Gassion et d'*egregy* Me Bernard du Colomer, conseillers de Sa Majesté, d'autre part, Jean de Gassion, fils et héritier dudit Gaillard et de Bernadine d'Ambille, sa seconde femme, et ses cousins germains, Nicolas et autre Jean de Gassion, furent maintenus dans la jouissance de la moitié des fruits de la cure d'Ogeu, pendant dix ans, à l'effet de continuer leurs études (2). Nicolas et Jean de Gassion moururent jeunes, croyons-nous;

Lespiau, près Lescar, à noble Pierre de Medrano, seigneur de Maumusson. (E. 2010, f°ˢ 290 et 292.)

Jacques de Foix eut, en outre, de Jeanne de Marca, *alias* de Marque, femme de Martin de Coste, de Lescar :

6° Jacquemine de Coste, qui fut gratifiée, dans le testament de son père naturel, de certaines vignes, appelées de Montfort, situées à Jurançon, qu'il avait acquises de Bernard Barat, marchand, de Morlàas, pour la somme de 400 écus. — Jacquemine de Coste mourut sans avoir été mariée (*Bulletin de la société des sciences, lettres et arts de Pau,* IIe série, 1871-1872, page 88);

7° Et Jeanne de Foix, dite de Beyrie, à laquelle Jeanne d'Albret fit don, le 29 janvier 1560, des vignes de Montfort qui avaient été léguées à sa sœur Jaquemine, alors décédée. Elle épousa, avant le 15 janvier 1561, noble Jean Douhat, *alias* Doat. (E. 1997, f° 102, v°.)

(1) Archives des Basses-Pyrénées, E. 2002, f°ˢ 15 et 28, v°.
(2) Archives des Basses-Pyrénées, E. 1784, f° 165.

3° Jacques de Gassion, dont l'article suit;

4° Magdeleine de Gassion, qui épousa, par contrat du 7 décembre 1582, noble Pierre de Fortaner, seigneur de Gomer, avocat au Conseil souverain et jurat de Pau (1).

5° Catherine de Gassion, baptisée dans le temple protestant de Pau, le 10 juillet 1572 (2);

Jean de Gassion eut de Marie du Frexo, sa seconde femme :

6° Jacob de Gassion, baptisé dans le temple protestant de Pau, le 31 juillet 1578 (3). Admis, au mois de février 1599, à suivre les cours de l'école de médecine de Montpellier (4), il se fit recevoir docteur et vint exercer sa profession en Béarn. Il sollicita le poste de médecin du pays, vacant par la mort du sieur de La Magdeleine mais les États de la province, dans leur délibération du 11 mai 1609 élurent son concurrent, Pierre de Noguès, plus tard seigneur d'Assat (5). Jacob de Gassion épousa, suivant pactes, datés de Pau

---

(1) *Armorial de Béarn*, tome III, page 67.

(2) « Le x° de juillet 1572, par M° Martel fut baptisée Catherine, fille de M° Jehan de Gassion, conseiller, et de Catherine de La Salle, sa femme — présentée par M. Estienne Cimetiere, thresorier de Béarn. » (Archives de Pau, *État civil*, an. 1, f° 9, v°.)

(3) « Le dernier de juillet 1578, par M° Martel fut baptizé Jacob, filz de M° Jehan de Gassion, conseiller du roy, et de Catherine (*sic*) du Frexo, sa femme; — presenté par Paschal de Cachalon et sa femme. » (Archives de Pau, *État civil*, an. 1, f° 97.)

(4) F. Couaraze de Làn, *Bembo, Ronsard et Gassion, étude critique.* — *Revue d'Aquitaine*, septième année, tome VII. Condom, 1863, pages 50 59 et 302.

(5) Archives des Basses-Pyrénées, c. 704, f° 238, v°; 244 et 246. — On trouve aux archives les deux actes suivants qui concernent le docteur Jacob de Gassion : « Par la Cour a esté taxé au sieur de Gassion, medecin quatre francqs faictz, pour avoir acisté a la visite de trois sorcieres, du lieu d'Arance, quy sont detenues prisonnieres, suivant l'arrest de la Cour, les quels luy seront payés par M° Jaques d'Arracq, receveur du fiscq. — Pau le 16 juin 1623. (Signé :) Dufour. » — « Payé ledit d'Arracq lesdit quatre francqs faictz, ledit jour. — Receu par moy, (signé :) J. Gassion. (n. 3680 et n. 5990). — « M° Jaques d'Arrac, thresorier du fiscq, de deniers de vostre charge baillés et payés au sieur de Gassion, docteur e medecine, six livres tornoises qui luy ont esté taxées, pour avoir, suivan l'ordonnance de la Cour, du jour d'hier, visitée (*sic*) Isabeau de Galiane

12 février 1611, damoiselle Jeanne de Labaig, fille de noble Guitart de Labaig, seigneur de Bernadets et de damoiselle Jeanne de Laborde, et reçut de son père une constitution dotale de 4.000 francs bordelais (1). Il acheta, le 1er avril 1626, pour la somme de 1,800 francs bordelais, par l'intermédiaire de Me Henry de Gassion, avocat au parlement de Navarre, son frère germain et procureur, la maison de « L'Eschole, » située à Pau, des mains de messire Jacques de Gassion, conseiller du roi, président au parlement de Navarre, son frère aîné (2). Il assista, le 10 septembre 1615, au contrat de mariage de damoiselle Marie de Pussacq, d'Orthez, sa nièce, avec Me Jean de Boyrie, docteur en médecine, et, le 21 juillet 1629, au contrat de mariage de damoiselle Marie de Gassion, aussi sa nièce, avec noble Antoine d'Espalungue, de Louvie (3). Jacob de Gassion était poète à ses heures. On a de lui, notamment, un sonnet contre le père Daniel, provincial des capucins, publié en 1620, et une pièce de vers, imprimée en 1630, à la suite des *Remonstrances et arrêts faits aux ouvertures des plaidoyries*, de Jacques de Gassion, son frère aîné. M. Couaraze de Lüa lui attribue, encore, un sonnet béarnais, inséré dans la préface de l'*Histoire des comtes de Foix*, par Olhagaray (1609), dédié à cet auteur et signé : I. G. *Bearnes, son leyau amic* (4). — Jacob de Gassion mourut, avant le 22 octobre 1635. A cette date, en effet, damoiselle Jeanne de Labaig, sa veuve, tutrice de leurs enfants, obtint un arrêt du parlement de Navarre l'autorisant à vendre la maison de « L'Escole. » (5). Le 1er novembre suivant, elle aliéna,

---

de Sallies, condamnée à la mort, qui feignoit d'estre enceinte, comme aussi bailletes et payeres à Jean de Casaubon, chirurgien, pour avoir assisté à ladite visite, dus livres tornoises et, rapportant le susdit mandement et acquit desdits sieur de Gassion et de Casaubon, lesdites sommes, revenants à huict livres tornoises, vous seront passées à la mise et despence de vos comptes. Fait en parlement, à Pau, le vingt et sixiesme de septembre mil six cent vingt et six. (Signé :) J. de Gassion. » (Jacques de Gassion, président, frère aîné de Jacob, médecin.) (B. 3718.)

(1) Bibliothèque Nationale : *Chérin*, dossier LA BAIG ou LA BAY DE VIELA, volume XII, n° 248, f° 18 et 35 — *Dossiers bleus*, volume 375, n° 10,023, f° 14.

(2) Archives des Basses-Pyrénées, E. 2032, f° 112, v°.

(3) *Armorial de Béarn*, tome II, pages 3 et 453.

(4) *Revue d'Aquitaine*, tome VII, page 302.

(5) Dans sa requête, adressée au parlement de Navarre, Jeanne de Labaig avait exposé que Jacob de Gassion, son mari, avait acheté la maison de

pour 1,800 francs bordelais, avec le consentement de M. Mᵉ Henry de Gassion, conseiller du roi et maître des comptes de Navarre, son beau-frère, la maison de « L'Escole » en faveur de messire Jean de Gassion, conseiller du roi en ses Conseils, président au parlement de Navarre, neveu de son mari. Il est dit, dans l'acte, que ladite maison de l'Escole était située au bout de la rue du Honset et dans la rue appelée de Castetmenor, « confrontant, par devant, avecq ladite rue et par derrière, avecq la muraille et terre dudit seigneur président, et par l'un cousté, vers le midy, avecq la maison appelée de Gassion, appartenante audit seigneur président, et par l'autre cousté, avecq la maison appelée de Banère, appartenante à présent à Mᵉ Jean de Labarthe, habitant à Saint-Faust. » — Jeanne de Labaig, agissant encore comme tutrice de ses enfants, acheta de Mᵉ David de Codelongue, ministre, pour le prix de 2,100 livres, la maison appelée de Codelongue, située à Pau, rue du Castetmenor, confrontant « de trois endroits avec rue publique et, de l'autre, avec maison de Mᵉ Pierre d'Amade, avocat. » Elle en consigna le prix, le 24 juin 1638, en mains de Mᵉ Hiérosme de Capdeville, dépositaire de justice (1) :

7° Henry de Gassion, qui forma une branche, rapportée au chapitre V ;

8° Bertrand de Gassion, conseiller secrétaire du roi, auquel *egregy* M. Mᵉ Jacques de Gassion, son frère aîné, président au Conseil. en la chambre criminelle, fit cession, le 10 novembre 1612, de la somme de 2,400 francs bordelais, léguée audit Bertrand par son père (2). Le 10 mai 1613, les Etats de Béarn votèrent en faveur de Bertrand de Gassion la somme de 50 écus, pour ses gages de l'année 1612 (3). Pourvu, le 29 juillet 1614, en remplacement du sieur Pierre de Roques, de l'office de contrôleur des réparations, il est qualifié secrétaire du roi et contrôleur général des réparations de Sa Majesté, dans des actes des 21 juillet 1629, 24 août 1637 et 31 décembre 1638 (4). — Bertrand de Gassion mourut avant le 18 novem-

l'Escole, dix ans auparavant, environ, « en laquelle ledit feu sieur de Gassion auroit habité fort incomodement et avecq peu de santé, soit pour luy, soit avecq sa famille, a cause qu'elle est fort opacque et humide et ne pourroit [ladite Jeanne de Labaig] l'acomoder, sans grande despence, sy bien qu'il est plus expédiant de la vendre et en transporter son domicile a une autre maison plus saine. » (E. 2036, fᵒ 209.)

(1) Archives des Basses-Pyrénées, E. 2036, fᵒˢ 209 et 209, vᵒ.

(2) Archives des Basses-Pyrénées, E. 2024, fᵒ 303, vᵒ.

(3) Archives des Basses-Pyrénées, C. 706, fᵒˢ 347; 350, vᵒ et 355, vᵒ.

(4) *Registre des enregistrements de la Chambre des comptes, qui commence en janvier 1547, jusques en 1677, pages 254 et 305.* (Bibliothèque

bre 1650, laissant de damoiselle Catherine de Parage (1) : Marie de Gassion, femme de noble Charles de Parage, abbé laïque de Romas, avocat au parlement de Navarre, député du corps de ville de Pau (2), puis, contrôleur général des bâtiments du roi en Béarn, en remplacement de son beau-père, aux termes de ses provisions, en date du 18 novembre 1650 (3);

9° Philippe de Gassion, baptisée dans le temple protestant de Pau, le 4 janvier 1575 (4), mariée, dans cette ville, le 22 mars 1590, avec M° Loys du Colom, *alias* de Colom, abbé laïque d'Angaïs, d'abord avocat au Conseil souverain, puis syndic de Béarn, de 1599 à 1625, qui testa, le 26 février de cette dernière année. — Philippe de Gassion fit son testament, le 13 juillet 1655 (5);

10° Marie de Gassion, baptisée dans le temple protestant de Pau, le

---

de M. l'abbé Dubarat); — *Bulletin de la société des sciences, lettres et arts de Pau*, II° série, 1886-1887, page 162; — Archives des Basses-Pyrénées, E. 2029, f° 14, v°; E. 2036, f° 469, v°.

(1) « *État des titres des biens du consistoire de Pau, dressé par Jean de Camgran, Tristan Carrère, Arnaud Belbeder et Arnaud de Lassoule, jurats de la ville de Pau* (14 mai 1683) : «..... En 3° lieu, il résulte, aussi, d'un autre leguat fait par feu demoiselle Catherine de Parage, vefve au feu sieur de Gassion, controlleur, de somme de cent franx en faveur dudit consistoire, pour, avec trois cens franx qu'elle a desja baillés audit consistoire, — est-il dit, — sans en retirer receu, estre colloqués et le revenu employé, la moytié, pour l'entretien des ministres de ladite ville, et l'autre moytié, distribuée aux pauvres, de sorte que les deux cens franx, faisant cent cinquante livres, doivent ceder en faveur desdits pauvres, et ledit consistoire doit les rendre, en ayant esté, sans doute, payés; — le testament datté du 9° febrier 1669..... » (Archives Nationales, TT. 235ᴬ.)

(2) *Armorial de Béarn*, tome II, page 365.

(3) *Registre des enregistrements de la Chambre des comptes, etc.*, page 337; — *Bulletin de la société des sciences, lettres et arts de Pau*, II° série, 1886-1887, page 218.

(4) « Le 4 de janvier 1575, par M° Martel, fut baptisée Philippe, fille de M° Jehan de Gassion, conseiller du roy, et de damoiselle Marie...... sa femme; — presentée par M° Bernad Colomiez, de Sainte-Marie d'Oloron, conseiller du roy en la Basse Navarre. » (Archives de Pau, *État civil*, aa. 1, f° 35.)

(5) Archives des Basses-Pyrénées, E. 2007, f° 528, v°; E. 2008, f° 95, v°; E. 2034, f° 23; c. 711, f° 65, v°; Archives Nationales, TT. 235.

27 décembre 1575 (1). Elle épousa, dans cette ville, le 10 novembre 1591, M° Benjamin de Pruer, de Départ, avocat au Conseil souverain et au siège d'Orthez, fils de M° Bertrand de Pruer, notaire au Conseil souverain, et de Catherine de Naury, sa première femme (2);

11° Catherine de Gassion, baptisée dans le temple protestant de Pau, le 13 décembre 1576 (3), mariée, le 13 décembre 1597, à M° Pierre Pussacq, Ier du nom, avocat au Conseil souverain (4). — De cette union vinrent :

1° Pierre de Pussacq, II° du nom, dont l'article suit;

2° Marie de Pussacq, qui épousa, le 10 septembre 1615, M° Jean de Boyrie, docteur en médecine (5);

3° Autre Marie de Pussacq, qui s'allia à noble Jacques de Vic, seigneur de Bachoué d'Andrein (6).

V. — M° Pierre de Pussacq, II° du nom, apothicaire, d'Orthez, eut de damoiselle Catherine de Barrère, sa femme, qui fit son testament, le 27 août 1691, et mourut à Orthez, le 29 août de la même année (7) :

1° Jacob de Pussacq, baptisé dans le temple protestant d'Orthez, le 28 février 1644, décédé sans postérité;

---

(1) « Le vingt septieme de decembre 1575, par M° de La Taulade fut baptizée Marie, fille de M° Jean de Gassion, conseiller du roy, et de Catherine (sic) du Frecho, sa femme; — présentée par M. Jean du Frexou, conseiller du roy en la Basse Navarre. » (Archives de Pau, État civil, GG. 1, f° 50.)

(2) Archives des Basses-Pyrénées, E. 2009, f°s 4 et 210, v°; — Nouvelles acquisitions, Notaires d'Orthez et de Larbaig, 1583-1698, liasse de 139 pièces, papier, n° 5.

(3) « Le 13 de decembre 1576, par M° de Bordenave, ministre de Nay, fut baptizée Catherine, fille de M° Jean de Gassion, conseiller du roy, et de Catherine (sic) de Frecho, sa femme; — presentée par Jehan de Marrun, d'Orthez, et Catherine de Frexo, sa femme. » (Archives de Pau, État civil, GG. 1, f° 60.)

(4) Archives des Basses-Pyrénées, E. 2015, f° 137; E. 2024, f° 86, v°.

(5) Armorial de Béarn, tome II, page 3.

(6) Armorial de Béarn, tome Ier, pages 142 et 143.

(7) Archives des Basses-Pyrénées, Nouvelles acquisitions, Notaires d'Orthez et de Larbaig, 1691-1699, liasse, 220 pièces, papier, 2 pièces parchemin, n° 78; — Archives d'Orthez, État civil catholique, 1671-1692.

2° Judith de Pussacq, dont l'article suit ;

3° Et une autre fille, baptisée dans le temple protestant d'Orthez, le 23 juillet 1642 (1).

VI. — Judith de Pussacq fut baptisée dans le temple protestant d'Orthez, le 3 septembre 1634 (2), et contracta mariage avec Mᵉ Pierre de Ribeaus, *alias* de Ribeaux, IIᵉ du nom, avocat en la Cour et au sénéchal d'Orthez, baptisé dans le temple protestant de cette ville, le 23 mars 1636, et fils d'autre Mᵉ Pierre de Ribeaus, Iᵉʳ du nom, aussi avocat en la Cour, et de Marie de La Caussade (3). — Judith de Pussacq mourut à Orthez, le 23 septembre 1686 (4). — Pierre de Ribeaus, IIᵉ du nom, qui était jurat d'Orthez, les 24 avril 1676, 10 et 15 juillet 1678 (5), fit son testament, le 15 août 1692, et mourut dans cette ville, le 20 septembre suivant (6). — Il avait eu de Judith de Pussacq :

1° Paul de Ribeaux, né le 28 juin 1663, baptisé dans l'église Saint-Pierre d'Orthez, le 14 juin 1664 (7). Avocat au parlement de Navarre, le 27 août 1691, il épousa, en premières noces, le 12 août 1694, demoiselle Marguerite de Capdeville (8), et, en secondes noces, le 20 novembre 1695, demoiselle Marthe de Domecq, fille de noble Pierre de Domecq, seigneur de Lardas de Salies, et de demoiselle Isabeau d'Andichon (9). — Paul de Ribeaux fut admis aux États de Béarn, le 21 mai 1737, pour la maison noble

---

(1) Archives d'Orthez, *État civil protestant*, 1593-1663, cahier commençant le 2 mai 1632, fᵒˢ 54 et 59, vᵒ.

(2) Archives d'Orthez, *État civil protestant*, 1593-1663, cahier commençant le 2 mai 1632, fᵒ 19.

(3) *Ibidem*, fᵒ 27.

(4) Archives d'Orthez, *État civil catholique*, 1671-1692.

(5) Notaires d'Orthez et de Larbaig, 1621-1681, liasse, 214 pièces, papier, nᵒ 51 ; — 1676-1681, registre in-4°, 230 feuillets, papier, fᵒˢ 38, 48, vᵒ, et 149, vᵒ.

(6) Notaires d'Orthez et de Larbaig, 1688-1693, registre in-4°, 470 feuillets, papier, fᵒ 398.

(7) Archives d'Orthez, *État civil catholique*, 1638-1671, fᵒ 112, vᵒ.

(8) Notaires d'Orthez et de Larbaig, 1693-1697, registre in-4°, 430 feuillets, papier, fᵒ 144, vᵒ.

(9) Notaires d'Orthez et de Larbaig, 1705-1710, registre in-4°, 495 feuillets, papier, fᵒ 243, vᵒ ; — 1700-1718, liasse, 233 pièces, papier, nᵒ 53.

de Lardas de Salies, et mourut à Orthez, le 21 décembre 1749 (1).
— Il avait eu de Marthe de Domecq, décédée dans la même ville
le 16 mars 1747 (2) : *a*. Pierre de Ribeaux, né à Orthez, le 10
novembre 1698, décédé sans postérité; *b*. Isabeau de Ribeaux, née
à Orthez, le 22 octobre 1696 (3); *c*. et Catherine de Ribeaux, née
à Orthez, le 28 avril 1700, mariée à L'Hôpital d'Orion, le 17
février 1755, au sieur Pierre de Claverie, avocat au parlement de
Navarre et agrégé de l'Université de Pau, qui fut admis aux États
de Béarn, le 3 mars 1757, comme seigneur de la maison noble de
Lardas de Salies (4);

2° Samuel de Ribeaux, né vers 1665, baptisé à Orthez, le 8 mai
1667 (5); il était prêtre et curé de Balansun, le 22 octobre 1696;

3° Pierre de Ribeaux, IIIᵉ du nom, dont l'article suit;

4° Jean de Ribeaux, baptisé dans l'église Saint-Pierre d'Orthez, le 2.
septembre 1670; il eut pour parrain, M. [Jacques] de Ribeaux
sieur d'Argagnon, et pour marraine, demoiselle Catherine de
Barrère (6);

5° Autre Paul de Ribeaux, baptisé dans l'église Saint-Pierre d'Orthez
le 23 septembre 1672 (7). Il était praticien lorsqu'il fut pourvu
suivant lettres datées de Versailles, 5 février 1702, de l'office de
greffier en chef civil et criminel, garde sacs, présentations, congés
défauts et affirmations de voyage du sénéchal d'Orthez, créé héré-
réditaire par édit du mois de décembre 1699 (8). — Paul de
Ribeaux épousa à Orthez, le 1ᵉʳ février 1695, après avoir obtenu
des dispenses, demoiselle Catherine de Capdeville, sa parente du
troisième au quatrième degré (9). Il plaqua sur deux lettres, datées
de Pau, 4 juin et 6 juin 1701, et adressées à « M. de Ribeaus, greffier à Orthez » (Pierre de Ribeaux, son frère), le sceau suivant
octogonal, cire rouge, 18 millimètres : écu carré long, arrondi aux
angles inférieurs et terminé en pointe; *un chevron d'azur accompagné de trois étoiles*, celle du chef, à sénestre, détruite ; — timbre

(1) Archives des Basses-Pyrénées, c. 779, fᵒ 27, vᵒ.

(2) Archives d'Orthez, *État civil catholique*, 1740-1749.

(3) Archives d'Orthez, *État civil catholique*, 1671-1719.

(4) *Ibidem* et Archives des Basses-Pyrénées, c. 796, fᵒ 293.

(5) Archives d'Orthez, *État civil catholique*, 1638-1671, fᵒ 121.

(6) Archives d'Orthez, *État civil catholique*, 1638-1671, fᵒ 136, vᵒ;
Archives des Basses-Pyrénées, B. 672; c. 723.

(7) Archives d'Orthez, *État civil catholique*, 1671-1692, fᵒ 3, vᵒ.

(8) Archives Nationales, V⁴, 151.

(9) Archives d'Orthez, *État civil catholique*, 1671-1719.

une imitation de heaume et de lambrequins (1). — Paul de Ribeaux et sa femme firent un testament mutuel, le 1er janvier 1712, et un codicille, le 5 janvier 1736 (2). — De leur mariage : a. Pierre de Ribeaux, né à Orthez, le 27 juin 1697, décédé dans cette ville, le 18 janvier 1700; — b. Et Anne de Ribeaux, née à Orthez, le 7 avril 1696, décédée dans cette ville, le 2 janvier 1700 (3);

6° Joseph de Ribeaux, né à Orthez, le 12 avril 1680, décédé jeune;

7° Catherine de Ribeaux, née à Orthez, le 11 février 1662, décédée avant le 15 août 1692;

8° Marie de Ribeaux, baptisée à Orthez, le 8 mai 1667, décédée avant le 15 août 1692;

9° Suzanne de Ribeaux, née à Orthez, le 12 juin 1675, décédée avant le 15 août 1692;

10° Et autre Catherine de Ribeaux, née à Orthez, le 4 août 1677, décédée, aussi, avant le 15 août 1692 (4).

VII. — Me Pierre de Ribeaus, *alias* de Ribeaux, IIIe du nom (5), naquit vers 1666. Praticien et greffier au sénéchal d'Orthez, en 1692, puis notaire de cette ville et de Larbaig, pendant plus de quarante ans, enfin, receveur des fermes du roi et contrôleur des actes des notaires à Orthez, il était notaire de Maslacq et de Viven, lorsqu'il épousa, le 20 février 1700, dans la chapelle Saint-Loup, à Départ, damoiselle Catherine de Piulet, de cette commune (6). — Pierre de Ribeaux reçut, après le 18 mars 1697, la lettre suivante, que lui écrivit son frère aîné Paul de Ribeaux, avocat :

Monsieur de Ribeaus, notaire de Larbaig, à Orthez. — Mon frère; — C'est pour vous prier d'aller, la presente receue, chez ma tente (sic) de Subercase (7), et luy dire que je luy avois escript pour luy prier

---

1) Notaires d'Orthez et de Larbaig, *Sceaux.*

2) Notaires d'Orthez et de Larbaig, 1735-1737, liasse, 174 pièces, ~~ier~~, n° 78.

3) Archives d'Orthez, *État civil catholique*, 1671-1719.

4) Archives d'Orthez, *État civil catholique*, 1671-1692, f°s 15; 7, v°, 11; 1638-1671, f°s 112, v°, et 121.

5) Il signait : *Ribeaus.*

6) Archives d'Orthez, *État civil de Départ*, 1693-1726.

7) Magdeleine de Boyrie, fille de Me Jean de Boyrie, docteur en méde~~c~~e, et de demoiselle Marie de Pussacq. Cousine germaine de demoiselle ~~lith~~ de Pussacq, femme de Pierre de Ribeaux, IIe du nom, et, par consé~~ent~~, *tante à la mode de Bretagne* de l'auteur et du destinataire de la

de m'instruire sur nostre degré de parenté avecq M' de Debat, con
seiller (1). Vous luy direz, s'il vous plaist, qu'une demoiselle d
la maison de Gassion fust mariée avec le feu s' de Pussacq, advoca
mon bisayeul; que de ce mariage il y eust un fils et deux filles : le fi
estoit mon ayeul maternel, qui estoit appotiquaire, et les filles, l'un
fust mariée dans la maison de Boyrie, d'Orthez (2), et l'autre che
Vicq Hariade, de Sauveterre (3); et une sœur de ladite demoiselle d
Gassion fust mariée dans la maison de Bachoué, dont la dame d
Bachoué, mère dudit seigneur de Debat, est issue; et elle fait l
troiziesme degré et Monsieur de Debat le quatriesme. Voyla, precis
ment, l'estat qu'on m'a dit de la parenté. Les sieurs de Boyrie (4)

lettre que nous publions, elle épousa : 1° le 2 décembre 1643, dans
temple d'Orthez, noble Jean de Laur, seigneur de Balansun; 2° nob
Jourdain d'Auger, seigneur de Subercaze d'Asson, ainsi qu'il résulte d'u
acte du 27 janvier 1672. (Archives du château de Castets, à Escurès.) L
20 avril 1694, noble Jourdain d'Auger, sieur de Subercaze, et demoisel
Magdeleine de Boyrie, sa femme, firent donation de la métairie de Rache
située à Balansun, à demoiselle Rachel d'Auger, leur fille. (Notaires d'Orthe
et de Larbaig, 1693-1697, f° 104, v°.) Magdeleine de Boyrie mourut ava
le 19 mai 1708. A cette dernière date, demoiselle Rachel de Laur, sa fi
du premier lit, veuve de noble Gratian de Subercaze, seigneur de Lamayou
consentit à Lamayou, une procuration en faveur de noble Daniel de Sube
caze, seigneur de Lamayou, son fils. (Notaires d'Orthez et de Larbai
1615-1769, liasse, n° 27; — Archives d'Orthez, *Etat civil protestan*
1593-1663, 2° partie, f° 15; 62; 65, v°; 72; 77, v°; 83; 140; 145, v°;
157; — 1663-1767, cahier de baptèmes, commencé le 26 mai 1666, f° 2
(1) Pierre de Debat ou de Debats, conseiller au parlement de Navarr
fils de messire Jean de Debats, conseiller et doyen du parlement de Navarr
et de dame Aimée de Bachoué, et petit-fils, par cette dernière, de nob
Pierre de Bachoué, avocat au parlement de Navarre, et de damoiselle Jean
de Gassion, sa femme. (*Armorial de Béarn*, tome 1er, pages 99 et 100.)
(2) Marie de Pussacq, femme de M' Jean de Boyrie, docteur en médecin
(3) Autre Marie de Pussacq, qui épousa noble Jacques de Vic, seigneu
de Bachoué d'Andrein, avocat au parlement de Navarre. De ce maria
vinrent : 1° Pierre de Vic, seigneur de Bachoué d'Andrein, mort sans po
térité; 2° Jean de Vic, seigneur de Harriade et de Bachoué d'Andrei
d'abord greffier au parlement de Navarre et notaire public à Salies, pu
conseiller procureur du roi syndic de cette ville. (*Armorial de Béar*
tome 1er, page 142.)
(4) Antoine et Jean de Boyrie, frères, d'Orthez. (*Armorial de Béar*
tome II, page 3.)

de Vieq sont parents au mesme degré. — Je m'informe de cella sur l'affaire de Dubéarnès (1), pour esviter nullité d'arrest, comme il s'en est déjà vanté. Ainsy, ayez la bonté de la parler des aussy tost, et obligés la de me faire responce le plus tost que vous pourrez; je doibs presenter requeste pour demander que ledit seigneur de Debat ait à abstenir de la cognoissance de cette affaire. Je prendray mes mesures sur vostre responce et suis tout à vous, — (Signé :) P. Ribeaus. — Ce vendredy, 5ᵉ septembre. ·· La mere de ladite demoiselle de Gassion, mariée à Pussacq, estoit surnommée *madamelle de Gassion* (2), qui eust six ou sept enfants; elle (la dame de Subercase) se souviendra assurément de tout cella. — Responce, s'il vous plaist, d'abord, par le courier ou autrement (3). »

Pierre de Ribeaux fit son testament, dans la maison de Pussacq, à Orthez, le 19 septembre 1740, et mourut dans cette ville, le 30 septembre de la même année (4). — Il avait eu de son mariage :

1° Paul de Ribeaux, né à Orthez, le 22 novembre 1700 (5). D'abord praticien à Pau, il plaqua sur des lettres adressées à son père « Monsieur de Ribeaus, notaire de Rivere gave [Rivière-Gave], à Orthez, » et datées de Pau, 6 juin 1719, 29 janvier, 14 février et 6 juillet 1720, un sceau elliptique, 18 millimètres sur 16, cire rouge : écu carré long, arrondi aux angles inférieurs et terminé en pointe : *une levrette colletée et rampante, au chef chargé de trois merlettes*; — timbre : couronne de marquis; supports : deux palmes, liées par la base, contournant l'écu (6). — Paul de Ribeaux fut, ensuite, procureur au sénéchal et jurat d'Orthez,

---

(1) Le 8 juillet 1707, Mᵉ Jean-Pierre Dubéarnès, praticien, d'Orthez, s'associa avec Mᵉ Pierre de Ribeaus pour l'afferme de la notairie de Larbaig. (Notaires d'Orthez et de Larbaig, *Papiers de Ribeaus*, 1688-1714, n° 136.) Paul de Ribeaux plaidait, probablement, contre ce personnage.

(2) D'après l'auteur de la *Société béarnaise au xviiiᵉ siècle*, Magdeleine de Colbert, femme de Pierre, marquis de Gassion, était également appelée *madamelle* (page 104).

(3) Notaires d'Orthez et de Larbaig, *Papiers de Ribeaus*, 1715-1724; 181 pièces, papier, n° 126.

(4) Notaires d'Orthez et de Larbaig, 1727-1769, liasse, 204 pièces, papier, une pièce, parchemin, n° 161; — Archives d'Orthez, *État civil catholique*, 1740-1749.

(5) Archives d'Orthez, *État civil catholique*, 1671-1719.

(6) Notaires d'Orthez et de Larbaig, *Sceaux*.

et épousa, dans cette ville, le 25 janvier 1747, demoiselle Marie Fargues, veuve de Jacques Camu (1);

2° Jean-Jacques de Ribeaux, né à Orthez, le 21 mars 1708, décédé jeune (2);

3° Jean-Paul de Ribeaux, né à Orthez, le 20 octobre 1714. Greffier en chef du sénéchal et jurat de cette ville, il y épousa, le 24 janvier 1748, demoiselle Marie de Badière, fille de noble Pierre de Badière, maire de la ville d'Orthez, et de demoiselle Marguerite de Carrère (3). — Jean-Paul de Ribeaux laissa des enfants de son mariage;

4° Autre Paul de Ribeaux, né à Orthez, le 22 octobre 1716;

5° Marie de Ribeaux, née à Orthez, le 21 juin 1702;

6° Autre Marie de Ribeaux, née à Orthez, le 21 mars 1708, le même jour que son frère Jean-Jacques;

7° Encore autre Marie de Ribeaux, née à Orthez, le 5 mai 1711;

8° Et Marie-Magdeleine de Ribeaux, née à Orthez, le 2 janvier 1720 (4).

La famille de Ribeaux qui a possédé, au xviiie siècle, l'abbaye laïque d'Audiracq et la seigneurie de Poeydomenge de Baigts, compte encore des représentants;

12° Judith de Gassion, baptisée dans le temple protestant de Pau, le 4 octobre 1579 (5), mariée dans cette ville, le 20 janvier 1600, à Me Jean de Roques, plus tard conseiller du roi en la Chambre des comptes de Pau, fils aîné et héritier de Me Pierre de Roques, conseiller du roi auditeur en la Chambre des comptes de Pau et contrôleur général des réparations, et de damoiselle Arnaudine de Bonnefont (6);

13° Jeanne de Gassion, qui contracta mariage, à Pau, le 15 juillet 1607, avec Me Pierre de Lafite, avocat au Conseil souverain et

---

(1) Archives d'Orthez, *État civil catholique*, 1740-1749.

(2) Archives d'Orthez, *État civil catholique*, 1671-1719.

(3) Archives d'Orthez, *État civil catholique*, 1740-1749.

(4) Archives d'Orthez, *État civil catholique*, 1671-1719.

(5) « Le 4 d'octobre 1579, par Mr Martel fut baptizé Judith, fille de Mr de Gassion, conseiller du roy, et a damoiselle Catherine (sic) du Freche, sa femme; — présentée par Mr Augustin de Niort, conseiller du roy, et Perrette Bergeron, sa femme. » (Archives de Pau, *État civil*, GG. 1, f° 111, v°.)

(6) Archives des Basses-Pyrénées, E. 2019, f° 45.

en la Cour de M. le sénéchal au siège d'Orthez, fils de M⁶ Jean de
Lafite, notaire au Conseil souverain (1).

14° Et autre Jeanne de Gassion, qui épousa, à Pau, suivant contrat
en date du 10 juillet 1626, noble Pierre de Bachoué, avocat au
parlement de Navarre. Elle fut assistée, dans cet acte, de : messire
Jacques de Gassion, son frère; *egregis* Guillaume de Mesplès,
Paul de Mesplès, sieurs de Susmiou; Paul de Mesplès, conseiller
du roi au parlement de Navarre; M⁶ Bertrand de Gassion, contrôleur général des réparations; M⁶ Gratian de Colom, syndic de
Béarn; M⁶ Pierre Fouron, maître des monnaies de Navarre et
Béarn; et de noble Jean de Roques (2).

— IV. — *Egregy* M. M⁶ Jacques DE GASSION fit d'excellentes études au
collège d'Orthez où il eut pour professeur de philosophie M⁶ Alexandre Blair. En 1591, il publia, en la dédiant à son père, une thèse la-
tine, œuvre de son adolescence, sous le titre suivant : « Ἀναλύσις πολίτικη,
*in qua de prima civitatum origine, de præstantiori illarum statu seu
administratione, denique de ultimo illarum fine seu summo bono allatis
et expensis veterum philosophorum ea de re sententiis, breviter et dilu-
cide disputatur,* etc. (3). » — Avocat au Conseil du roi et maître des
requêtes de l'hôtel de Sa Majesté, dès 1594, Jacques de Gassion fut
pourvu, le 8 juin 1596, de la charge de procureur général au Conseil
souverain, en remplacement de M⁶ Isaac de Salettes, et installé dans
ces fonctions, le 7 novembre suivant (4). Il épousa, suivant contrat, daté

(1) Archives des Basses-Pyrénées, E. 2022, f° 332.

(2) Archives des Basses-Pyrénées, E. 2032, f° 190. — M. de Jaurgain
a dit par erreur dans le *Nobiliaire de Béarn,* tome I⁶ʳ, Paris, 1879,
page 99, que Jeanne de Gassion, femme de Pierre de Bachoué, était *fille*
de Jacques de Gassion. Elle était *sœur* de ce dernier.

(3) *Burdigalæ, apud S. Millangium, typographum regium,* in-16,
55 pages. — Eugène et Émile Haag, *La France protestante,* tome V, *verbo*
GASSION, page 224.

(4) *Extrait des choses principales qui se trouvent sur les registres des
enregistrements du parlement; — Registre des enregistrements de la
Chambre des comptes,* etc., pages 44 et 200. (Bibliothèque de M. l'abbé
Dubarat.) — C'est à tort que Moréri, La Chenaye-Desbois et Eug. et Ém.
Haag, ont dit que Jacques de Gassion était président au Conseil souverain,
en 1583. Ils l'ont confondu avec Jean de Gassion, son père. (Moréri, *Dictionnaire historique,* 1759, tome V, page 86; — La Chenaye-Desbois et
Badier, *Dictionnaire de la Noblesse,* 1866, tome IX, colonne 22; — Eug.
et Ém. Haag, *La France protestante,* tome V, page 224.)

de Pau, 15 juillet 1594, damoiselle Marie DES CLAUX, *alias* DE CLAVIS, baptisée dans le temple protestant de Pau, le 9 janvier 1578 (1), fille et héritière de défunt Mᵉ Arnaud-Guilhem DES CLAUX, dit CLAVIS, bourgeois de la ville de Pau, et de défunte damoiselle Jeanne DE ROQUES, sa seconde femme.

D'une famille originaire de la petite ville de Bellocq, en Béarn (2), le père de Marie des Claux était notaire en la Cour de Monseigneur le sénéchal, au siège de Pau, dès le 30 septembre 1552. Notaire et greffier au Conseil souverain, les 7 mai 1561 et 7 novembre 1565, nommé garde de Pau, le 1ᵉʳ novembre 1569, et jurat de cette ville, le 13 janvier 1572 (3), Arnaud-Guilhem des Claux fut pourvu, le 3 mai 1580, de l'office de garde-sacs au Conseil souverain, en remplacement de Bernard de Montaut, seigneur de Louvie-Juzon (4), et mourut avant le 13 juin 1590, date à laquelle ses enfants étaient sous la tutelle de Mᵉ Arnaud des Claux, de Bellocq, son neveu (5). — Arnaud-Guilhem des Claux avait épousé : 1º vers 1561, Arnaudine DE GENDRON, dont nous aurons l'occasion de parler de nouveau; 2º avant le 18 avril 1573, Jeanne DE ROQUES, fille de Mᵉ Georges DE ROQUES, avocat au Conseil souverain et au sénéchal de Pau, et de damoiselle Catherine D'HERETER; 3º le 26 janvier 1580, à Pau, Blanche DE CASTAGNÈDE, fille de Mᵉ Péès DE CASTAGNÈDE, seigneur

(1) « *Item*, [le 9 de janvier 1578, par Mᵉ Martel fut baptizée] Marie, filhe de Arnaud Guilhem deus Claus et de Johane de Rocqua, sa femme; — présentée par Pierre Paradge, de Morlaas, et Marguerite d; Bisanos, femme de Mᵉ [Jean] du Faur. » (Archives de Pau, *État civil*, GG. 1, fᵒ 72.) — D'après son acte de baptême, on voit que Marie des Claux avait seize ans et demi lorsqu'elle épousa Jacques de Gassion.

(2) Le *Dénombrement général des maisons de la vicomté de Béarn*, de 1385, mentionne, à Bellocq, l'*ostau* (maison) de *Berthomiu deus Claus*, l'*ostau* de *Guilhemo deus Claus* et *lo loc lau* (domaine vacant) de *Bivetes deus Claus* (pages 14 et 15). — « Bernad deus Claus, Bertranet deus Claus, et lo hereter de Johanot deus Claus, » figurent dans un censier de Bellocq, dressé en 1538. (II. 2081, fᵒˢ 11, vᵒ; 24 et 25, vᵒ.)

(3) Archives de Pau, BB. 1, fᵒˢ 136, vᵒ; 141 et 144, vᵒ; — *État civil*, GG. 1, fᵒˢ 8, vᵒ; 18 et 56.

(4) *Bulletin de la société des sciences, lettres et arts de Pau*, IIᵉ série, 1871-1872, page 186; — 1894-1895, page 66.

(5) Archives des Basses-Pyrénées, E. 1993, fᵒ 30; E. 2001, fᵒ 235; B. 5973.

de Baleix, avocat au Conseil souverain, syndic de Béarn et jurat de Pau, et veuve de M⁰ Arnaud DE SALIES ou DE SALINIS, d'abord greffier et notaire au Conseil souverain, puis jurat de Pau. — Arnaud-Guilhem eut d'Arnaudine de Gendron : *a.* Jean des Claux, mort sans postérité ; *b.* et *c.* deux autres fils, décédés jeunes. Il eut de Jeanne de Roques : *d.* un fils, baptisé dans le temple protestant de Pau, le 10 janvier 1576 (1), mort enfant ; *e.* Marie des Claux, femme de Jacques de Gassion. — Blanche de Castagnède lui donna enfin : *f.* Jeanne des Claux, mariée, avant le 4 février 1600, à M⁰ Pierre d'Estandau, de Bellocq, secrétaire du roi (2).

Jacques de Gassion fut assisté, dans son contrat de mariage avec Marie des Claux, du sieur [Jean] de Gassion, son père, maître des requêtes et président en la Chambre criminelle du Conseil souverain; de M⁰ Pierre de Fortaner, seigneur de Gomer; et de M⁰ Pascal de Cachalon, conseiller auditeur en la Chambre des comptes de Pau et garde du trésor du roi. Marie des Claux fut assistée, dans le même acte, de M⁰ˢ Bernard et Arnaud des Claux, de Bellocq, père et fils, ses oncle et cousin (3); damoiselle Catherine d'Hereter, sa

---

(1) « Le dixieme de janvier 1576, par M⁰ La Taulade fut baptizé......... filz de Arnaud Guilhem deus Claus, dit Clavis, jurat de la present ville, et de Jeane de Rocqua sa femme; — presenté par M⁰ Estienne Cemitiere, thresorier de Bearn; — tous habitans a Pau. » (Archives de Pau, *État civil*, GG. 1, f⁰ 50.)

(2) Archives des Basses-Pyrénées, E. 1997, f⁰ˢ 140 et 157; E. 1998, f⁰ˢ 16; 25, v⁰, et 40; E. 1999, f⁰ 190; E. 2001, f⁰ 306; E. 2002, f⁰ˢ 17, v⁰, et 400; E. 2004, f⁰ 51; E. 2007, f⁰ˢ 48, v⁰, et 602, v⁰; E. 2013, f⁰ 215; E. 2019, f⁰ 67, v⁰; E. 2024, f⁰ 483; — *Armorial de Béarn*, tome II, pages 394 et 395.

(3) Olhagaray a écrit dans son *Histoire des comptes* (sic) *de Foix, Béarn et Navarre*, etc., page 612 : « Cependant, la royne consola de La Rochelle ses sujects (assiégés dans Navarrenx), par une lettre dattée du dernier d'avril [1569], portée par le capitaine Pernil [Arnaud de Navailles, seigneur de Perulh ou Peyruls, qui signait : *de Perulz*], qui la donna à un conseiller de Betlos [Bellocq], nommé *Bernard de Claus* [des Claux], homme de bien, qui la fit tenir aux consuls de Salies, qui la mirent ès mains du sieur de Terride, par laquelle elle les exhortoit à s'assurer de voir bien tost le secours en Bearn, et demeurer fermes à son obeyssance... » — Ce *Bernard des Claux*, oncle de Marie des Claux, cité dans le contrat de mariage de cette dernière, épousa, en secondes noces, damoiselle Margue-

grand'mère (1); noble Bertrand de Roques, son oncle; Mᵉ Pierre de Roques, conseiller et auditeur en la Chambre des comptes; Mᵉ Isaac de Cimetière, trésorier de Béarn, aussi ses oncles; et de Mᵉ Gratian du Pont, agissant en sa qualité de procureur général, aux termes d'un arrêt du Conseil souverain, du 20 septembre 1593. — On lit, dans le contrat de mariage, la clause suivante : « ..... En favor deudit « maridage et support dequet, lodit sʳ de Gassion que a promctut « baillar a son dit filh la somme de dus cents liures de pention « anualle, et, en caas de desces deudit Mᵉ Jaques, aus enfants quy « deudit maridage descenderan, et sera tiengut aquere pagar, lo « jour de las nopces, *se retiran lodit Mᵉ Jaques en la maison de ladite* « *deus Claus*, et, de quy en la, d'an en an, en semblable jour, per « avance, et a la charge que talle pention prendra fin et sera extintte,

---

rite d'Auga, veuve de noble Roger de Saint-Martin, seigneur de Camou de Salies. Il eut d'un premier lit : Mᵉ Arnaud des Claux, marié, avant le 7 février 1588, à damoiselle Gratie de Saint-Martin, fille cadette de noble Roger de Saint-Martin, seigneur de Camou de Salies, et de damoiselle Marguerite d'Auga. Plusieurs enfants vinrent de cette union. (E. 2016, fᵒ 168, v°; Archives d'Orthez, *Etat civil protestant de Bellocq*, 1580-1641, fˢ 65, v°; 102, v°; 113; 125, v°; 239; 240; 241, etc.)

(1) Catherine d'Hereter avait épousé, en secondes noces, à Pau, le 12 mars 1563, Mᵉ Etienne du Cimetière, *alias* de Cimetière, natif de la ville de Paris, argentier de la maison de Jeanne d'Albret. (E. 1999, fᵒ 70 *bis*.) Pourvu par la reine, suivant lettres datées de La Rochelle, 17 septembre 1570, de l'office de receveur du fisc en Béarn, en remplacement de Mᵉ Ramon de Camou, démissionnaire, et le 21 janvier 1571, de la charge de trésorier général du domaine, vacante par la mort de Peyroton de Latorte, moyennant un cautionnement de 15,000 écus petits, Etienne de Cimetière mourut avant le 25 septembre 1593. (E. 2001, fᵒ 33, v°; E. 2007, fᵒ 398, v°; B. 259; *Bulletin de la société des sciences, lettres et arts de Pau*, IIᵉ série, 1871-1872, pages 167, 185 et 261.) — Il signait : *Du Cemetiere*. (B. 2158.)

Le 9 novembre 1557, au Mas d'Agenais et dans la basse-cour du château des roi et reine de Navarre, MM. Mᵉˢ Bertrand Bacouc, trésorier des tailles du Bazadois, et Adam de Longuemor, apothicaire de Jeanne d'Albret, furent reçus comme cautions de Mᵉ Jacques Cemeutiere *(sic)*, receveur des amendes de la vicomté de Castelmoron et de Gironde. (E. 166.) — « *Rollo et estat des gentilshommes et officiers qui ont servy de quartier d'apvril, may et juin 1568, en la maison de la reyne... : Mᵉ de Fourrière : Mᵉ Ysaac du Cymetiere.* » (B. 2148.)

« lo jour deu trepas deudit s^r de Gassion, et, lasbets, lodit Me Jaques
« et sonsdits enfants no poyran demandar ny querellar res sus los
« biens deudit s^r que so que au medixs s^r placera los donar per son
« testament ou testaments quy poyra far et rerfar, et instituir here-
« ters tals que bon lo semblera et dispausar de touts sons biens,
« ainsy que lo placera, de que lodit Me Jaques se contenta et pro-
« meto de res plus demandar audit s^r son pay, sie per rason de
« dotes ou pentions ny autrement..... » (1).

Aux termes de son contrat de mariage, Jacques de Gassion s'en-
gageait, on le voit, à fixer sa demeure dans la maison de sa femme,
et les jeunes époux habitèrent cet immeuble, au moins tant que
vécut le président Jean de Gassion, père. Ce dernier n'étant mort
que le 29 janvier 1612, c'est, donc, dans la maison des Claux ou
Clavis, appelée aussi Gerbays, Gerbais et Gendron, que vint au
monde, en 1609, le maréchal Jean de Gassion, quatrième fils de
Jacques et de Marie des Claux.

Des détails aussi complets que possible sur la maison natale de
l'illustre capitaine trouvent ici leur place et excusent, — nous l'espé-
rons, du moins, — une digression de quelque étendue.

*
* *

« Gerbais YANDROO » (Gervais GENDRON), habitant à Pau, fit un
échange de terres, dans cette ville, le 28 avril 1488, avec Jean du
Bois. — Jean de Faget, jurat de Pau, et « Gerbais Gendroo, » affermèrent, le 6 février 1490, pour un an, à raison de 40 écus, la cure de
cette ville, d'honorable sage et discret mossen Jean de Garin, chanoine d'Oloron et curé de Pau. — Gervais Gendron était jurat de
Pau et *voisin* de Jurançon, le 21 décembre 1504. — Suivant un acte,
daté de Pau, 24 mars 1505, Nicolas Calhet, de Troyes, en Champa-
gne, reconnut devoir à « Gerbays Gendroo, » jurat de Pau, 15 écus
et un sol, pour argent prêté et fourniture de fourrures de robes. —
Le 20 février 1507, à Pau, Guilhem de Grexces, d'Orthez, curé
d'Ycharry, dans le diocèse de Pampelune, constitua pour procureur Me Pées de Tisnées, à l'effet de le représenter dans la succession de « Me Gerbays Gendroo » dont il était créancier (2). —

(1) Archives des Basses-Pyrénées, E. 2012, f° 209, v°.
(2) Archives des Basses-Pyrénées, E. 1973, f° 21, v°; E. 1974, f° 84;
E. 1979, f°² 13 et 29, v°; E. 1980, f° 95, v°.

L'hérédité de Gervais Gendron comprenait, sans aucun doute, une maison, située à Pau, connue sous le nom de Gendron ou, simplement, sous celui de Gerbays et Gerbais.

François DE GENDRON, *alias* DE GERBAYS, — que nous croyons fils de Gervais GENDRON, — est mentionné dans un recueil des droits appartenant au seigneur souverain de Béarn, dans la ville de Pau, en date du 29 juillet 1535 (1). Il épousa : 1° N... DU CORNAU, de Sainte-Marie d'Oloron; 2° Jeanne DE ALAMANA; et mourut vers 1543.

Anne GENDRONE, *alias* DE GENDRONE, DE GENDRON et DE GERBAYS, — fille et héritière de François DE GENDRON et de N... DU CORNAU, — se maria, en premières noces, suivant contrat retenu à Pau, le 22 décembre 1543, avec Me Jean DE LA CLAU, de Salies, habitant à Pau, qui devint procureur particulier au parsan de cette ville et mourut avant le 7 mars 1555, ayant institué sa femme pour héritière (2). Anne de Gendron épousa, en secondes noces, noble Auger DE LAROSE, natif de la ville de Bayonne, receveur du fisc en Béarn, dès le 5 octobre 1556, démissionnaire en 1558, pourvu, le 23 juillet 1561, de l'office de conseiller de la reine, receveur général des finances en Navarre, Béarn et duché de Guyenne (3). — Anne de Gendron mourut avant le 13 décembre 1560, laissant à Auger de Larose les biens dont elle pouvait disposer (4).

Arnaudine DE GENDRONE OU DE GENDRON, — fille de François DE GENDRON et de Jeanne DE ALAMANA, sa seconde femme, — contracta mariage, vers 1561, avec Me Arnaud-Guilhem DES CLAUX. Dans son testament, daté de Pau, 21 janvier 1573, elle déclara,

---

(1) « Frances de Gendrōo tien une borde, casau; — confronte ab la maisoo de Ramon Arnaud d'Espalungue, ab carrere publique, ab casau de monsenhor [Pierre] de Biaix; — contien vingt et hoeyt [arrases, monte] deues places, dotse escats. » (Archives de Pau, cc. 1.) — « La borde de Frances Jandroo, ab lo casau, confronte ab la maison de Ramonet Arnaud d'Espalungue, ab carrere publica et ab casau de mossen de Biaxs, [contien] 11 places, XII scax jornade. » (B. 2084.)

(2) Archives des Basses-Pyrénées, E. 1990, f° 13, v°; E. 1995, f° 27, v°; E. 1999, f° 228, v°.

(3) *Bulletin de la société des sciences, lettres et arts de Pau,* IIe série, 1871-1872, pages 85 et 89.

(4) Archives des Basses-Pyrénées, E. 1995, f°⁵ 77, v°, et 88; E. 1996, f° 6, v°; E. 1997, f°⁵ 416; 278, v°, et 298.

entre autres choses, que la maison de Gerbays, dont défunte Anne
Gendrone, sa sœur, femme en premières noces de M⁰ Jean de La
Clau, et, en secondes noces, de M⁰ Auger de Larose, était propriétaire, avait été incendiée en 1564 (1), et que son mari, Arnaud-

(1) Nous avons dit, plus haut, que cet incendie avait consumé la maison
Gerbais, autrement Gendron, et *probablement* d'autres maisons de la
ville. Depuis l'impression de la première partie de cette notice, nous avons
découvert un document qui apporte la certitude à cet égard. Plusieurs
maisons de la *carrere longue* (rue longue ou grand'rue) devinrent, le 23
septembre 1564, la proie des flammes. Voici, en effet, le préambule d'un
contrat de mitoyenneté, intervenu, le 26 juin 1565, à Pau, entre Ramonet de Blaye et Ramon de Camou : « *Notum sit que cum sie aixi que per
lo insendy deu foecq, advengut en la present ville de Pau, lo vinct et tres
de septembre, prochan passat, mil sincq cent sixante quoate, las maysons
de Ramonet de Blage et de Ramon de Camoo, ab autres, lors proches vesines, se fossen bruslades et que, per despuixs, la regine age comandat tals
maysons fossen rer bastides, seguon los adbiis et ordenances de mestes
Glaude Tinart, diit capitene Flaol, et German Dubu, mestes expertz, et
declarat per aquetz, enter autres causes, feyt comandement que enter las
maysons deusdits de Blaye et de Camo, no aguosse degun canee, mes sere
feyte une murralhe comune suus laquoau losdits bastimentz seran fundatz
et erigitz.....* » (E. 1999, f° 202, v°.) — M⁰ Ramonet de Blaye, laquais du
roi de Navarre, le 24 avril 1561, était huissier de salle de Mgr le prince,
lorsqu'il consentit, le 23 août 1564, à Pau, une procuration générale en
faveur de noble Ysabé de Lons, sa femme. (E. 1996, f° 51; E. 1999,
f° 123, v°.) Le 18 décembre 1564, à Pau, M. M⁰ Arnaud du Colom,
secrétaire de la reine et conseiller en sa Chambre des comptes, héritier du défunt M⁰ Guilhemy du Colom, secrétaire du roi, son oncle, qui était cessionnaire et donataire de Pées de Cologne, de Pau. fit donation à Arramonet de
Blaye. de Hontanx, en Marsan, et à Ysabé de Lons, sa femme, du droit de
rachat qu'il s'était réservé de la maison et place appelée de Roby, située à
Pau, confrontant : d'un côté avec maison, place de M⁰ Ramon de Camo,
d'un autre côté avec maison, place des héritiers du défunt M⁰ Gaston
Rodger, appelée de Matalin, d'autre part avec rue publique. L'acte porte
que ledit Arnaud du Colom faisait cette libéralité auxdits de Blaye et de
Lons, « *en consideration de la perte quy lor an feyte de ladite maison, a
cause de l'incendy deu foecq, ond lor auren pergut totz lors mobles, et per
los servicis que espere receber de lor et per que aixi lo platz...* » (E. 1999,
f° 118, v°.) — La maison de M⁰ Ramon de Camou, receveur du fisc, confrontait avec la maison Gerbais, comme on le verra plus bas. — Les *Notes*

Guilhem des Claux, l'avait fait rebâtir à ses frais. Elle institua pou[r] héritier Jean des Claux, seul fils qui lui restait de son union (1). C[e] dernier, déjà malade au moment où sa mère testait, mourut pe[u] après, et Arnaud-Guilhem des Claux, devenu propriétaire de la ma[i]son Gerbais, la laissa à sa fille et héritière Marie des Claux, issu[e] comme on l'a vu, de son second mariage avec Jeanne de Roques.

Un censier de la ville de Pau, du 30 mai 1546, nous donne le[s] renseignements ci-après :

« Johan de La Clau et Anna Gendrona, sa molher (2), thien une plass[a] mayson, aperade lo pastisser, scituade en la carrera longue, tiran a[b] glisie; — confronte : per l'un costat, ab place mayson de noble Johanot [de] Laborda, maeste d'ostau deu rey; per l'autre costat, ab place et mayso[n] de la medixe Anna Gendrona; por darrer, ab lo barat de la ville; et, p[er] dabant, ab ladite carrera; stimade xxv franxs, valen vi livres, v so[us] morlaas.

« Pluus, en la medixe carrera thien une autre place mayson; — co[n]fronte : per l'un costat, ab place, mayson de la medixe Anna, aperade [lo] pastisser; per l'autre costat, ab place, mayson de Arnaud de Domec; pe[r] darrer, ab lo barat de la ville; per dabant, ab ladite carrera; — stima[de] quoarante franxs, valen detz livres (3). »

Un autre censier de Pau, dressé de 1568 à 1599, renferme le docu[ment suivant, dont les premiers articles furent évidemment rédigé[s] après la nomination d'Arnaud-Guilhem des Claux comme jurat d[e] Pau (13 janvier 1572). Il résulte des énonciations qu'il contient qu[e] la maison de Gerbais-Gendron, *alias* des Claux, fut construite su[r]

_____

pour servir à l'histoire des artistes en Béarn, de Paul Raymond, fourni[s]sent d'intéressantes indications sur Claude Tinard, Tinart ou Tisnart, [sur] le capitaine Flayol, Flayot, Flageol ou Flaugeol, ingénieur, maître de[s] fortifications et réparations des terres de la reine de Navarre, et sur Ger[germain Dubuc ou Dubu, d'abord menuisier de la reine de Navarre, pui[s] maître des œuvres du pays de Béarn. *(Bulletin de la société des sciences[, lettres et arts de Pau, II*e* série, 1873-1874, pages 301 et 331.)*

(1) Archives des Basses-Pyrénées, e. 2001, f° 272.

(2) Cet acte débutait, primitivement, ainsi qu'il suit : « Anna Gen[drona thien une plassa, mayson... » Les mots « *Johan de La Clau*, ains[i que les mots « *sa molher*, » furent ajoutés, plus tard, dans le texte, a[u] moyen de renvois.

(3) Archives de Pau, cc. 2, f° 12.

emplacement occupé par les maisons, contiguës l'une à l'autre et appelées « lo pastisser » (le pâtissier) et Gendron, incendiées, le 3 septembre 1564. En tenant compte des mutations de propriété, survenues depuis le 30 mai 1546, on remarquera que le nouvel édifice avait, dans son ensemble, les confrontations extrêmes et la superficie totale des deux anciennes places et maisons :

[ARTICLE Ier.]

« Me Arnaud Guilhem DEUS CLAUS, jurat de Pau, thien et possedeixs, a la carrere longue, dues plasses et mayson, confronten : per l'un costat, a place et mayson de Me Ramon de Camo (1) et ab place et mayson de Me Pees de Lajusan (2), et, per darrer part, ab lo embarat de la ville, et, per dabant, ab ladite carrere ; — estimades sixante et sincq franxs, valen dze liures, sincq sos morlaas. »

----

(1) Cette maison « de Camo » appartenait, le 30 mai 1546, comme on a vu ci-dessus, à noble Johanot de Laborde, maître d'hôtel du roi. (Archives de Pau, cc, 2, f° 11.) Noble Jacques de Laborde, de Pau, fils et éritier de noble Johanot de Laborde et de noble Anne d'Orty, *alias* de anguo, la vendit, par acte des 31 juillet et 13 décembre 1560, pour le prix de 250 livres, à Me Ramon de Camou, receveur du fisc. (E. 1986; E. 1987; E. 1996, f° 6, v°.) Jacques de Laborde aliéna la même maison, les 30 janvier 1560 et 7 octobre 1561, pour le prix de 480 livres, à *gregi* M. Arnaud de Casa, conseiller et maître des requêtes des roi et reine. (E. 1996, f°s 19 et 107.) Ce dernier fit cession de cette maison, le 2 mars 1563, à noble Bernard de Laborde, plus tard capitaine des châteaux de Montaner et de Pau, frère germain de noble Jacques de Laborde. (E. 1998, f° 100, v°; E. 1999, f° 38, v°.) Enfin, aux termes d'un autre acte, que nous n'avons pu retrouver, mais dont la date est antérieure au 3 septembre 1564, Me Ramon de Camou devint, de nouveau, propriétaire de la maison de Laborde, qui porta, dès lors, son nom.

(2) Arnaud de Domec, propriétaire de cette maison, le 30 mai 1546, vendit à réméré, le 26 novembre 1560, pour le prix de 100 écus, avec le consentement de mossen Menaud de Domec, son frère, et de noble Magdelaine de Béarn, sa femme, la salle basse du premier étage, ainsi que deux boutiques et le chai de ladite maison, en faveur de Me Arnaud de Bedora, habitant à Pau. (E. 1996, f°s 14, v°, et 19, v°.) La maison de Domec fut saisie au préjudice d'Arnaud de Domec et adjugée, pour le prix de 160 écus, à Me Guilhemy du Colom, secrétaire des roi et reine, qui en prit possession, le 15 septembre 1561, par le moyen de Me Gratian de Lostau, son neveu. (E. 1996, f° 107, v°.) Rentré, toutefois, en possession de la

(La mention suivante se trouve en marge de cet article :)

« *Ladite mayson es anoblide et. ainsi, no es talhabe per las tailhes ordinaris.* »

[ARTICLE II.]

« Pluus, thien et possedeixs, en la carrere de La Codure, une place; — confronte : ab place de Johan de Hoo, et, per autre costat, ab mayson de M° Guilhaume de Sans et ab carrera publica; — contien, de ample, onze arrasas, et, de loncq, quoarante et sincq; — monte tres quartz de place; — estimade oeyt franxs, valen dues liures morlaas.

« Some : detz et oeyt liures sincq sos morlaas. »

(Cet article est biffé, et la mention ci-après figure en marge) :

« *Chargade sur M° Paul de Coudurat, a [f°] 11° xxxii, recto.* » (1).

[ARTICLE III.]

« Plus, tien et possedexs une borda, casau et verger, en la carre (*sic*) de La Podge; — confronte : ab tere et mayson de Bertranet Dargenté; ab tere aperada lo Vier; per davant, ab carrere publica : — contiente trente dues arrazes d'ample, et, de long, cent escaes; — estimade dues liures, cinq sols (2).

---

même maison, probablement à la suite d'une transaction, Arnaud de Domec la vendit, le 8 avril 1562, pour le prix de 260 écus, à Maria d'Albison, de Pau. (E. 1997, f° 140.) M° Pées de Lajusan, d'Ousse, devenu, ultérieurement, propriétaire de la maison de Domec, la vendit à réméré, le 23 novembre 1573, pour le prix de 600 écus petits, de 9 sols chacun, à M° Bernard Sorberio, de Lescar, avocat au Conseil, habitant à Pau. Mais, le 13 janvier 1578, cet acte fut cancellé, du consentement d'autre M° Bernard Sorberio, avocat, fils et héritier de l'acheteur. (E. 2002, f° 4, v°; — Archives de Pau, cc. 2, f° 13, et cc. 3, f° 69.)

(1) « M° Pol de Coturat..... — Plus, tien et possedexs une place, en la carrere de la Coudure; — confronte : ab place de Johan de Hoo; ab maison de Santz, carrere publica, qui se a aquisit deu s° de Gassion, procureur general, et damoiselle Marie deus Claus, sa molher, cum a feyt apparer per instrument retengut per Josep de Joan, notari, deu 4 de dexembre 1599. » (Archives de Pau, cc. 3, f° 232.)

(2) 7 mai 1561, à Pau : Vente, pour le prix de 30 écus, d'une borde et d'un jardin, situés à Pau, confrontant : d'une part avec terre d'Adam de Thèze, d'autre part, avec terre de Bertranet Dargenté; et de tous autres côtés, avec rues publiques, consentie par M° Arnaud-Guilhem de Hereter, voisin et jurat de Pau, en faveur de M° Arnaud-Guilhem des Claux, notaire au Conseil. (E. 1996, f° 46.)

« Monte so que failh estimar, delescade la maison, a causa es noble :
quoate liures, cinq sos. »

(On a écrit en marge de cet article III :)

« Cargat, solament, pagar, per la pressente plasse, dues lynres, cincq
sos morlas, com lo restan sye anoblyt. »

[Article IV.]

« Plus, thien et posedeixs ung tros de terre et camp qui se a crompat de
Gaston de Verduc ; — confronte : ab tere de Johan Dadam ; ab camy de
Serres ; — contien cinq jornadas, ung quoart ; — vau sieys liures, onze sols,
tres diners morlaas.

[Article V.]

« Plus, thien et posedeixs une place, borde et casau, quy Mons' de
Gasion et Marie de Clavis, sa molher, se an acquisit de M' Johan deu Faur,
ab earthe de grasie ; — qui confronte : per ung costat, ab place, maison,
casau deus heretters de Pees de Hoo ; per l'autre, ab place et maion deus
heretters de Johan de La Sansa ; per darrer, ab los Turons de Sale   per
davant, ab la carrere de la Codure ; — — contien une place, nau escaxs ; —
estimade dotze francqs.

« [Monte] vingt oeyt liures, ung sol, tres dines, dedusit lo descareq ;

« Et, dedusides las dues liures deu segont article, charyade suus Pol de
Codurat, monte, per lo rural, onze liures sedze sos, tres diners morlaas (1).»

M. Ch.-L. Frossard, qui a dit fort justement que le maréchal
Gassion naquit dans la maison de sa mère, ajoute : « ... Cette mai-
« son, dite deux Claux ou ci-devant de Gerbays Gendron, était située
« dans l'enceinte de Pau. La façade donnait sur la rue Longue
« (longue carrere) qui tire vers le temple ; d'un côté, était la maison
« Camo, de l'autre, celle de M' Pierre de Sorbie [du Sorber,
« alias de Sorberio], avocat au Conseil, et derrière, le fossé de la
« ville (embarrat). C'était une maison d'un feu, exempte d'impôt,
« comme noble... » (2). — Il nous reste à nous expliquer sur la
noblesse de cet immeuble et à déterminer, ensuite, l'emplacement
qu'il occupe.

Dans le jugement de vérification d'un dénombrement, présenté, le
6 septembre 1683, par messire Pierre, marquis de Gassion, petit-

----

(1) Archives de Pau, cc. 3, f° 67.
(2) Jean de Gassion, maréchal de France, page 4.

fils de Jacques et de Marie des Claux, pour la maison noble de
« Gerbas, autrement Gendron, » on mentionne une « enqueste faite
« par un notaire du Conseil souverain du Béarn, a la requeste de
« M⁰ Jacques de Gassion, procureur général audit Conseil, mari de
« damoiselle Marie deus Claux, d'où resulte que la maison deus
« Claux ou de Gerbas Gendron, assise sur ladite ville de Pau, avoit
« esté ennoblie par le seigneur souverain de Béarn, au commence-
« ment du seizième siècle, les propriétaires d'icelle ayant toujours,
« depuis, esté tenus pour nobles; et que, quarante ans ou environ
« avant le temps de ladite enqueste, ladite maison avoit esté brulée
« avec tous les meubles et papiers qui estoient dedans (1); — en
« date ladite enqueste, du 10 novembre 1608.... » (2).

Aucun des nombreux actes que nous avons analysés n'indique que
la maison Gerbais-Gendron fût noble avant le 23 septembre 1564, et
il est certain que ni Gervais Gendron, ni François Gendron ne prirent de qualifications nobiliaires. Seul, Auger de Larose, second
mari d'Anne de Gendron, est dit *noble* dans quelques actes, mais
après la mort de sa femme. Cette qualité lui appartint uniquement,
croyons-nous, à raison de ce qu'il était devenu propriétaire, le
18 mars 1562, de la moitié de la seigneurie et baronnie de Brassempouy (3). Il faudrait, peut-être, conclure que les témoins, entendus

---

(1) C'est l'incendie du 23 septembre 1564, dont nous avons parlé.

(2) Archives des Basses-Pyrénées, n. 679, f⁰ˢ 410 et 420.

(3) A cette date du 18 mars 1562, en effet, suivant acte retenu à Pau
par Arnaud de Bibaron, notaire, M⁰ Jean de Serres, héritier sous bénéfice
d'inventaire de M⁰ Bastien de Serres, de Bayonne, son frère, en son vivant
conseiller et trésorier général des finances des rois de Navarre, Henri et
Antoine, fit cession, pour le prix de 425 livres, en faveur de M⁰ Auger de
Larose, conseiller de la reine, receveur général de ses finances en ses
royaume de Navarre, souveraineté de Béarn et autres terres de ladite dame
au duché de Guyenne, de tous ses droits sur les biens dudit Bastien de
Serres. Parmi les immeubles figuraient la seigneurie de Brassempouy et
des maisons et jardins situés à Bayonne. Aux termes du même acte, Auger
de Larose résigna au profit du cédant l'office de contrôleur des mortes payes
de Guyenne dont il avait été ci-devant pourvu. (E. 1997, f⁰ 298.) — Le 28
juillet 1563, à Pau, *noble* Auger de Larose, natif de la ville de Bayonne,
habitant en la ville de Pau, receveur général des finances de la reine de
Navarre, ratifia la revente, consentie, pour le prix de 3.000 livres tournois, par noble Antoine de Larose, de ladite ville de Bayonne, son frère et

dans l'enquête du 10 novembre 1608, firent jusqu'à un certain point
œuvre de complaisance au profit du *procureur général* Jacques de
Gassion ! Quoi qu'il en soit, ce dernier fut admis aux États de Béarn,
dans l'ordre de la noblesse, le 9 mai 1609, comme seigneur de Gerbais-Gendron (1).

En 1693, les États de Béarn nommèrent des commissaires pour
répartir sur les villes et bourgs de la province « la somme de vingt
« mil livres deue pour le forfait et abonnement de la declaration du
« roy, pour l'achat des censives, lots et ventes. » La part contribu-
tive de Pau ayant été fixée à 7,574 livres, les commissaires dressè-
rent deux rôles : l'un est un état estimatif de la valeur des maisons
de la ville; l'autre contient la répartition par feu, proportionnelle-
ment à l'importance des immeubles, de la somme à laquelle la ville
avait été taxée.

Le regretté Louis Lacaze a publié, en 1888, l'état estimatif des
maisons de Pau, dressé en 1693, sans avoir songé à contrôler ses
énonciations avec celles de l'état des taxes, corollaire, qui le complète et le rectifie (2). Quelques omissions furent faites par les
commissaires, dans le premier de ces documents, et l'on n'y voit
point figurer, par exemple, la maison Gerbais-Gendron. Le second
rôle, au contraire, mentionne dans la *rue de Morlas* « la maison
« noble de Gerbias Jeandron, autrement Clavie, » et la taxe à
60 livres (3).

---

son procureur, de la moitié de la seigneurie et baronnie de Brassempouy,
en faveur de messire François de Pardeilhan, abbé de Notre-Dame de
Divielle, agissant comme tuteur de noble Jacques de Candale, seigneur et
baron de Doazit. L'acte porte que la moitié de la seigneurie de Brassempouy
avait été acquise, à réméré, pour cette même somme de 3,000 livres tournois, par feu noble Jean de Saint-Abit. Ce dernier s'était défait de ladite
terre au profit de feu très haut et très puissant seigneur Henri, roi de
Navarre, qui en avait fait cession à feu Bastien de Serres, écuyer. (E. 1997,
f° 409 et 416.)

(1) Archives des Basses-Pyrénées, e. 704, f° 214, v°; 218, v°, et 220, v°.

(2) Louis Lacaze, *Recherches sur la ville de Pau*, Pau, Vve Léon
Ribaut, libraire, 1888, page 191.

(3) Archives des Basses-Pyrénées, e. 1047. — Voir, aussi, Rivarès,
Mémoire sur la ville et communauté de Pau, à la fin du XVIIe siècle.
(*Bulletin de la Société des sciences, lettres et arts de Pau*, IIe série,
1878-1879, pages 25 et 30.)

Un arrêt du parlement de Navarre, en date du 30 avril 1718 faisant droit aux réquisitions du procureur général, ordonna à tou les jurats du ressort « de remettre en main dudit seigneur procureu « général un estat exacte (sic) et bien circonstancié des fiefs, seigneu « ries, abbayes, dixmes, moulins, biens et maisons nobles, ensembl « des pieces de terre nobles exceptes (sic) de la taille, detachées e « possedées par des particuliers, avec les noms des pocesseurs tan « desdites terres detachées que des susdits autres biens, et dan « trois jours pour tout delay, a compter du jour de la significatio « qui leur sera faite dudit arret, dans lequel etat ils remarqueron « par exprez, distinctement, les noms des fiefs, seigneuries, maisons « terres nobles possédées par plusieurs particuliers. » La commu nauté de Pau, convoquée en assemblée générale, fit, le 3 mai 1718 une déclaration dans laquelle nous relevons le passage suivant :

« La maison noble de Clavis, scituée dans l'enceinte de l'ancienne vill appartient à Monsieur le marquis de Gassion, brigadier des armées du ro et colonel du regiment de Navarre (1). Ladite maison confronte avec la ru publique, appelée la grande rue, avec maison de Leveque, apartenante la dame Darrigrand, veuve de M. de Bonnecase (2), et par le derriere, ave le ruisseau de Hedas (3). »

Le 26 septembre 1755, à Pau, très haute et très puissante dam Jeanne de Gassion, comtesse de Peyre, demeurant dans cette ville vendit, pour le prix de 7,500 livres, en faveur de noble Jean-Stanisla de Mosqueros, conseiller du roi, substitut de M. le procureur géné ral au parlement de Navarre, « la maison noble et sol d'icelle, apellé « Gerbas, autrement Gendron, scituée à Pau, dans la grande rue « avec un lopin de terre obiere (sic) en dependant, derrière ladit « maison et jusqu'au ruisseau appellé de Hedas, ensemble le dro « d'entrée aux Etats Généraux de la province de Béarn y attaché « laquelle maison et lopin de terre confronte : du cotté d'orient, ave « maison et terre de Casaubon; d'occident, avec maison et terre d

(1) Jean de Gassion, IIIᵉ du nom, marquis de Gassion.
(2) Marie d'Arrigran-Castéra, d'Orthez, veuve de M. Mᵉ Etienne d Bonnecase, conseiller au parlement de Navarre. (*Armorial de Béarn*, tou Iᵉʳ, page 26.)
(3) Archives de Pau, ᴴᴴ. 9, fᵒ 120.

« Lavesque, possédée par le sʳ de Carrere, avocat en la Cour (1), du
« midy, avec la rue publique; et du septentrion, avec le ruisseau de
« Hedas... » La comtesse de Peyre reçut en paiement, pour le prix
de 1,200 livres, la maison noble de Lassalle, située à Ramous, avec
le droit d'entrée aux États de Béarn, attaché à ce fief, que feu dame
Magdelaine de Colbert, marquise douairière de Gassion, aïeule de
ladite dame comtesse de Peyre, avait aliénés, suivant contrat du
9 juin 1718, à feu noble Jacob de Mosqueros, père dudit sieur de
Mosqueros (2).

Dans le plan de la ville de Pau, dressé par l'ingénieur Moisset, en
1773, on voit que la maison Gerbais-Gendron, qu'il nomme « Mous-
« caros, » confrontait : d'orient, à la maison Cazaubon; d'occident,
à la maison Rous; du midi, à la *Grande Rue*; et du septentrion, au
ruisseau du Hédas (3).

M. Jean Laplace, contrôleur des contributions directes, acheta,
vers 1810, la maison de Gerbais-Gendron des héritiers Mosqueros.
Cet immeuble, dont M. Laplace, notaire honoraire, fils de M. Jean
Laplace, est actuellement propriétaire, porte le nᵒ 5 de la rue du
Château, après avoir porté, avant 1841, le nᵒ 6 de la rue Saint-

---

(1) Noble Louis de Carrère, avocat au parlement de Navarre, professeur
agrégé à l'université de Pau, époux de dame Marie-Magdelaine de Lamy,
décédée à Pau, le 2 août 1757. — Il mourut dans la même ville, à l'âge de
soixante ans, le 21 janvier 1766. (Archives de Pau, *État civil*, ou. 90,
fᵒ 91 ou. 117, fᵒ 3.)

(2) Expédition sur parchemin, signée de Pierre de Batsalle, notaire royal
de Pau, qui retint l'acte. (Archives des Basses-Pyrénées, n. 6045.) — Jean-
Stanislas de Mosqueros fut admis aux États de Béarn, le 17 janvier 1756,
comme seigneur de Gerbais-Gendron. — Jean-Pierre, *alias* Pierre-Henry
de Mosqueros, né à Pau, le 1ᵉʳ octobre 1753, fils de Jean-Stanislas et
d'Henriette-Catherine de Peyré-Gouze, fut reçu aux États de la province,
le 19 avril 1768, pour le même fief, en qualité d'héritier de son père. Enfin, Jean-Pierre de Mosqueros, né à Pau, le 10 juin 1756, frère de Jean-
Pierre, *alias* Pierre-Henry, fut admis dans cette assemblée, le 7 mai 1771,
pour la maison de Gerbais-Gendron qu'il avait recueillie dans la succession
de son frère aîné. (c. 796, fᵒˢ 14, vᵒ, et 28; c. 805, fᵒˢ 36, vᵒ, et 37, vᵒ;
c. 806, fᵒˢ 296 et 400.)

(3) Archives de Pau, cc. 1.

Martin (1), Il servit longtemps de presbytère au curé de Saint-Martin, et M. l'archiprêtre Alexis Darbelit y mourut, le 20 février 1851.

En terminant ce sujet long et aride, il convient de remarquer qu'un historien consciencieux, A. Dugenne, a fait naître les Gassion, « cette famille de héros et de magistrats, une des glorieuses constel-« lations du ciel de Béarn, » dans la maison du président Jean de Gassion, Ier du nom, qui occupait une partie de l'emplacement sur lequel s'élève l'hôtel Gassion actuel (2).

La Tapie d'Asfeld tenait très probablement de Madame de Lavie, née de Mosqueros, que le maréchal Gassion était né dans la maison Mosqueros. Partant de cette donnée, dont nous avons démontré, d'ailleurs, l'exactitude, ce pamphlétaire fit paraître, en 1841, les lignes suivantes, en supposant, sans doute pour donner de plus brillantes couleurs à sa narration, l'analyse de documents qu'il aurait eus sous les yeux mais qui n'ont jamais existé que dans son imagination :

« La maison de Lavie s'étaignit (sic) en 1780, dans la personne du « baron de Lavie-Vauzer (3), mari d'Elisabeth de Mosqueros, morte

---

(1) Louis Lacaze, *Recherches sur la ville de Pau*, pages 12 et 62 ; — L. T. d'Asfeld, *Souvenirs historiques du château de Henri IV et de ses dépendances*, seconde édition, Paris, Pagnère, 1841, pages 22 et 389.

(2) A. Dugenne, *Panorama historique et descriptif de Pau*, Pau, Vignancour, 1839, page 179 ; — seconde édition, Vignancour, 1847, page 218.

(3) Cette famille de Lavie-Vauzer, originaire de la petite ville de Nay, n'avait de commun que le nom avec la maison de Lavie, qui a produit Bernard et Thibaud de Lavie, premiers présidents du parlement de Navarre. — Noble Jacques de Lavie, fils de Me Jacques de Lavie, de Nay, et de dame Marie de Majendie, de Pau, acheta, le 16 décembre 1749, la maison noble de Galan d'Asson, du sieur Jacques de Lafargue, et fut admis aux Etats de Béarn, pour ce fief, le 5 février 1750. Il acquit, encore, le 5 janvier 1780, de messire Alexandre de Nays, chevalier, marquis de Candau, la seigneurie et baronnie de Vauzé, pour laquelle il fut reçu aux Etats de la province, le 12 janvier de la même année. (c. 793, fo 77; 135, vo, et 149; c. 815, fo 18, vo, et 23, vo; — communication de M. Léopold Bauby, avocat à Orthez.) Jacques de Lavie épousa : 1o dame Marie d'Arsaut, de Lembeye; 2o le 9 juillet 1754, à Jurançon, demoiselle Gratie d'Arripe; 3o demoiselle Elisabeth de Mosqueros.

« à Pau, en 1838, à l'âge de quatre vingt-huit ans (1). Cette dame,
« auprès de qui s'écoula mon enfance (2), voyant mon goût passionné
« pour tout ce qui se rapportait à l'art héraldique, et comme si elle
« eût prévu que je m'occuperais un jour de recherches antiques, me
« donna un faix de parchemins relatifs à la famille de son mari et à
« la sienne propre (celle de Mosqueros), activement mêlés jadis à
« nos troubles civils.

« Entr'autres papiers importants, j'y ai trouvé le contrat de vente
« de la maison Manaud, habitée maintenant par M. l'abbé d'Arbelit,
« archiprêtre de Pau. Cette vente fut consentie, en 1686, par le pré-
« sident de Gassion, neveu du maréchal, en faveur de messire de
« Mosqueros, *lequel acquéreur,* — dit le contrat, — *en donne quinze*
« *cents livres au-dessus de l'estimation, en considération de ce que Jean*
« *de Gassion, maréchal de France, y naquit en 1609, et que l'illustris-*
« *sime Pierre de Gassion, évêque d'Oloron, y est mort en 1652* (3).
« Dans ce contrat comparaît, aussi, Jeanne de Gassion, fille de Gratien
« de Gassion, lieutenant général, nièce du maréchal (4) et de l'évêque,
« cousine germaine du vendeur et épouse de Paul-Joseph Desclaux-
« Mesplès, avocat général au parlement de Navarre, *fils légitime de*
« *Dominique, évêque de Lescar depuis 1681.*

« La maison *Manaud* avait appartenu à la famille des Tisnés, sei-
« gneurs de Bastanès, aïeuls maternels de la famille Darsaut de
« Meillon; car, en 1506, la reine de Navarre, Catherine de Foix,

---

(1) Élisabeth de Mosqueros, née à Pau, le 4 juin 1752, était fille de
messire Jean-Stanislas de Mosqueros, conseiller du roi, substitut du procureur général au parlement de Navarre, d'abord seigneur de Lassalle de
Ramous, puis de Gerbais-Gendron, et de dame Henriette-Catherine de
Peyré-Gouze. Elle épousa, le 10 août 1773, dans l'église Saint-Martin de
Pau, noble Jacques de Lavie, seigneur de Galan d'Asson et de Vauzé, dont
elle fut la troisième femme, et mourut à Pau, à l'âge de 85 ans, le 15 janvier 1838. (Archives de Pau, *État civil,* no. 73, f° 18, v°; no. 137, f° 19.)

(2) L. T. d'Asfeld habitait rue du Palais, n° 1, à Pau, c'est-à-dire à
quelques pas de la maison Mosqueros.

(3) On verra, plus loin, que Pierre de Gassion, évêque d'Oloron, mourut,
en effet, dans la maison de sa mère, le 24 avril 1652.

(4) Le lieutenant général Gratian de Gassion était *cousin germain* du
maréchal. Sa fille était, donc, *nièce à la mode de Bretagne* de l'illustre
homme de guerre et de l'évêque Pierre de Gassion.

« concéda à *Manaud* de Tisnès tout le terrain entre le Hédas et les
« remparts, *sur lesquels remparts la maison dudit Manaud est bâtie;*
« d'où ce terrain a retenu le nom béarnais de *Darré Manaud* qu'on
« lui donne encore. Le 24 septembre 1534, Manaud vendit ce terrain
« à son neveu Pierre de Tisnès, juge de Béarn. Enfin, le 1ᵉʳ avril
« 1605, la dame de Tisnès, veuve d'Arnaud Tisnès, conseiller au
« Conseil et tutrice des pupilles, vend ladite maison et dépendances
« à maître *Jean-Jacques Gassion* (depuis conseiller au Conseil, en
« 1611) par contrat retenu de Johan, notaire public à Pau..... (1). »

A. Dugenne, répondant à La Tapie d'Asfeld, dit, à son tour,
dans la seconde édition du *Panorama historique et descriptif de Pau :*

« La *rue du Château*, prolongement de la Grand'rue, qui forme
« une courbe de la place du Palais au pont du Château, est occupée,
« à droite, par de vieilles maisons dont la partie postérieure, cons-
« truite en bois, est appuyée sur des madriers plantés dans le talus
« du Hédas. Une de ces antiques constructions, qui sert de presby-
« tère à Saint-Martin, serait, au dire d'un écrivain d'une véracité
« fort suspecte, la maison *natale* du maréchal de Gassion. Comme
« nous ne voulons négliger aucune circonstance intéressant l'histoire
« de la localité, nous constatons le fait, sans cependant y ajouter foi,
« car l'auteur s'est ôté tout crédit par ses impostures et ne saurait
« être cru sur parole (2). »

Concluons de tout ce qui précède que si l'on dégage son récit de
tous les détails fantaisistes dont il a cru devoir l'agrémenter, La
Tapie d'Asfeld a dit la vérité, en désignant la maison Mosqueros
comme la *maison natale* du maréchal de France.

*
**

Jacques de Gassion obtint, au mois de novembre 1609, l'anoblissement de la maison de Béterette, autrement de Hontâas, située à
Gelos (3), et fut reçu aux États de Béarn, pour ce fief, le 10 avril

(1) L. T. d'Asfeld, *Souvenirs historiques du château de Henri IV et de
ses dépendances*, page 19, note.

(2) A. Dugenne, *Panorama historique et descriptif de Pau*, seconde
édition, page 373.

(3) Archives des Basses-Pyrénées, E. 679, fᵒ 426; E. 2029, fᵒ 140; —
Bulletin de la société des sciences, lettres et arts de Pau, IIᵉ série, 1886-
1887, pages 122 et 157; — *Registre des enregistrements de la Chambre
des comptes*, etc., page 230.

1611 (1). Nommé président criminel au Conseil souverain de Pau, le
26 octobre 1609, en remplacement de son père, le roi lui fit don,
le 31 octobre de la même année, « comme est accoustumé faire lors
« de la réception audit office, » de la somme de 100 livres, pour acheter
une robe rouge, et il fut admis au Conseil, le 3 juin 1610 (2). En
1616, Jacques de Gassion promit à la reine de faire passer au Conseil
l'édit de main-levée des biens ecclésiastiques dans le Béarn (3). Le
consistoire de Paris, irrité de cette attitude, lui interdit la Cène (4).
Président au parlement de Navarre, en 1620, Jacques de Gassion
mourut, le 13 avril 1631 (5). Il s'était converti au catholicisme, puis-
qu'il fut enterré dans l'église Saint-Martin de Pau. — Magistrat d'un
réel talent, il avait publié, en 1602 : « *Remonstrances faites en la*
« *Cour souveraine de Béarn, aux ouvertures des plaidoiries* (6). » Une
seconde édition de cet ouvrage parut, en 1630, sous le titre suivant :
« *Remonstrances et arrests faits aux ouvertures des plaidoyries, par*
« *messire Jacques de Gassion, conseiller du roy en ses Conseils d'Estat,*
« *chevalier, président en la Cour de parlement de Navarre* (7). »

(1) Archives des Basses-Pyrénées, c. 705, f° 203; 209 et 213, v°.

(2) Archives des Basses-Pyrénées, b. 178, f° 401; — *Bulletin de la
société des sciences, lettres et arts de Pau*, 1886-1887, page 121; —
*Extrait des choses principales qui se trouvent sur les registres des enre-
gistrements du parlement*, etc., page 62.

(3) 10 juillet 1616 : Quittance, sur parchemin, de 1.000 livres à lui
ordonnées par Sa Majesté pour le voyage qu'il avait fait « en diligence et
sur chevaulx de poste, de Béarn à Paris, vers Sa Majesté, pour affaires
importans son service, compris séjour et retour, » par Jacques de Gassion,
conseiller du roy et président au Conseil ordinaire du roy et cour souveraine de Béarn, en faveur de M° Thomas Moraut, sieur d'Esterville,
conseiller du roy en son conseil d'État et trésorier de son épargne. — 6 mai
1619 : Quittance de 1.000 livres, sur parchemin, du même, en faveur
dudit M° Thomas Moraut « pour un voyage de Béarn à Paris et Saint-
Germain en Laye, vers Sa Majesté, pour affaires concernant son service,
compris son séjour. » (Bibliothèque nationale, *Pièces originales*, volume
1289, n° 29.029, verbo DE GASSION, pièces 4 et 5.) — Archives des
Basses-Pyrénées, b. 172.

(4) Eug. et Em. Haag, *La France protestante*, tome V, page 224.

(5) Ch.-L. Frossard, *Jean de Gassion, maréchal de France*, page 11.

(6) « A. Lesca (sic), en Béarn, par Louis Rabier; » in-8°, XIJ-123 pages.

(7) Paris, Pierre Bilcine, 1630, in-8°, XX-596 pages. — Précédé de
poésies par I. Gassion Bergeré, fils de l'auteur, et suivi d'une pièce de vers
de Jacob de Gassion, frère du président. (Bibliothèque de la ville de Pau.)

Marie des Claux, veuve du président Jacques de Gassion, était âgée de 8; ans révolus, lorsqu'elle fit son testament, à Pau, le 17 janvier 1661. Par cet acte, elle fit, notamment, un legs de 9,000 livres au sieur Jean des Claux-Lassalle, de Bellocq, son neveu (1). — Elle mourut, vraisemblablement, peu après.

(1) Bibliothèque Nationale, *Collection Chérin*, volume 56, n° 1178, *verbo* DES CLAUX-LASSALLE, de Bellocq, en Béarn. — Jean des Claux-Lassalle, — que nous croyons fils du sieur Arnaud des Claux, de Bellocq, *cousin germain* de Marie des Claux, et de damoiselle Gratie de Saint-Martin, était, par conséquent, *neveu à la mode de Bretagne* de la testatrice. On trouve à Bellocq, au XVII° siècle : 1° M° Jean des Claux, *alias* de Clavis, marié, avant le 8 mai 1630, avec damoiselle Claude de Lescar; 2° M° Samuel des Claux, *alias* de Clavis, époux d'Anne de Pilan, le 23 octobre 1630; 3° M° Tristan des Claux, qui avait pour femme Anne des Claux, le 20 juin 1631. (Archives d'Orthez, *État civil protestant de Bellocq*, 1580-1641, f°° 65, v°; 102, v°; 113; 125, v°; 239; 240; 241; 242, v°, et 244.) — M° Pierre de Lescar épousa, par contrat retenu à Bellocq, le 19 janvier 1629, damoiselle Jeanne des Claux. (Chérin, *verbo* DES CLAUX-LASSALLE et volume 120, n° 2,471, *verbo* LESCAR.) — Le sieur Jean Desclaux, jurat et régent de Bellocq, mourut dans cette commune, le 6 septembre 1705, à l'âge de 75 ans. (Archives de Bellocq, *État civil*, 1693-1711.)

I. — M° Pierre Desclaux-Clavis, *alias* des Claux-Lassalle, bourgeois de Bellocq, possédait, dans la *rue longue* de cette ville, le 3 septembre 1693, « une mayson, jardin, grange, basse-cour et pressoir, apellée de Lasalle. » (c. 1047, f° 7, v°.) — Il laissa un fils, Jean, dont l'article suit.

II. — M° Jean des Claux-Lassalle, bourgeois de Bellocq, épousa, par contrat du 24 mai 1698, et, le 2 mars 1699, dans l'église Notre-Dame de Bellocq, damoiselle Marie de Lescar, fille de noble Jean-Jacques de Lescar et de damoiselle Marthe d'Abbadie. (Chérin, *verbo* DES CLAUX-LASSALLE.) — De ce mariage vinrent : 1° Pierre de Lassalle-Desclaux *(sic)*, né à Bellocq, le 23 avril 1700, docteur en médecine, admis aux États de Béarn, le 16 janvier 1753, pour la maison noble de Lescar, de Bellocq, (anoblie au mois d'août 1665), qu'il avait recueillie dans la succession de noble Daniel d'Abbadie, *alias* de Lescar, son oncle (c. 794, f°° 278, v°, et 304); — il mourut sans postérité; 2° Jean-Jacques de Lassalle-Desclaux, dont l'article suit; 3° Daniel de Lassalle-Desclaux, né à Bellocq, le 3 octobre 1704; 4° Jean de Lassalle-Desclaux, né à Bellocq, le 26 janvier 1707; 5° et Mathieu de Lassalle-Desclaux, né à Bellocq, le 16 septembre 1708. (Archives de Bellocq, *État civil*, 1693-1711.)

III. — M° Jean-Jacques de Lassalle-Desclaux *(sic)* naquit à Bellocq, le 26 janvier 1702. Baptisé, le lendemain, il fut tenu sur les fonts par noble

Tallemant des Réaux s'exprime sur le compte de Marie des Claux en ces termes : « La mère du maréchal étoit une bossue, qui ne « manquoit pas d'esprit et faisoit la goguenarde. On dit qu'un jour « elle vit une femme qui boitoit des deux côtés : « Holà ! lui dit-elle, « ma commère, vous qui allez de côté et d'autre (et en disant cela, « elle la contrefaisoit), dites-nous un peu des nouvelles. » — « Dites-« nous en vous-même, vous qui portez le paquet, » lui répondit « cette femme. On fait ce conte de plusieurs personnes, et on en a « même fait une épigramme. » (1).

Jean-Jacques de Lescar et demoiselle Claude Desclaux. (Archives de Bellocq, *État civil*, 1693-1711.) Il s'établit à Pau, comme marchand drapier. Garde-boursier, en 1740, il fut reçu *voisin* de cette ville, le 17 juillet 1742. (Archives de Pau, mu. 13, f° 414.) — Jean-Jacques de Lassalle-Desclaux épousa, dans l'église succursale Notre-Dame de Pau, le 15 février 1746, demoiselle Marie-Magdeleine Lasserre, fille du sieur Paul Lasserre, marchand faïencier, et de demoiselle Jeanne Denis Tallendier. (Archives de Pau, *État civil*, ao. 56, f° 2, v°.) — De cette union vint, entre autres enfants, Paul, dont l'article suit.

IV. — Noble Paul Lassalle, *alias* Desclaux, naquit et fut baptisé à Pau, le 9 février 1747. (*État civil*, an. 58, f° 8, v°.) Mousquetaire du roi, dans la 2ᵉ compagnie, le 20 août 1769, il servit jusqu'au 22 mars 1775, et fut admis aux États de Béarn, le 24 avril 1773, comme seigneur de Lescar, de Bellocq, et héritier du sieur Pierre de Lassalle, son oncle. (c. 808.) — Paul Lassalle, *sieur d'Esclaux-Lescar* (sic), fut pourvu, le 8 octobre 1779, de la charge de conseiller au parlement de Navarre. (n. 4611.) — Il laissa postérité de son mariage avec demoiselle Antoinette de Péfaur, abbesse laïque de Puyôo.

La famille Desclaux de Lescar, — qui ne se rattache point aux Desclaux de Mesplès, — compte encore des représentants. — Armes : *d'azur au chevron d'argent, accompagné de trois étoiles du même, deux en chef et une en pointe.*

M. Marie-Paul-Louis-Alfred Desclaux de Lescar, né le 5 novembre 1815, à Puyôo (Basses-Pyrénées), y demeurant, et son fils, M. Henri-Louis Desclaux de Lescar, né à Puyôo, le 25 février 1846, furent autorisés par décret impérial, en date du 12 novembre 1861, à ajouter à leur nom patronymique celui de *de Crouseilhes Saint-Dos*, et à s'appeler, à l'avenir, *Desclaux de Lescar de Crouseilhes Saint-Dos*. (*Bulletin des lois*, année 1861, 2ᵉ semestre, page 984, n° 9805.)

(1) *Les Historiettes de Tallemant des Réaux*, deuxième édition, par Monmerqué, tome V, page 168.

La Tapie d'Asfeld, renchérissant sur Tallemant des Réaux, a écrit dans ses *Souvenirs historiques du château de Henri IV et de ses dépendances*, page 389 : «...J'ai entendu, dans mon enfance, le comte de « Peyre, descendant des Gassion par sa mère, raconter une anec- « dote, qui, indépendamment des preuves authentiques conservées « par l'histoire, vient à l'appui de l'affirmation de l'abbé Puyoo, rela- « tivement à la *roture* (1) de cette famille (Gassion).

« Le président Gassion, père du maréchal, avait épousé une héri- « tière de Sallies, qui conserva toujours la simplicité de son premier « état ; les gentilshommes de la province ne la voyaient point, parce

_____

(1) Le vers suivant se trouve, en effet, dans *Lous Gentius de Bearn* ou *Rébe de l'abé Puyoo*, publié, corrigé et considérablement augmenté par L. T. d'Asfeld :

« *La ratbe à Gassiou qu'estuye la routure.* »

L'auteur de ce poëme serait, d'après L. T. d'Asfeld, « Moussu Pierre d'Esbarrebaque, *abat de Puyoo*, seignou de la caverie de Pontiac, mourt en soun castet, l'anade 1771. » Mais il est inexact que ce personnage ait possédé l'abbaye laïque de Puyoô. Ce fief appartenait, aux XVIIe et XVIIIe siècles, à la famille de Péfaur, de Bellocq. Le véritable nom patronymique du malicieux abbé était *Puyos*. — Voici quelques renseignements sur lui :

« Noble Jacques de Puyos, bachelier en théologie, » fut admis aux États de Béarn, le 12 juin 1716, pour la seigneurie de Pontiacq, lui apparte- nant en sa qualité d'héritier universel de dame Louise d'Artiguelouve, aux termes du testament de cette dernière, en date du 25 novembre 1694, (c. 758, f° 9.) Suivant acte, retenu, le 5 décembre 1740, par Pucheu, coadjuteur du notaire public de Montaner, « noble Jacques de Puyou » (*sic*) fit donation à messire Gratian [Deselaux] de Mesplès, lieutenant colo- nel du régiment Dauphin, cavalerie, avec rang de mestre de camp, de la seigneurie de Pontiacq, pour laquelle ledit sieur de Mesplès fut reçu aux États de la province, le 15 avril 1741, (c. 783, f° 10, v°.) — L'abbé de Puyos mourut à un âge fort avancé, ainsi que l'établit son acte de décès, ainsi conçu : « Le 10e janvier 1747, mourut M^r l'abbé Puyos, seigneur et patron de Pontiacq, agé d'environ cent ans, et fut enterré, le lendemain. L'office luy fut fait par Mr Hourtolou, pretre et curé de Peyraube et Samon- zet, avec les ceremonies, en pareil cas requises, es presences de Jean Mou- nicou, Barthelemi Rectou et Jean Sarthou, jurats dudit lieu ; — ayant receu les sacrements, pendant sa maladie ; — et moi, soubssigné, curé de Pontiac et Viellepinte le inscrit dans le present registre, ainsy que de ray- son. (Signé) Camau, curé de Pontiac et Viellepinte. » (Archives de Pon- tacq-Viellepinte, *État civil*.)

« qu'à cette époque, la noblesse aurait cru déroger en se mêlant à
« la bourgeoisie. Mais, quand Jean Gassion fut élevé à la dignité de
« maréchal de France, tout le monde, s'empressant de saluer l'astre
« naissant, alla visiter le père et la mère du héros, qui logeaient
« alors au rez-de-chaussée de la maison nᵒ 6, de la rue Saint-
« Martin.

« La présidente filait auprès de la cheminée, au-dessus de laquelle
« était supendu le portrait de son fils, et à chaque visite qui entrait
« dans l'appartement, elle se levait, quittait sa quenouille, et faisait
« une profonde révérence au portrait du nouveau maréchal, en
« disant, avec le sourire de l'ironie : « *You quep arremercië, moussu*
« *lou maréchal, aqueste bisite quey encouère en la bous.* » — Afin de
« faire comprendre aux visiteurs le peu de prix qu'elle attachait à
« l'hommage tardif et intéressé qu'ils rendaient à la haute fortune de
« son fils, après avoir, pendant près de quarante ans, refusé de la
« voir, à cause de la vulgarité de sa naissance. »

Il est presque superflu de faire remarquer que L. T. d'Asfeld est
l'inventeur de cette anecdote. On a vu, plus haut, que Marie des
Claux était de Pau et non de Salies, et que Jacques de Gassion, son
mari, était mort le 13 avril 1631, c'est-à-dire plus de douze ans avant
que Jean de Gassion eût été promu maréchal de France.

Le président Jacques de Gassion avait eu de Marie des Claux :

1ᵒ Jean de Gassion, IIᵉ du nom, dont l'article suit ;
2ᵒ Isaac de Gassion, qui forma la branche des seigneurs de Lagarde et
de Pondoly, rapportée au chapitre VII ;
3ᵒ Jacob de Gassion, dit *M. de Bergeré*, né à Pau, le 3 avril 1608, baptisé dans le temple protestant de cette ville, le dimanche de Pâques,
6 avril ; il eut pour parrain, Jacob de Gassion, docteur en médecine,
son oncle, et pour marraine, Jeanne des Claux, sa tante (1). — Jacob
de Gassion embrassa la carrière des armes, suivit son frère cadet,
Jean (futur maréchal) « aux sièges de Saint-Sever et de Saint-
Affrique, en 1628, au siège de Pignerol, au combat de Veillane, en
1630. Capitaine au régiment de son frère, au service du roi de
Suède, il se trouva au combat de Leipzig, au mois de septembre
1631, à la prise de Donauwœrth, d'Augsbourg, d'Ingolstadt, à la
bataille de Lützen, en 1632, au blocus de Brisach, en 1633. Entre,

(1) Ch.-L. Frossard, *Jean de Gassion, maréchal de France*, page 3.

avec son frère, au service de Louis XIII, il assista à la prise de
plusieurs places de la Franche-Comté, en 1635, au siège de Dôle,
en 1636, au siège de Landrecies et de La Capelle, en 1637, de
Saint-Omer, en 1638, d'Hesdin, en 1639, d'Arras, en 1640. Il
devint lieutenant-colonel du régiment de son frère, en 1641, le commanda au siège d'Aire, la même année, et à ceux de Collioure et de
Perpignan, en 1642. — Mestre de camp d'un régiment de cavalerie
de son nom, en 1643, il le commanda à la bataille de Rocroy, au
siège de Thionville, la même année ; à la prise des forts Bayette, de
La Capelle, de Folquien, au siège de Gravelines, en 1644. — Aide
de camp des armées du roi et sergent de bataille, le 20 avril 1645,
il se trouva aux sièges de Cassel, de Mardick, de Lens, de Bour-
bourg, de Menin, de Béthune et de Saint-Venant. — Maréchal de
camp, par brevet du 8 mai 1646, il contribua à la prise de Courtray,
dont on lui donna, le 28 juin, la lieutenance de roi, en même temps
qu'on donnait le gouvernement au maréchal, son frère. Il servit,
enfin, au siège et à la prise de Dixmude, en 1647. » — Jacob de
Gassion-Bergeré donna quittance, à Pau, le 22 juin 1639, de la
somme de 6,000 livres, montant de sa légitime sur les successions
paternelle et maternelle, en faveur de messire Jean de Gassion, son
frère aîné, président au parlement de Navarre, héritier contractuel
et sous bénéfice d'inventaire de feu messire Jacques de Gassion, leur
père (1). — Il mourut à Paris, le 28 octobre 1647, et fut enterré dans
le cimetière de Charenton, auprès du maréchal de France, son frère,
décédé le 2 octobre de la même année (2). — On attribue à Jacob de
Gassion-Bergeré l'ouvrage suivant : *Invective ou discours satyrique
contre les duels*, Paris, 1629, in-8°. Peut-être est-il, aussi, l'auteur
de la *Lettre aux États Généraux de France et de Hollande*, 1647,
in-folio (3) ;

4° Autre Jean de Gassion, dit *M. de Houdas*, né à Pau, le dimanche,
9 août 1609, entre cinq et six heures du soir, baptisé, le lendemain, dans le temple protestant de cette ville, et tenu sur les fonts
par son frère aîné, Jean, âgé de 13 ans, et sa sœur, Magdeleine,

(1) Il est dit, dans cet acte, que les biens des père et mère de Jacques et
de Jacob de Gassion sont « en fonds sterile et de fort petit revenu. »
(E. 2037, f° 331, v°.)

(2) Ch.-L. Frossard, *Jean de Gassion, maréchal de France*, page 29.

(3) Eug. et Em. Haag, *La France protestante*, tome V, page 225. —
Pinard, *Chronologie historique militaire*, tome VI, Paris, Claude Hérissant, 1763, page 208.

Rue du Château, à Pau,
et Maison natale (n° 5) de Jean de Gassion, maréchal de France.

âgée de 11 ans (1). Il prit, comme son frère Jacob, le parti des armes, devint maréchal de camp, le 23 juin 1638, maréchal de France, le 17 novembre 1643, et conseiller d'Etat, par brevet du 27 novembre de la même année. Aux termes d'une obligation, en date du 3 juillet 1647, ratifiée, le 5 juillet, très haut et très puissant seigneur Jacques-Nompar de Caumont, duc de La Force, pair et maréchal de France, agissant en son nom et se portant fort pour très haut et très puissant seigneur Armand de Caumont, marquis de La Force, son fils, promit de payer à très haut et très puissant seigneur messire Jean de Gassion, maréchal de France, la somme de 60.000 livres, pour argent prêté (2). — Jean de Gassion reçut un coup de mousquet à la tête, devant la place de Lens (Pas-de-Calais) le 28 septembre 1647, et mourut à Arras, des suites de cette blessure, le 2 octobre suivant. — Il avait fait son testament, le 30 juin de la même année. — La biographie de cet illustre homme de guerre a été écrite un grand nombre de fois (3).

5° Pierre de Gassion, né à Pau, au mois d'avril 1616, pendant que son père était à Paris (4). Il suivit, d'abord, la carrière militaire, puis passa au catholicisme et entra dans les ordres. Docteur en Sorbonne,

(1) Tous les biographes font naître Jean de Gassion, maréchal de France le 20 août 1609. M. le pasteur Ch.-L. Frossard a rectifié cette date, dans son excellente étude sur ce personnage, déjà citée. Voici l'acte de naissance du maréchal, d'après le *Livre de Raison* de Jacques de Gassion, folio 69 « Johan, mon fils menour. — Lo nau d'aoust 1609, jour de dimenche enter cinq et sieys hores deu ser, nasco Johan, mon fils menour, presenta au babtesme, lou jour apres, detzal deudit mes, per Johan, mon fils primo genit, et Magdalene, ma fille. » (Ch.-L. Frossard, *Jean de Gassion, maréchal de France*, page 4 et note 2.)

(2) Archives des Basses-Pyrénées, E. 2082, f° 139.

(3) Ch.-L. Frossard, *Jean de Gassion, maréchal de France*, pages 25 29. — Parmi les publications récentes, signalons encore : Louis Batcave *Lettres du maréchal de Gassion, de Gassion-Bergeré et de Duprat Saumaise*, (*Revue de Gascogne*, tome XXXVI, 1895, page 245); — Ph. Tamizey de Larroque, *Le maréchal de Gassion et quelques-unes de ses lettres inédites*, (*Revue de Gascogne*, tome XXXVI, 1895, pages 321, 44 et 530; — tome XXXVII, 1896, page 26. — On trouve dans ces savantes études une foule de détails curieux et inédits et la liste des ouvrages, imprimés ou manuscrits, relatifs au maréchal.

(4) Ch.-L. Frossard, *Jean de Gassion, maréchal de France*, page 3 note 1.

commandeur et prieur de Saint-Loup, à Départ, le 14 juillet
1643 (1), ensuite abbé de Lucq, en Béarn (2), et curé de la paroisse
Saint-Vincent de Salies, il fut nommé évêque d'Oloron, en 1647,
sacré, le 7 mars de la même année, dans l'église des Feuillants, à
Paris (3), et reçu aux États de Béarn, en cette qualité, le 21 février
1649 (4). — Pierre de Gassion mourut à Pau, le 24 avril 1652, à
peine âgé de 36 ans (5);

6° Magdeleine de Gassion, née à Pau, le 7 novembre 1598, baptisée le
15 novembre. dans le temple protestant de cette ville; elle eut pour
parrain et marraine, Pierre de Fortaner et Magdeleine de Gassion,
sa femme;

7° Marie de Gassion, née à Pau, le 23 août 1604, baptisée, le dimanche

(1) Le 14 juillet 1643, à Départ, M⁰ Pierre de Menvielle, recteur de
Noarrieu, desservant de la chapelle de Saint-Loup, située à Départ, agissant conformément aux ordres de messire Jean de Gassion, président au
parlement de Navarre, intendant de la justice. police et milice de Béarn et
Navarre. fondé de procuration de M. M⁰ Pierre de Gassion, son frère, commandeur et prieur de Saint-Loup, afferma pour six années, à raison de
10 écus petits par année, la petite dime de Saint-Loup en faveur de noble
Pierre de Marmont, seigneur et abbé de Départ et Marmont. (E. 1257.
f⁰ 375, v⁰.)

(2) Archives des Basses-Pyrénées. E. 1444, f⁰ 641, v⁰.

(3) Abbé V. Dubarat, *Notices historiques sur les évêques de l'ancien
diocèse d'Oloron* (*Bulletin de la société des sciences, lettres et arts de Pau*,
II⁰ série, 1887-1888, page 74); — *Études historiques et religieuses du
diocèse de Bayonne*, livraison du mois d'avril 1896, page 197.

(4) Archives des Basses-Pyrénées, c. 718, f⁰ 2.

(5) « Messire Pierre de Gassion, agé de 36 ans ou environ, evesque
d'Oloron et abbé de Luc, mourut, le 24 d'avril [1652], a 2 heures apres
midy, a Pau, dans la maison de madame la presidente, sa mere, apres avoir
receu fort chrestienment et avecque une devotion tres exemplaire les
sacremens de penitence, de l'eucharistie et de l'extreme onction. Ses
entrailles furent enterrées, sans aucune sorte de ceremonies, en l'église de
S⁰ Martin, dans la chapelle de S⁰ Paul, et son corps, aiant demeuré en
depost deux jours en ladite eglise, fut transporté, le 27 du mesme mois, a
S⁰⁰ Marie, pour y estre enseveli. Nous, soubsigné, recteur de Pau, archi-
prestre de la chambre, luy fimes un service en notre susdite eglise. accom-
pagnez de plusieurs autres prestres, et chantames une messe pour le sola-
gement (sic) de son ame, le 26 dudit mois. (Signé:) Duvignau, recteur de
Pau. » (Archives de Pau, *État civil*, oo 4, page 44.)

29, dans le temple protestant de cette ville; elle eut pour parrain e
marraine, M' Loys de Colom et damoiselle Philippe de Gassion, s
femme, ses oncle et tante (1). Marie de Gassion épousa à Pau, le
21 juillet 1629, noble Antoine d'Espalungue, de Louvie, seigneur
de l'abbaye de Béost et domenger de Casaus de Louvie-Juzon (2)

8° Et Jeanne de Gassion, née à Pau, le 15 janvier 1606, baptisée dans
le temple protestant de cette ville, le dimanche, 22 janvier; elle eu
pour parrain et marraine : M' Henri de Gassion, avocat, son oncle
et damoiselle Marie de La Salle, femme de ce dernier (3). — Jeanne
de Gassion épousa, le 3 juin 1632, messire Henri de Montesquiou
d'Artagnan, seigneur de Tarasteix, capitaine et gouverneur du château de Montaner, puis garde-meubles du château de Pau; ell
dénombra, le 1er août 1674, le château de Montaner, et mourut, le
26 septembre 1685 (4);

— V. — Messire Jean DE GASSION, II° du nom dans cette branche
naquit à Pau, le 12 mai 1596. Baptisé dans le temple protestant de
cette ville, le dimanche, 19 mai suivant, il eut pour parrain et marraine, son grand-père Jean de Gassion, président, et Marie de Frexo
seconde femme de ce dernier (5). Jean de Gassion, était âgé de di
ans et dix mois lorsque Henri IV, désirant qu'il reçût une bonne
éducation au collège protestant d'Orthez, écrivit la lettre suivante à
Jacques de Caumont, seigneur de La Force, gouverneur et lieutenan
général en Navarre et Béarn :

« Mons' de La Force. — Ayant accordé a mes subjects de la religion prétendue réformée de mon pays de Béarn la somme de six mille livres, par
chacun an, pour l'entretien de leurs escholiers, je me suis voulu deschargé
sur vous de la distribution de la dicte somme, pour la confiance que j'a

---

(1) Ch.-L. Frossard, *Jean de Gassion, maréchal de France*, page 3
note 1.

(2) *Armorial de Béarn*, tome II, page 453.

(3) « Le mesme jour et an [22 janvier 1606], fut baptizée Jeane de Clavi
(sic), fille de M'™ Jaques Guassion, procureur general du roy, et damoiselle
de Clavis, sa femme; — presentée par M'™ Henry Guassion, advocat.
(Archives de Pau, *État civil protestant*, no 1, f° 89.)

(4) Archives des Basses-Pyrénées, n. 677, f° 246. — *Armorial de Béarn*
tome II, page 111.

(5) Ch.-L. Frossard, *Jean de Gassion, maréchal de France*, page 3
note 1.

de vostre fidelité et bonne affection a ce qui regarde mon service, ainsy qu'aurés peu voir par la lettre que les deputez de la dicte religion ont esté chargez de vous rendre; et, quoique je n'entende deroger aux privileges des patrons, toutesfois, desirant gratifier les enfans de M' Jacques de Gassion, mon procureur general en ma cour souveraine de Pau, pour les bons et fideles services que leur pere m'a rendus et continue de me rendre journellement, je vous ay bien voulu prier, par celle cy, de faire en sorte que les dicts enfans, appellez Jean et Jacques (1) de Gassion, soyent compris en la dicte somme de six mille livres, pour jouir, durant le temps porté par mes ordonnances, de la pension que vous jugerés devoir estre distribuée annuellement a chascun des dicts escholiers, affin de leur donner moyen de se rendre capables de me faire service, a l'imitation de leur pere et grand pere, et vous ferés en cela chose qui me sera tres agreable. Celle cy n'estant a aultre fin, je prie Dieu qu'il vous ayt, M' de La Force, en sa saincte et digne garde. Escript a Paris, le xxviii° jour de mars 1607. — Signé :) Henry (et plus bas :) de Lomenie (2). »

Jean de Gassion obtint, le 13 octobre 1622, les provisions de président au parlement de Navarre, en remplacement de son père, et, le 4 février 1626, la charge d'avocat général près la même Cour, vacante par la démission de Pierre Vidart. Admis en cette dernière qualité, le 10 décembre suivant (3), ses lettres de président furent enregistrées, le 14 avril 1631, après la mort de son père (4). Nommé inten-

(1) Ce *Jacques* est, évidemment, *Isaac* de Gassion, né le 9 octobre 1597, second fils de Jacques de Gassion, et non point *Jacob* de Gassion, comme l'a indiqué, par erreur, M. Berger de Xivrey. — Jacob de Gassion naquit, le 2 avril 1608, et n'avait, par conséquent, qu'un an, trois mois et vingt-cinq jours au moment où Henri IV écrivit cette lettre. Elle ne peut, donc, concerner.

(2) *Recueil des lettres missives de Henri IV*, publié par M. Berger de Xivrey, tome VII, Paris, 1858, page 151.

(3) Paris, 20 mars 1628 : Ordonnance de Louis XIII, mandant à M° Antoine de Monaix, trésorier et receveur du domaine de Béarn, de payer aux sieurs de Gassion, père et fils, président et avocat général au parlement de Pau, la somme de 2.800 livres, a eux due pour leurs appointements, durant les années 1624 et 1625. (B. 5902.)

(4) *Registre des enregistrements de la chambre des comptes*, etc., pages 69 et 280 ; — *Bulletin de la société des sciences, lettres et arts de Pau*, 2° série, 1886-1887, pages 170, 174, 178, 181, 185, 195, 197, 202, 204, 209 et 216.

dant de justice, police et finances en Béarn et Navarre, par commission du 22 avril 1640, il est qualifié « messire Jean de Gassion, « conseiller ordinaire du roi en ses Conseils, président au parlement « de Navarre, intendant de la justice, police et finances en Navarre « et Béarn, gouverneur de Bayonne, Bas-Armagnac, Rivière-Basse, « Bigorre et autres terres de l'ancien domaine, » dans le contrat de mariage de noble Pierre de Péfaur, avocat au parlement de Navarre, avec damoiselle Esther d'Abbadie, en date, à Pau, du 10 septembre 1645 (1). Comme intendant, le président de Gassion eut de vifs démêlés avec le parlement et les États de la province, et cessa de remplir ces hautes fonctions, le 2 juin 1646 (2).

Jean de Gassion acheta de la ville de Pau, le 31 mai 1635, pour le prix de 60 livres tournois, une petite place ou ruelle, joignant sa maison, et le 24 novembre 1635, pour le prix de 12 livres, une parcelle de terre, jadis rue, située entre la maison ayant appartenu, ci-devant, au feu sieur de Gassion, docteur en médecine, et la maison ayant appartenu au nommé Saubage, achetées par ledit seigneur président, et contiguës à sa maison appelée de Honset (3). C'est sur l'emplacement occupé par ces divers immeubles que Jean de Gassion fit construire, peu après, son vaste hôtel, estimé 12.000 livres, le 23 décembre 1693 (4).

(1) Archives des Basses-Pyrénées, E. 2040, f° 220.

(2) Raymond, *Inventaire sommaire des archives des Basses-Pyrénées*, tome III, *introduction*, pages 8 à 18.

(3) Archives des Basses-Pyrénées, E. 2036, f°s 94 et 210, v°.

(4) Louis Lacaze, *Recherches sur la ville de Pau*, page 207. — La Tapie d'Asfeld a encore imaginé la fable suivante : « En 1645, le maréchal de Gassion fit élever son hôtel sur un emplacement faisant partie des dépendances du château et qui lui avait été concédé par la régente Anne d'Autriche, dont les lettres patentes furent contresignées Mazarin. » (*Souvenirs historiques*, etc., page 20.) — L'auteur de l'*Idée géographique et historique du Béarn* a dit que l'hôtel Gassion était construit sur l'emplacement qu'occupait le premier château de Pau (*Castel Menou*). Nous pouvons affirmer, seulement, que la maison, achetée par Jean de Gassion I du nom, le 20 novembre 1550, ainsi que les autres maisons, acquises ultérieurement, étaient situées dans l'ancienne rue appelée de *Castelmenou* ou *du Castelmenou*. (*Idée géographique et historique du Béarn*, Pau G. Dugué et J. Desbaratz, imprimeurs du roi, près la halle, 1764, page 443.) — Expilly, *Dictionnaire géographique, historique et politique de*

—Il vendit, le 2 décembre 1635, pour le prix de 1.500 livres tournois, une « borde, place, muraille et jardin, appelée des Claus, située « à Pau en la grand'rue qui va à Morlàas, » en faveur de Me Pierre Foron, de Pau, et, le 21 mars 1643, pour le prix de 1.000 francs bordelais, une maison, basse-cour et jardin, appelée de Marcolle, située au faubourg de Pau, en faveur de Pierre de Lalanne, charpentier, habitant dans cette ville (1).

Jean de Gassion, à qui on a reproché un amour immodéré des richesses et une parcimonie (2) qui apparaissent dans son testament, publié plus bas, accrut, dans des proportions considérables, le patrimoine de ses ancêtres. Héritier du maréchal, son frère, il s'empressa de réclamer aux États de Béarn, le 5 novembre 1647, la somme de 83.000 livres que le pays devait à ce dernier (3). Il acheta, notamment : le 2 juillet 1649, de messire Jacques de Gontaut-Biron, les châteaux de Saint-Vincent et de Saint-Martin, de Salies, avec toutes leurs appartenances et dépendances, ainsi que les dîmes et droit de patronage ; le 6 juillet 1650, de messire Henry de Montaut-Navailles, marquis de Saint-Geniés, les terres et seigneuries d'Audaux, des Marsains et Conques, abbayes et dîmes desdits lieux, avec le droit de présentation à la cure d'Audaux, les seigneuries d'Orriule, de Narp, d'Ossenx et les abbayes de Castetbon et de Bugnein ; le 29 janvier 1656, de noble Jean de La Borde, la dîme de Méritein ; le 16 octobre 1660, de messires Jacques de Lagor, baron de Peyre, et Jean-Jacques, marquis de Moncin, la terre et seigneurie d'Arbus ; le

Gaules et de la France, tome V, page 588 ; — Louis Lacaze, Recherches sur la ville de Pau, page 54.)

(1) Archives des Basses-Pyrénées, E. 2036, f° 102 ; E. 2040, f° 65.

(2) Tallemant des Réaux donne sur l'avarice du président Jean de Gassion des détails caractéristiques et assez répugnants. (Historiettes, deuxième édition, par Monmerqué, tome V, page 170.)

(3) Archives des Basses-Pyrénées, c. 717, f° 228, v°; 233, v°, et 235. — Au XVIIIe siècle, le marquis de Gassion, petit-fils du président Jean de Gassion, IIe du nom, était créancier de la somme de 112.560 livres sur les États de la province de Béarn. (Archives du château de Castets, à Escurès.) — A cette époque, la maison de Gassion était, peut-être, la plus riche du Béarn. « Que-s minyaré lous bees de Mous de Gassion. Il mangerait les biens de M. de Gassion. » Se dit d'un grand dissipateur... » (V. Lespy, Dictons et proverbes du Béarn, seconde édition, Pau, Garet, 1892, page 253, n° 564.)

5 novembre 1661, la maison noble de Saint-Pé de Salies (1), le
11 décembre 1662, de très haut et très puissant seigneur monseigneur Armand-Nompar de Caumont, duc de La Force, pair et maréchal de France, « la vicomté de Monboyer, Mangedies [Montboyer,
Maguezier] et ses dépendances (2), » pour le prix de 100.000
livres (3); enfin, par décret au préjudice de noble Théophile de
Mouret, confirmé par arrêt du parlement de Bordeaux, du 5 septembre 1663, la seigneurie de Simacourbe, en sa partie, l'abbaye et
dîme dudit lieu et la seigneurie de Lannegrasse.

Jean de Gassion épousa, par contrat du 5 janvier 1635, damoi-
selle Marie DE BESIADE, fille de noble Jean DE LA VOYRIE OU
DE LA BOYRIE, autrement DE BESIADE, IIe du nom, seigneur de
Saint-Gladie, et de damoiselle Anne D'ARRINDOLLE, *alias* D'ARRI-
DOLLE, de Sauveterre, et petite-nièce de messire Jacques de Besiade,
baron d'Avaray, premier valet de la garde-robe d'Henri IV et de
Louis XIII (4). — Jean de Gassion testa de la manière suivante :

« Au nom de Dieu.

« L'an mille six cens cinquante huict et le cinquiesme jour d'octobre
moy, soubsigné, Jean de Gassion, conseiller du roy en ses Conseils, president en la Cour de parlement de Navarre, estant bien sain de corps et
d'esprit et me disposant de partir vers la ville de Tholoze [Toulouse], ay
vouleu faire le present testament, de ma main, dans lequel j'ay couché ma
dernière volonté, pour estre executé après mon deces.

« Et premierement, j'ay invocqué et supplié Dieu, de tout mon cœur

----

(1) Archives des Basses-Pyrénées, n. 654, f°s 261 et 267; n. 679,
f° 229; n. 685, f° 238; n. 686, f°s 33, v^o; 49; 57; 67; 77; 186 et 203;
n. 5792; E. 2035, f°s 284, v^o, et 304, v^o.

(2) « MONBOYER, en Saintonge, diocèse et élection de Saintes, parlement
de Bordeaux, intendance de la Rochelle. On y compte 319 feux, y compris
ceux de *Maguezier*. Ce bourg est sur les confins de l'Angoumois, à 1
lieues sud-est de Saintes et une et demie nord-ouest d'Aubeterre. » (Abbé
Expilly, *Dictionnaire géographique, historique et politique des Gaules et
de la France*, tome IV, page 767.) — Montboyer, commune du département de la Charente, de l'arrondissement de Barbezieux et du canton de
Chalais, compte, aujourd'hui, 1.140 habitants. (*Dénombrement de la popu-
lation*, 1891.)

(3) Archives de Basses-Pyrénées, E. 2082, f° 139.

(4) *Armorial de Béarn*, tome II, pages 92 et 531.

qu'il luy plaize me conduire et illuminer en ceste disposition, benir toutes les autres actions que je fairay en ce monde, tandis qu'il luy plaira m'y laisser, et, apres ma mort, me recepvoir en la gloire et dans le repos de son sainct paradis, pour le meritte du sang precieux de son fils Jesus Christ et par l'intercession de la bien heureuse vierge, sa mere, et de tous les saincts.

« Secondement, je declare que je veux estre enterré dans la chapelle de feu monsieur le president Gassion, mon pere, en l'eglize St Martin de Pau, avecq les honneurs convenables, au cas je dessede en ladite ville, et sy est en quelcune de mes maisons des champs, ce sera en l'eglize du lieu de mon descès ou tout ainsy que mes parentz et amis le jugeront plus a propos.

« En troisiesme lieu, j'establis madame de Besiade, ma femme, tutrisse et administreresse de la personne et biens de nos enfans, viduellement vivant, et la prie et exorte de nourrir et eslever nosdits enfans en la crainte de Dieu et honneur veritable du monde et d'entretenir avecq elle et entre eux l'union et l'amour quy y doibt estre, et de vivre conjointement avecq eux, soubs mesme toict, tout autant que la profession qu'ils prendront leur permettra, speciallement avecq mon heritier, quy sera sy dessoubs nommé.

« Et, au cas elle ne puisse compatir avecq luy, je declare que je resseu d'elle les sommes contenues en nostre contract de mariage, sçavoir : vingt un mil livres, ce me semble, en une obligation de Monsieur de Miossens (1) de pareille somme, et le surplus, en divers payemens, quy sont deubs a ma diligence et credit, speciallement, le dernier quy a esté fait, puis le descès de feu monsieur de Sauvaterre, seigneur et baron d'Abarey et Le Tertre, oncle (2) de madite femme, lequel est celluy quy a exercé ceste

---

(1) 23 septembre 1609, à Pau : Obligation de 10,000 francs bordelais, consentie par messire Bernard de Miossens, seigneur de Samsons, dame Françoise de Montesquiu, dame de Sadirac et de Crouseilles, sa femme, et noble Isaac de Lagarde, général des monnaies de Béarn, seigneur d'Abos, Tarsacq, Bésingrand et Parbayse, en faveur de messire Jean de Gassion, (Ier du nom) président au Conseil souverain, en la chambre criminelle. (E. 2024, fo 41.) — Bernard de Miossens, seigneur de Samsons, fit son testament à Tarbes, dans la maison du sieur de Luc, sénéchal de Bigorre, le 29 décembre 1609. (Archives du château de Castets, à Escurès.) — Le débiteur du président Jean de Gassion, IIe du nom, était, vraisemblablement, messire Henry-Bernard de Miossens, comte de Samsons et de Sadirac, petit-fils de Bernard.

(2) Jacques de Besiade, dit de Sauveterre, baron d'Avaray et Le Tertre, premier valet de la garde-robe d'Henri IV et de Louis XIII, grand-oncle de Marie de Besiade, femme du président.

liberalité en faveur de madite femme et en contemplation de nostre mariage, sans qu'a raison d'icelluy ny autrement, j'aye resseu aucune chose des pere, mere et freres de madite femme.

« Plus, declare que ledit sieur de Sauvaterre, recognoissant, en quelque façon, les advantages qu'il ressevoit de mon alience et de ma personne, estant chés moy, en ceste ville de Pau, auroit augmenté, par escript, ceste liberalité, par forme d'augmentation de dot et de gratification, tant en ma faveur que de madite femme, de la somme de vingt et quattre mille livres et d'un amublement.

« Mais, je puis bien assurer qu'il auroit esté plus advantageux et satisfaisant pour moy et mes enfans que ceste liberalité n'eust jamais esté faitte, car, estant payable après le descés dudit feu sieur de Sauvaterre et sur ces biens de France, je esté obligé de faire trois voyages vers ledit lieu d'Avaray et Paris, pour en assurer et recevoir le payement, avecq tant d'ennuy, travail, difficulté et despans que je ne puis m'en souvenir qu'avecq douleur et affliction, sur tout considerant que nostre mariage feust contracté soubs l'esperance que ledit sieur de Sauvaterre me fist concevoir de toute sa succession, laquelle, portant, ayant esté laissée à noble Theophille de Besiade, escuyer, son nepeu, a present seigneur et baron dudit lieu d'Abaray, par le testament du feu sr de Sauvaterre, son oncle, je la luy ay conservée par ma personne, credict et pouvoir et celluy de feu monsieur le mareschal de Gassion, mon frere; et, pourtant, je puis dire, avec verité, que je n'en ay recuilly que des espines poignantes et point de proffet, compensation faitte avecq mes frays, peinnes et vacations.

« Il en est de mesme du laigs fait a moy et a madite femme par le testament du feu sr de Sauvaterre, de la somme de dix et huit mil livres, ce me semble, payable sur le revenu des aydes de Compiegne, année par année, duquel le roy se saisit par le moyen de ses traictans, de telle sorte que j'ay eu une paine incroyable de retirer ladite somme en plusieurs années.

« Et partant, je prie et exhorte madite femme d'agréer que je regle toutes les choses et toutes les pretentions qu'elle peust avoir, a raison des gratifflications dudit feu sieur de Sauvaterre, a la somme de trente six mille livres et que, pour les proffiets et interetz d'icelle, elle se contente de la somme de deux mille livres quy luy sera payée par mondit heritier, annuellement, en deniers comptans, sy mieux elle n'ayme les prendre par la jouissance d'une de mes terres ou plusieurs quy luy rendent le revenu desdites deux mille livres, comme aussy se contenter de la moytié des meubles quy se trouveront en nostre maison de Pau, provenans dudit sieur de Sauvaterre, pour jouir de toutes les choses ainsy reglées avecq toute la justice dont j'ay peu m'adviser, pendant sa vie viduelle, et, en cas de separation, tant seulement, et de trouver bon que tout le reste, par moy acquis et liecquidé, comme dit est, entre dans le partage a faire entre nosdits enfans, et de travailler, comme j'ay fait, avecq l'acistance de mon Dieu, a soustenir et relever l'honneur et le bien de nostre famille.

« En oultre, et les choses s'executant de ceste maniere, je laisse et legue a madite dame et espouse l'habitation de la maison ou j'habitte, presentement, en ladite ville de Pau, comme aussy la jouissance de ma maison de Bergeré, vignes, prés et bois quy en dependent, pour en user avecq la mesnagerie convenable, pendant sa vie viduelle.

« Plus, je laisse et legue a ma fille (1), quy est presentement l'aisnée, par le descés de l'autre et est, a present, nourrie et eslevée par madamoiselle du Saraing, ma cousine germaine (2), femme d'honneur et de bien, et ches elle, tant sur mes biens abitins et acquets que ceux que j'ay receu de ladite dame, ma femme, infus dans mesdits biens, de quelque nature que lesdits biens paternels et maternels puissent estre, presens et advenir, et en quelle part qu'ils soient scitués, soit en tiltre de legitime ou de dot ou autrement, la somme de soixante mille livres, que je veux luy estre payée par madite femme et heritier, lorsqu'elle trouvera son parti de mariage, scavoir : vingt mil livres, le jour de ses nopces; vingt mil livres, un an après, sans interest; et vingt mille livres, aussy, un an apres, aussy sans interest, sans pourtant s'atacher cy fort a ses termes qu'on en reccule un party sortable; et, en oultre, je donne douze cens livres pour les habitz; de toute laquelle somme de soixante mil livres elle et sondit futeur mari octroyeront contract de revertion en faveur de mondit heritier, a la reserve de six mille livres dont elle pourra disposer, par forme d'agencement, en prenent de sondit feuteur mary à proportion et suivant la praticque des mariages d'entre personnes de condition; ayant voulcu, moy, dit testateur, gratiffier de la sorte madite fille, pour la bonne affection que je luy porte, a raison de sa bonne conduitte et affin de luy donner moyen de prendre alience quy puisse faire honneur et appuy au reste de la famille, compozée de grand nombre d'enfans, sans que ceste constitution de dot ou legitime puisse faire consequence, ny prejuge pour les autres. Et, affin que madite fille, quy est hors de ma maison, se puisse entretenir avecq honneur, après mon descés, attandant son party de mariage, je luy donne et legue la somme de mil livres de pention annuelle, sur les interests qui me sont deubs par le pays de Béarn, laquelle somme je prie Mr le thresorier dudit pays payer, annuellement, a madite fille, sur sa simple quittance, moyennant laquelle, ladite somme luy sera desduitte sur lesdits interests et sera payée du capital de soixante mil livres sur mes

(1) Marie de Gassion.

(2) Jeanne de Gassion, femme de M. Mr Pierre d'Arridolle, seigneur d'Osserain, conseiller du roi en la Chambre des comptes de Pau.

biens plus licquides, lesquels je luy affecte speciallement, mesme les capitals deubs par ledit pays, sy mieux n'ayment ma femme et mondit heritier luy payer d'ailleurs, en deniers comptans de bonne foy.

« Plus, declare que j'ay quattre enfans masles, oultre mondit heritier, dont les trois sont escol... au colege de Lescar et le quatriesme est ches moy, et trois filles, oult... ladite Marie, dont j'ay parlé cy dessus. Veux et entends que tous mesdits enfans en nombre de sept, masles et femelles, soient legitimés et dottés, suivant le for et le droit, eu esgard a la portée de mes biens, au temps de mon descés, et eu esgard au nombre desdits enfans, nais et a naistre, sy le cas y eschoit, distraction faitte sur iceux biens de la somme de soixante mil livres par moy donnees a madite fille Marie, comme aussy, seront distraictz sur toute la masse desdits biens, auparavant faire l'estimation d'iceux, tous et uns chascuns les biens que je possede au lieu et terroir de Salies, de quelle nature qu'ils soient, tous lesquels biens je donne et legue a mondit heritier, en telle sorte que pas un de mes autres enfans n'y prenne aucune portion et a la charge, neantmoins, de la substitution graduelle et perpetuelle, ainsy qu'il sera dit cy dessoubs.

« Plus, veux et entends que sur toute la masse desdits biens, exceptés ceux de Salies, ainsy donnés, soit prinse la somme de dix mil livres, auparavant faire ladite estimation pour legitimer et dotter mesdits enfans, laquelle somme de dix mil livres je donne et legue a mondit fils Theophille de Gassion Bergerer (sic), mon second fils, oultre la legitime quy luy sera reglée par ladite estimation, a cause de l'affection particuliere que je luy porte et pour en disposer pour l'achapt de quelque charge honorable, au jugement de mondit heritier, de ladite dame, sa mere, et de mes executeurs testamentaires. Neantmoins, du surplus de la legitime et dot, tant ledit Theophile que mes autres enfans masles et femelles octroyeront carthe de tornedot, sans aucune diminution, sauf a l'esgard des filles, quy pourront disposer de trois mille livres en faveur de leurs maris, par forme d'agencement, en prenant le double, suivant la coustume. Veux et entends que les masles soient payes de leurs legitimes a l'age de vingt et cinq ans et les filles a dix et huict, en trouvant leurs partis de mariage et que, cependant, ils soient nourris et entreteneus par madite femme et heritier, selon leur naissance et condition.

« Je suis obligé de remettre les legitimes et dotz de mesdits enfans a l'estimation de mesdits biens, en l'estat qu'ils seront, lors de mon descés, et d'ordonner qu'ils soient reglés suivant le for et le droit, dans le peu de loisir que j'ay de bien examiner et juger moy mesme ce quy leur peust appartenir avecq justice et selon les loys de la province de Bearn, par lesquelles tout bon pere de famille est sollicité de maintenir sa maison dans tous les advantages d'honneur et de biens qu'il y peust laisser. C'est pour-

quoy, j'exorte aussi tous mesdits enfans a contribuer, pour cella, tout ce
quy despandra d'eux, pour porter mon nom avecq le luxtre et esclat que
luy ont donné leurs parents.

« Ce fait, institue mon heritier general et universel de tous mes biens
presens et que j'auray, le jour de mon desces, Pierre de Gassion, mon fils
aisné, à la réserve des dispositions par moy faittes en ce mien testament,
lequel je luy ordonne d'executer de bonne grace, d'honorer ladite dame, sa
mere, aymer et cherir ses freres et sœurs de tout son cœur; et a tous eux
aussy, reciproquement, de cherir et aymer leurdit frere mon heritier. Plus,
je substitue audit Pierre, mon heritier, Theophille de Gassion Bergere, mon
fils second, et a celluy cy Henry Camou, troisiesme fils, et audit troisiesme,
le quatriesme appellé le chevalier (1); et ainsy consecutivement, l'autre
masle, et apres les masles les filles aussy successivement, suivant l'ordre
de leur naissance, et veux que lesdites substitutions ayent lieu graduelle-
ment et perpetuellement en tous temps et en tous ages, en deffaut d'enfans
seulement, à la reserve de la somme de vingt mil livres dont mondit heritier
pourra disposer en faveur de quelque mariage, par testament ou pour
quelque advantage d'honneur qu'il pourroit acquerir avecq ladite somme,
prohibant la quarte tant a luy que a tous mes autres enfans, sauf les reser-
ves faittes par mondit testament en faveur de quelques uns d'entreux.

« Les gages de mes domestiques et les payemens qu'ils en ont versés
sont contenus en mon libre de raisons, et ce quy leur sera deub, lors de
mon desces, leur sera payé par madite femme et mondit heritier, speciale-
ment au cocher et postillon, sur le compte que j'en ay fait et quy est dans
ma cassette dorée, leur ayant menagé leurs gages tout autant que leur
façon de vie l'a peu permettre.

« Je donne et legue, oultre lesdits gages, à Peyrelongue, mon maistre
d'hostel, la somme de trois cens livres, et a Monseur cent cinquante livres,
auquel, d'ailleurs, je donné, cy devant, cent livres pour le service rendeu
a feu monsieur l'evesque d'Holoron (sic), mon frere.

« Veux et entends que ce mien testament, quoy que fait a la haste, soit
executé suivant sa forme et teneur, et a ces fins, qu'il soit insinué et enregistré devant les juratz de ceste ville de Pau, et estandeu tout de long dans
leurs registres, pour servir speciallement a l'effaict de ladite substitution
graduelle et perpetuelle y contenue.

« Nomme pour mes executeurs testamentaires, monsieur de Gassion,
maistre de comptes, mon oncle (2), mons' Dusaraic, mon allié et bon
amy (3), lesquels je supplie d'accepter ceste nomination pour l'amour de

(1) Jean de Gassion.
(2) Henri de Gassion, mort vers 1660.
(3) Pierre d'Arridolle, seigneur d'Osserain.

moy. — Fait à Pau, dans mon cabinet, ledit jour, cinquiesme octobre mil six cent cinquante huict. Ainsy signé : Gassion, quy est signé, aussy, en marge et a la fin de chasque page.

« Et d'autant que Monsieur de Bordenave (1) a tousjours aymé ma personne et ma famille et que je ai tousjours eu pour luy beaucoup de bonté et d'affection, je le prie de vouloir continuer ses assistances a madite femme et enfans en toutes leurs affaires dont il a une parfaitte cognoissance, et madite femme et enfans de le considerer, toute sa vie, comme personne fort attachée à leur bien et advantage.

« D'ailleurs, je laisse, pour le dernier article, ce quy regarde madame la presidente de Gassion, ma bonne mere, pour le faire mieux remarquer a madite femme et enfans, comme chose que je desire passionnement, scavoir qu'ils prennent un soing tres particulier de sa personne, l'honnorant et la servant de tout leur pouvoir, luy fournissant abondament tout ce quy luy sera necessaire, s'accomodant à son humeur et a la foiblesse de son age en toutes les façons qu'elle voudra, en telle sorte qu'elle en soit contente et tout le monde edifié de leur procedé en leur endroict (sic). Je les en prie, desrechef, de tout mon cœur et par toutes les passions de mon ame, et que ce soit le poinct de ce mien testament le mieux executé. — Fait à Pau, en mondit cabinet, ledit jour, cinquiesme octobre mil six cent cinquante huict. — Escript en quatre feuilles de papier, comprinses la presente, sans compter les deux feuilles blanches quy restent en suitte. — Signé : Gassion (2). »

Le 6 mai 1648, Jean de Gassion avait obtenu un arrêt du Conseil du roi le confirmant dans la jouissance des droits domaniaux qu'il possédait à Salies et érigeant en baronnie, à son profit, la seigneurie de Camou, au pays de Mixe (3). Au mois de février 1660, Louis XIV unit et incorpora la baronnie de Camou à plusieurs seigneuries appartenant à Jean de Gassion et créa en sa faveur le marquisat de Gassion. — Voici les lettres patentes qui furent expédiées à ce sujet :

Louis, par la grace de Dieu roy de France et de Navarre, a tous presens et a venir salut. Sy les hommes genereux sont ordinairement

. . .

(1) Jean de Bordenave, praticien, qui fit insinuer et enregistrer le testament dont s'agit. devant les jurats de Pau, le 14 décembre 1663, comme fondé de procuration du marquis Pierre de Gassion, fils et héritier du président.

(2) Archives des Basses-Pyrénées, e. 2050, f° 198.

(3) *Bulletin de la société des sciences, lettres et arts de Pau*, IIe série, 1886-1887, page 220; — *Registre des enregistrements de la Chambre des comptes*, page 347. (Bibliothèque de M. l'abbé Dubarat.)

jaloux de la gloire et qu'ils preferent le soing de la meriter a leur conservation, que les uns la cherchent dans les perilz de la guerre et les autres dans
les serieuses occupations des grandes affaires et que tous conspirent a une
mesme fin; la grandeur d'un Estat et l'interest qu'a le prince d'exciter ses
sujetz a la vertu par les marques de sa reconnoissance, nous obligent d'en
donner de la nostre au merite de notre amé et féal conseiller ordinaire en
nos Conseils, president en notre Cour de parlement de Navarre, messire
Jean de Gassion, et d'honnorer, en sa personne, la memoire de tant d'illustres personnages de sa maison qui se sont immortalisez par leurs belles
actions et par les grands services qu'ils ont tousjours rendus a leurs souverains et a cet Estat. — Arnaud de Gassion, par ses rares qualitez, merita
l'entiere confiance qu'eut en luy Catherine, reyne de Navarre, comme
intendant de sa maison et de ses affaires. Il administra son revenu avec
tant de soin et d'integrité, qu'elle subsista, pendant sa vie, dans la splen-
deur de sa naissance, sans craindre ses voisins et sans fouler ses sujetz ; et,
comme gouverneur de la ville et chasteau de Sauveterre, il conserva la
frontiere de Bearn et ne donna pas de moindres preuves de son courage et
de son experience dans les armes, en plusieurs exploitz de guerre qui l'exer-
cerent contre les Espagnols, qu'il en avoit donné de sa prudence par ses bons
avis, dans le Conseil de cette princesse. Jean de Gassion, son filz, elevé
sous les instructions d'un tel pere, acquit par ses vertus la bienveillance
d'Henry second, roy de Navarre, fut employé par luy en diverses negotia-
tions importantes sur les differends qui se rencontroient, alors, entre sa
couronne et celle d'Espagne ; et, comme le malheur des armes feit ce prince
prisonnier des ennemis de la France devant Pavie, les Estatz de Bearn le
choisirent comme l'un des plus intelligens d'entr'eux pour aller traiter de
sa rançon, et son adresse seconda sy heureusement le zele qu'il avoit pour
la liberté de son maistre, qu'au lieu de la rançon qu'on luy demandoit, il
supposa un page dans le lit de ce prince, et, pendant que ses gardes le
croyoient endormy, il s'avançoit, pour sortir du pays ennemy et pour asseu-
rer sa delivrance (1). Paul et Henry de Gassion, avec chascun un regiment
qu'ils commandoient en la bataille de St Quentin, signalerent par leur mort,
en cette importante occasion, leur courage et leur fidellité. Les actions d'un
autre Jean de Gassion, mestre de camps d'un regiment dans les trouppes
auxiliaires que [le roi Henri II] envoya en Escosse, pendant le desordre de
ce royaume, ne luy donnerent pas une fin moins glorieuse. Hugues de
Gassion, par ses recommandables services, pendant la Ligue, eut le gou-

---

(1) On voit que l'abbé de Pure et Moréri ont utilisé les renseignements
fournis par ces lettres patentes, lorsqu'ils ont écrit la généalogie des
Gassion.

vernement de la ville et du chasteau de Nantes et signala son zele pour
l'Estat en relachant le comte de Soissons qu'il y tenoit prisonnier de
guerre..... (1). [Le] genie de cette illustre famille n'a pas moins esclaté
sous la robbe qu'avec l'espée : Jean de Gassion, procureur general au
Conseil souverain de Navarre, ayant appris que Na·   (2) alloit estre
assiégée par les ennemis de Jeanne, reyne de Navarre, et que, sans une
resistance extraordinaire, la perte en estoit infaillible, il se jetta delans.
La mort du gouverneur de la place, estant survenue en cette occasion, il
soutint le siege avec tant de vigueur, qu'estant fortifié du secours qu'on
luy donna, il contraignit les ennemis d'abandonner leur entreprise et de se
retirer honteusement, les poursuivit dans leur retraitte, en prit une partie
prisonniers et espouvanta tellement l'autre, qu'elle se noya, en passant la
riviere. Cette princesse, voyant tant de cœur et de conduite en une personne
de cette profession, creut ne luy pouvoir donner un moindre effet de sa
reconnoissance, qu'en l'elevant a la charge de p esident en son Conseil
souverain. Sa prudence le fit encores parvenir a celle de chef du conseil
secret d'Henri troisiesme, roy de Navarre, son filz et notre ayeul, et il luy
rendit de sy notables services, qu'il fut non seulement honnoré de son entiere
confiance, mais aussy de la fonction de premier president au Conseil souverain de Navarre et de Bearn. — Jacques de Gassion, son filz, estimé pour
sa capacité, pour son eloquence et pour tant d'autres belles qualitez dont il
estoit pourveu. servit dignement, a l'exemple de son pere, en exerceant,
apres luy, les charges de procureur general et de president de ce Conseil,
qu'il avoit tenues. — Henry, filz de Jean, honnoré de ce nom, en son
baptesme, par Henry Le Grand, nostre ayeul, n'a pas donné de moindres
preuves de sa bonne conduite et de sa fidellité que de sa prudence, en
exerceant la charge de maistre et doyen en nostre Chambre de comptes
de Navarre et celle de conseiller d'estat, servant ordinairement aupres
des gouverneurs et de nos lieutenants generaux, en Navarre et Bearn,
pour les affaires generalles et particulieres de ce pays. — De ces quatre
personnages, qui ont esté considerez par leurs merites dans la profession
de la robbe, les enfans qui en sont sortis et leurs oncles ont tous
donné de sy glorieuses marques de leur generosité dans les diverses
occasions que la guerre d'entre les deux couronnes.......... (3) leurs
emplois ont offert a leur valeur, que le nombre de leurs années est bien
moindre que celuy des combats et des actions qui les ont fait admirer de
nos ennemis mesmes. A Magnicourt, en la deffaite de l'armée ennemie

---

(1) Il y a, à cet endroit, quelques mots que nous n'avons pu lire.
(2) *Navarreux.*
(3) Passage illisible.

commandée par le marquis de Valedons ; devant la ville d'Ayre (1), et, apres que cette place fut prise et que les ennemis se servirent de nos retranchemens pour la reprendre, Jacob de Gassion Bergeret, fils de Jacques, president, donna tant de preuves en ces deux occasions, qu'avec la compagnie de chevaux legers qu'il commandoit dans le regiment du collonel de Gassion, son frere, il partagea la gloire de ce premier exploit avec luy, et, en l'autre, eut l'avantage, a la teste de sa compagnie, d'arrester l'armée des Espagnols, malgré leurs efforts et les diverses blesseures qu'il y receut, et de donner temps a la nostre et aux grands du royaume, qui estoient dedans, de faire une seure et honnorable retraitte. On ne vit pas de moindres preuves de son courage a Gravelines, Courtray et en d'autres places, sur la rivier du Lis et en divers rencontres qui s'offrirent, pendant les sieges de ces places, en commandant la cavallerie legere, qu'aux precedentes, et, pour comble de gloire, il finit sa vie par ses blesseures, dans la genereuse ardeur qui animoit sa fidellité. — Jean de Gassion, collonel, commencea, des l'aage de seize ans, a s'exercer dans la profession des armes ; donna les premieres preuves de son courage au pas de Suze et au siege de Cazal ; passa de la dans l'armée du feu roy de Suede, nostre allié, avec la compagnie de chevaux legers qu'il commandoit ; acquit, par sa valeur, en peu de temps, l'estime de ce prince et le commandement de la compagnie destinée à la garde de sa personne ; emporta, en la bataille de Lutzin (2), par l'aveu de ce roy, l'honneur d'avoir eu la meilleure part a la victoire ; et, en la journée de Nuremberg, par un combat inopiné, feit passage au roi de Suede, au travers des trouppes de Valstein (3), dont le camp suedois se trouvoit investi ; prit, ensuite, la ville de Frinstac ou ce generalissime avoit touttes ses munitions ; et deffit les troupes du collonel Fiston, grand homme de guerre, en un combat qui passa plustost pour un prodige que pour une entreprise humaine. La mort du roi de Suede estant survenue en 1635, il passa dans le royaume, avec son regiment, joignit l'armée commandée par le mareschal de La Force et, depuis, continua de nous servir et cet Estat jusques a sa mort, tant en Allemagne et Flandres et en Picardie qu'en Normandie et partout ou les commandemens du feu roy et les nostres l'obligerent d'aller. Sa valeur ne pouvant estre sans....... (4). Il donna tant de combatz, deffit tant d'ennemis, enleva tant de quartiers, fit tant de prisonniers de qualité et prit autant de places qu'il creut en pouvoir forcer, secourut [Rocroy], eut l'honneur de la victoire qu'emporta le duc d'An-

---

(1) Aire.
(2) Suse ; Casal ; Lutzen.
(3) Wallenstein.
(4) Passage illisible.

guin (1) sur dom Francisco de Melos, devant cette place, et fit voir, enfin,
partout, que son bonheur ne venoit pas du hazard, mais qu'il sçavoit aussy
bien l'art de vaincre que celuy de surprendre les ennemis. Après tant
d'importans services et tant de marques d'une insigne valeur, Nous jugeas-
mes, avec l'avis de la reyne, nostre tres honnorée dame et mere, alors
regente de ce royaume, que nous ne les pouvions plus dignement reconnois-
tre qu'en creant officier de nostre couronne celuy qui en avoit sy glorieu-
sement soutenu les interestz et la reputation. Nous le feismes, des lors,
mareschal de France. Comme les hommes genereux s'enflament par le
plaisir de l'honneur qu'on leur rend et qu'ils pensent moins aux perilz des
grandes entreprises qu'à la gloire de les surmonter, estant, en cette qualité,
nostre lieutenant general en l'armée que commandoit nostre tres cher oncle
le duc d'Orleans, il prit le fort Philipes qu'on avoit, jusques alors, creu
imprenable, contribua, en la prise de Gravelines, sous son authorité, tout
ce que l'imagination et la grandeur de courage pouvoient concevoir pour
faire reussir cette entreprise, et obligea les ennemis à se rendre du costé de
son attaque; mais ce ne fut pas sans porter des mar...es de leur resistance,
parce qu'il y fut blessé d'un coup de mousquet et de plusieurs bombes et
grenades qui le mirent en danger de perdre la vie. Sa hardiesse et sa prudence ne parurent pas moins au passage de la Coline (?) ou fut nostre
oncle, pour favoriser le prince d'Orange, que les ennemis incommodoient,
par le moyen des fortz qu'il prit sur eux, qu'à la conservation, pendant
l'hyvert, des autres places, en Flandres, qu'il avoit reduites sous nostre
authorité et dont nous composasmes un gouvernement que nous ne peus-
mes confier qu'à luy seul. Et, apres tant d'actions heroiques, que l'histoire
marquera sans doute soigneusement, pour servir d'exemple a la posterité, la
vie de ce grand homme finit par une mousquetade qu'il receut a la teste,
au siege de Lans (2), apres avoir reduit cette place a l'extremité, et nous
perdismes, par ce funeste accident, un appuy que la France ne doit pas
moins regretter que nous. Comme le souvenir nous en est tousjours present et que nous desirons laisser au chef de cette illustre famille et a sa
posterité quelques marques de la veneration que nous portons a la memoire
du deffunt et de ses ancestres et de la consideration que nous devons aux
recommandables services que nous a rendus ledit sieur president, son
frere, tant en exerceant les charges de nostre advocat general et de president en nostre parlement de Navarre, qui luy font meriter l'honneur d'entrer en nos Conseils, en qualité de nostre conseiller d'Estat ordinaire, qu'en
l'intendance de la justice, police et finances de nos pays de Navarre et

(1) *Enghien.*
(2) *Lens.*

Bearn et gouvernement de Bayonne et a ceux qu'il continue encores de nous rendre, en cette compagnie; que nous avons sceu qu'il possedoit des terres et seigneuries des plus considerables de ce pays et d'un grand revenu; que la terre et baronnie de Camou a droit de justice, de greffe, de lotz et ventes, de prelation, de fiefs et dixmes, droitz de presentation, autres devoirs seigneuriaux et moulins en dependans; que les dixmes des parroisses voisines de Susast, Sussaute, Ilharre, Ribareyte et autres luy appartenoient, et pareillement la terre et seigneurie de Bonnefont, d'Abitens, avec les mesmes droitz de justice et autres en dépendans, les chasteaux de St Vincent et St Martin de Salies, bailies, greffes, fiefz, lotz et ventes, peages, dixmes, moulins, et qu'avec les terres et seigneuries d'Audaux, Marsan, Narp, Oriulle et partie de la seigneurie d'Ossenx, avec leurs justices, les dixmes entieres de ladite parroisse d'Ossenx et de celles de Castelbon et de Buncus et droitz de presentation, la terre et seigneurie de Meritens (1), avec tous les mesmes droitz seigneuriaux, tous en un tenant, elles composent touttes ensemble le revenu d'environ trente mil livres, par an, et dans les plus beaux droitz de justice et tous autres qui soient possedez par les plus grands seigneurs dudit pays de Bearn de quelque condition qu'ils soient; Nous avons estimé ne pouvoir rien faire qui luy soit plus agreable que d'elever et decorer ladite baronnie et les autres terres et seigneuries, cy dessus declarées, en dignité de marquisat. Nous, POUR CES CAUSES et autres bonnes et grandes considerations, a ce nous mouvans, de l'avis de la reyne, notre tres honnorée dame et mere, de notre tres cher frere unique le duc d'Anjou et d'autres grands et notables personnages, de notre grace specialle, plaine puissance et authorité royalle, avons la susdite baronnie de Camou, chasteaux de St Vincent et St Martin de Salies, terres et seigneuries de Bonnefont, d'Abitens, d'Audaux, Marsan, Narpt, Orriulle, Meritens, Ossenx en sa partie, fiefz, justices, greffes, bailies et tous autres droitz des parroisses, cy dessus nommez, appartenant audit sieur president de Gassion et ainsy que lesdits droitz sont specilliez, unis et incorporez ensemble, et le tout créé, erigé et eslevé, ercons, erigeons et eslevons par ces presentes, signées de notre main, en tiltre, nom, dignité et preeminence de marquisat, qui sera désormais nommé le marquisat de Gassion, lequel sera tenu de nous, sous ce tiltre, à cause de nos pays de Navarre et de Bearn; pour en jouir, desormais, par ledit sieur president de Gassion, ses

(1) *Suhast*, village, commune de Camou-Mixe; *Sussaute*, village, commune d'Arbouet; *Ilharre*, commune du canton de Saint-Palais; *Rivareyte*, village, commune d'Osserain; *Bonnefont d'Abitain*, fief, commune d'Abitain; *Les Marsains*, fief, commune d'Audaux; *Narp, Orriule, Ossenx, Castelbon*, communes du canton de Sauveterre; *Bugnein (et non Buncus)*, *Méritein*, communes du canton de Navarrenx.

hoirs masles, successeurs et ayans cause, pleinement, paisiblement et perpetuellement et a tousjours, en tiltre, nom et qualité de marquis de Gassion, avec tous les honneurs, droitz, prerogatives et preeminences y appartenans, tant en fait de guerre qu'assemblée de noblesse et autrement, tout ainsy qu'en jouissent et ont accoustumé d'en jouir les autres marquis de notre royaume, mesmes porter sur leurs armes et blasons les marques appartenans a cette qualité. Voulons que les soumis, tenanciers, vassaux et autres tenans noblement ou roturierement desdites terres et seigneuries, quand ils feront leur foy, sermens et hommages et bailleront leurs aveus et denombremens audit sieur de Gassion et a ses successeurs, les fassent et baillent, en tiltre de marquis, et, semblablement, tous autres actes et reconnoissances qui se feront cy apres, sans, toutefois, que, pour la mutation des tiltres et qualitez, lesdits vassaux et tenanciers desdites terres soient tenus a autres charges et devoirs que ceux qui sont deus jusques a present, ny que, pour raison de ce, nos droitz et devoirs qui nous peuvent estre deus en puissent estre diminués, et sans, aussy, que pour raison de cette erection et a faute d'hoirs males, l'on puisse pretendre lesdites terres, seigneuries et parroisses susdites devoir estre reunies a notre couronne. Voulons, seulement, ce cas arrivant, que ledit tiltre de marquisat demeure esteint et supprimé et que lesdites terres retournent au mesme estat et sous le mesme tiltre qu'elles estoient, avant la presente erection, nonobstant quelques ediz et ordonnances, mesmes celles du mois de juillet 1566 et autres portans reunion a notre domaine des duchez, marquisatz et comtez, faute d'hoirs, qualitez ausquelles et a la derogatoire desquelles derogatoires y contenues nous avons derogé et derogeons par ces presentes. Sy, donnons en mandement a nos amez et feaux conseillers les gens tenans notre Cour de parlement de Navarre, Chambre des comptes de Pau et autres [cours et juridictions] qu'il appartiendra, que ces presentes ilz ayent à faire lire, publier et enregistrer et tout ce qu'elles contiennent garder et observer et en faire jouir ledit sieur de Gassion, ses hoirs masles, successeurs et ayans cause, plainement, paisiblement et perpetuellement, cessant et faisant cesser tous troubles et empechemens [quelconques]; car tel est nostre plaisir. Et affin que ce soit chose ferme et stable a tousjours, nous avons fait mettre notre scel a cesdites presentes, sauf, en autre chose, nostre droit et l'autruy en tout. — Donné à Thoulon (1), au mois de fevrier, l'an de grace mil six cens soixante et de notre regne le dix septieme.

    (Signé :) « Louis. — Par le roy. (Signé :) *Illisible*. — Visa. — Registré au greffe des expeditions de la grande chancellerie par moy, conseiller secretaire du roy, greffier desdites expeditions, a Paris, ce dernier fevrier mil six cent soixante. — (Signé :) Pinson.

(1) *Toulon.*

« Les presentes letres ont été leues, publiées et enregistrées es registres de la Chambre des comptes de Navarre, ouy et consentant le procureur general du roy, par arrest de ce jourd'huy, dont a esté ordonné a nous, conseiller du roy greffier, tenir et retenir le present acte. — Pau, septiesme fevrier (?) mil six cent soixante un. — (Signé :) Desom (1). »

Jean de Gassion, IIe du nom, mourut dans son château d'Arbus, le 9 novembre 1663, et fut enterré dans la chapelle de Gassion, dans l'église Saint-Martin de Pau (2). Son testament fut ouvert, le 10 décembre suivant, pardevant Daniel d'Abbadie d'Oroignen, conseiller du roi au parlement de Navarre, et lu en présence de M. Jean de Colomme, conseiller du roi en la Cour, et de noble Pierre d'Arridolle, sieur d'Arroquain, parents de la dame marquise de Gassion, sa veuve ; des sieurs Louis de Gassion, seigneur de Gayon, conseiller et maitre des comptes ; Raymond d'Espalungue et Timothée de Gassion-Lagarde, oncle et cousins germains de messire Pierre, mar-

---

(1) Archives de Basses-Pyrénées, E. 980 (parchemin).

(2) « Le neufieme novembre 1663, est decedé [messire] Jean de Gassion, president au parlement [de Navarre] et conseiller du roy en ses Conseils, marquis dudit [lieu], seigneur et baron d'Arbus et autres places, ayant esté confessé et receu tous les sacremens, par moy, dans le chasteau dudit Arbus. (Signé :) de Sanson, p^tre et vicaire. » (Archives d'Arbus, *Etat civil*, 1654-1679, f° 41, v°). — « L'an mil six cents soixente trois et le neuf-vieme novembre, messire Jean de Gassion, conseiller du roy en ses Conseils et president au parlement de Navarre, deceda, ayant receu le sacrement de penitence, le viatique du corps adorable de nostre redempteur et l'extreme onction. Son corps est enseveli dans l'eglise St Martin, au sépulchre de la famille de Gassion, en sa chapelle, et les offices ont esté faits, le jour de son enterrement, pour le repos de son ame, par messieurs les chanoines de l'eglise cathedrale de Lascar et ont esté continuez par moy. (Signé :) Lajournade, recteur de Pau. » (Archives de Pau, *Etat civil*, GG. 5, f° 3, v°.) — On lit dans les *Notes secrètes sur le personnel de tous les parlemens et cours des comptes du royaume, envoyées par les intendans des provinces à Colbert, sur sa demande, vers la fin de l'an 1663* : « I. — Parlement de Navarre : Présidens : M. M..... Gassion, *mort depuis un mois.....* » — On voit, par cette note, que les renseignements fournis sur les magistrats béarnais doivent porter la date du mois de décembre 1663. (Depping, *Correspondance administrative, sous le règne de Louis XIV*, tome II, Paris, imprimerie nationale, 1851, page 114.)

quis de Gassion, fils et héritier du défunt. Ce même jour, noble Jean-Jacques de Besiade, sieur d'Oréite, chanoine de Lescar, agissant au nom de dame Marie de Besiade, marquise de Gassion, déclara ne point acquiescer audit testament (1). — Jean de Gassion, II⁰ du nom, avait eu de Marie de Besiade, qui testa, le 29 mars 1676, et mourut à Pau, le surlendemain, 31 mars (2) :

1° Pierre de Gassion, dont l'article suit ;

2° Théophile, comte de Gassion, né à Pau, le 15 août 1642, baptisé dans l'église Saint-Martin de cette ville, le 6 janvier 1649 ; il eut pour parrain, messire Théophile de Besiade, baron d'Avaray, et pour marraine, dame Jeanne de Gassion, femme du sieur Henri de Montesquiou d'Artagnan (3). — Lieutenant aux gardes, en 1663, capitaine de chevau-légers, en 1665, Théophile de Gassion mourut à Pau, le 29 décembre 1669 (4) ;

3° Henri de Gassion, né à Pau, le 16 juillet 1645, baptisé dans l'église Saint-Martin de cette ville, le 6 janvier 1649 ; — parrain : messire Henri de Gassion, doyen de la Chambre des comptes de Navarre ;

---

(1) Archives des Basses-Pyrénées, E. 2050, f⁰ˢ 206, v°; 207, v°, et 215, v°.

(2) Archives des Basses-Pyrénées, E. 2080, f° 44. — « Le dernier de mars mil six cents septente six, dame Marie de Besiade, veuve a feu messire Jean de Gassion, president au parlement de Navarre, deceda, munie du sacrement de la sainte penitence, du sacré viatique, du corps de nostre redempteur et de l'extreme onction. Son corps a esté inhumé dans le tombeau de la maison de Gassion, dans l'eglise S¹ Martin, et les saints offices ont esté faits pour le repos de son ame par moy. (Signé :) Lajournade, recteur de Pau. » (Archives de Pau, *Etat civil*, GG. 5, f° 62.)

(3) Communication de M. le pasteur Ch.-L. Frossard. (Lettre datée de Bagnères-de-Bigorre, 6 novembre 1895.)

(4) « Le vingt neufvieme decembre mil six cents soixente neuf, noble Théophile de Gassion deceda dans la communion de l'eglise, muny des sacremens de la sainte penitence, du saint viatique, du corps de nostre seigneur et de l'extreme onction. Son corps fut ensevely dans le tombeau qui est dans la chapelle de Gassion, en l'eglise S¹ Martin, et les divins offices furent celebrez pour le bien et le repos de l'ame du susdict défunt, suivant la pratique de l'eglise, par moy. (Signé :) Lajournade, recteur de Pau. » (Archives de Pau, *Etat civil*, GG. 5, f° 28, v°.)

— marraine : dame Marie de La Salle, sa femme (1). — Appelé *le comte de Gassion*, après son frère Théophile, Henri de Gassion était sous-lieutenant au régiment des gardes, en 1663, et capitaine de cavalerie, en 1665. Devenu major du régiment d'Ollier, il donna quittance, le 20 octobre 1674, en faveur de M' Nicolas Le Clerc, conseiller du roi, trésorier général de l'extraordinaire des guerres et cavalerie légère, de la somme de 264 livres, destinée à l'état-major de son régiment, pendant les mois de septembre et octobre 1674 (2). — Plus tard, brigadier des armées du roi et enseigne des gardes du corps de Sa Majesté, Henri de Gassion fut tué à la bataille de Neerwinden, en 1693 ;

4° Jean de Gassion, né à Pau, le 23 avril 1647, baptisé dans l'église Saint-Martin de cette ville, le 6 janvier 1649, et tenu sur les fonts par Bertrand de Gassion et damoiselle Philippe de Gassion, veuve de M. Louis de Colom, syndic de Béarn (3). — Commandeur d'Ordiarp, en Soule, le 21 janvier 1663, il le resta peu de temps (4) et abandonna l'état ecclésiastique pour suivre la carrière des armes. Connu, d'abord, sous le titre de *chevalier de Gassion*, puis, sous celui de *comte de Gassion*, il fut nommé « cornette de la compagnie de Sourdis, le 8 octobre 1667. Réformé, le 26 mai 1668, il leva une compagnie de cavalerie dans le régiment de Gassion, le 3 mars 1672 ; se trouva à tous les sièges que le roi fit en personne ; passa, avec sa compagnie, dans le régiment de cavalerie de la reine, par ordre du 1ᵉʳ octobre ; servit, pendant l'hiver, sous M. de Turenne ; contribua, au mois de février 1673 (5), à la prise des places que ce général enleva à l'électeur de Brandebourg,

(1) Lettre de M. Ch.-L. Frossard, du 6 novembre 1895.

(2) Bibliothèque Nationale, *Pièces originales*, volume 1289, n° 29.029, dossier DE GASSION, n° 21 (parchemin).

(3) Lettre de M. Ch.-L. Frossard, du 6 novembre 1895.

(4) Abbé V. Dubarat, *La commanderie et l'hôpital d'Ordiarp*. (*Bulletin de la société des sciences, lettres et arts de Pau*, IIᵉ série, 1885-1886, pages 238 et 239.)

(5) 14 avril 1673 : Quittance, sur parchemin, de la somme de 2.000 livres, en louis d'or, louis d'argent et monnaie, pour sa compagnie, consentie par Jean de Gassion, chevalier, capitaine d'une compagnie de cavalerie du régiment de la reine, en faveur de Mᵉ Louis Jossier, sieur de La Jonchère, conseiller du roi, trésorier général de l'extraordinaire des guerres et cavalerie légère. (Bibliothèque Nationale, *Pièces originales*, vol. 1289, n° 29.029, *verbo* DE GASSION, n° 19.)

et finit la campagne sous le même général. — Incorporé avec sa compagnie dans le régiment d'Auvergne, par ordre du 1ᵉʳ mars 1674, il combattit, sous M. de Turenne, à Silzheim, à Ensheim, à Muhlhausen, la même année; à Turkheim, en janvier 1675. Devenu premier capitaine et major de son régiment, le 31 mars, il continua la campagne en Allemagne; combattit à Altenheim, après la mort du maréchal de Turenne; obtint, par commission du 20 août, le régiment de cavalerie dont il était major, sur la démission du comte d'Auvergne; contribua à faire lever aux ennemis les sièges d'Haguenau et de Saverne. Il combattit à Kokesberg, sous M. de Luxembourg, en 1676. Il était, en 1677, sous le maréchal de Créquy, à la canonnade du camp du prince de Lorraine, à la défaite du prince de Saxe Eisenach, au siège de Fribourg. Il fut fait premier enseigne de la compagnie des gardes du corps (aujourd'hui Villeroy), par retenue du 7 octobre; servit au siège de Gand et d'Ypres, en 1678; finit la campagne en Allemagne, se trouva à la prise de Kehl et de Lichtemberg; à l'armée qui couvrit le siège de Luxembourg, en 1684 (1). — Il devint troisième lieutenant en sa compagnie, le 20 janvier 1687; fut créé brigadier, le 24 août 1688; gouverneur de Dax, de Saint-Sever et du cap de Gascogne, au mois de février 1689. Il servit en Allemagne, la même année et en 1690; en Flandre, en 1691, il se distingua au combat de Leuze; devint deuxième lieutenant de sa compagnie, le 25 octobre; maréchal de camp, par brevet du 17 avril 1692. Employé sur les côtes de Normandie, sous le maréchal de Bellefonds, par lettres du 30, il y servit, toute la campagne. Employé à l'armée de Flandre, sous le maréchal de Luxembourg, par lettres du 27 avril 1693, il combattit à Neerwinden, à la tête de la maison du roi; servit au siège de Charleroi; fut nommé pour commander en Hainaut, sous le comte de Guiscard, par ordre du 29 octobre; obtint le gouvernement de Mézières, par provisions du 3 novembre, et devint premier lieutenant de sa compagnie, le 16 du même mois. Il accompagna Monseigneur, en 1694, à la fameuse marche de

(1) 21 décembre 1684 : Quittance, sur parchemin, de la somme de 600 livres, montant de ses appointements pendant les quatre derniers mois de ladite année, consentie par Jean, chevalier de Gassion, enseigne des gardes du corps du roi, en faveur de Mᵉ François Le Maire, sieur de Villeromard, conseiller du roi, trésorier général de l'extraordinaire des guerres et cavalerie légère. (Bibliothèque Nationale, *Pièces originales*, vol. 1289, n° 29, 029. *verbo* DE GASSION, n° 24.)

Vignancourt, au pont d'Espierre, et commanda sur la frontière du comté de Namur, pendant l'hiver, par ordre du 2 novembre. Il se trouva, en 1695, au bombardement de Bruxelles. — Lieutenant général des armées du roi, par pouvoir du 3 janvier 1696, il fut employé, cette année et en 1697, en Flandre; il servit, cette dernière année, au siège et à la prise d'Ath; au camp de Coudun, près Compiègne, par lettres du 13 août 1698, à l'armée de Flandre, sous le maréchal de Boufflers, par lettres du 30 mai 1701, et commanda, pendant l'hiver, à Bruxelles et dans les environs, par ordre du 22 octobre. Employé à la même armée, par lettres du 21 avril 1702, il contribua à la défaite d'un corps hollandais qu'on poussa jusque sous Nimègue; commanda, pendant l'hiver, dans le pays de Waës, par ordre du 17 novembre. — A la même armée, en 1703, il combattit à Eckeren. Détaché, ensuite, avec un corps séparé, il éloigna les ennemis de Rethem, consomma tous les fourrages des environs. Il marcha au secours de l'armée de Bavière, en 1704, après la bataille d'Hœchstœdt. — Il quitta les gardes du corps, au mois de mars 1705; servit en Flandre, jusqu'en 1712; fut employé tous les hivers; combattit à Ramillies, en 1706; à Oudenarde, en 1708; à Malplaquet, en 1709, il y chargea trois fois les ennemis, à la tête de la maison du roi. En 1711, il surprit le camp des ennemis sous Douai, le mit au pillage. Une partie des troupes, qui y étaient, fut tuée, le reste se dissipa ou se sauva dans Douai : on enleva treize cents chevaux, plusieurs étendards, des timbales. Le comte de Gassion rejoignit l'armée sans être poursuivi. — Il continua d'être employé, en 1712, mais il tomba malade, avant le siège de Douai, et mourut l'année suivante, à Paris (26 novembre 1713), sans avoir contracté d'alliance (1). » Il était âgé de 66 ans et sept mois (2). — « Jean de Gassion. lieutenant général des armées du roy, lieutenant d'une compagnie des gardes du corps de Sa Majesté, gouverneur de Mézières, de Dax et de Saint-Sever, » avait déposé, le 19 juin 1697, le blason suivant, qui fut enregistré, le 28 juin de la même année : « *écartellé : au premier et quatriesme, d'azur, a une tour; au deuxiesme, a trois pals de gueule; au 3ᵉ, d'argent a un chesne de sinople, traversé*

---

(1) Pinard, *Chronologie historique militaire*, tome IV, Paris, Claude Herissant, 1761, page 411.

(2) Et non de 73 ou de 77 ans, comme l'ont dit, par erreur, Saint-Simon, Pinard et La Chenaye-Desbois.

d'un levrier de gueule (1). » — Voici le portrait que Saint-Simon a fait du comte Jean de Gassion : « Gassion, fort ancien lieutenant général, très distingué, gouverneur d'Acqs et de Mézières, mourut, à Paris, d'une longue maladie, à soixante-treize ans (1713). Il avoit été longtemps lieutenant des gardes du corps, et en avoit quitté le corps pour servir plus librement de lieutenant général, dans l'espérance de devenir maréchal de France. On en avoit fait plus d'un qui ne le valoient pas, mais on n'en avoit jamais tiré des gardes du corps, et, c'est ce qui le pressa d'en sortir. Le roi en fut secrètement piqué par jalousie pour ses compagnies des gardes, le traita extérieurement honnêtement, l'employa, mais ce fut tout. C'étoit un petit gascon, vif, ambitieux, ardent, qui se sentoit encore plus qu'il ne valoit et qui peu à peu en mourut de chagrin. Il étoit propre neveu du célèbre maréchal de Gassion, et cela lui avoit tourné la tête. Gassion, son neveu (2), a été plus heureux que lui et à meilleur marché... (3); »

5° Louis de Gassion, né à Pau, le 8 septembre 1650, baptisé dans l'église Saint-Martin de cette ville, le 10 janvier 1658;

6° Un autre fils, né à Pau, le 23 février 1652 (4);

7° Anne de Gassion, née à Pau, le 18 avril 1636, baptisée à Saint-Gladie; elle eut pour parrain et marraine, Jean de Besiade, seigneur de Saint-Gladie, et damoiselle Anne d'Arridolle, sa femme (5). — Anne de Gassion mourut avant le 5 octobre 1658;

8° Marie de Gassion, née à Pau, le 2 décembre 1637, baptisée dans l'église Saint-Martin de cette ville, le 15 mai 1638, et tenue sur les fonts par messire Henri de Montesquiou, sieur d'Artagnan, et dame Jeannine de Bordenave, représentant, l'un et l'autre, Jean de Gassion (depuis maréchal de France), et Madame la présidente de

---

(1) Bibliothèque Nationale, *Armorial de Paris*, états, tome Ier, page 170, n° 158; — blasons coloriés, tome Ier, page 880.

(2) Jean de Gassion, IIIe du nom, lieutenant général des armées du roi, qui était aussi son filleul, comme on le verra plus bas.

(3) *Mémoires complets et authentiques du duc de Saint-Simon, sur le siècle de Louis XIV et la régence, collationnés sur le manuscrit original par M. Chéruel, et précédés d'une notice par M. Sainte-Beuve, de l'Académie française*, tome VII, Paris, Hachette, 1878, page 14.

(4) Probablement François de Gassion, mort en 1669, mentionné par La Chenaye-Desbois. (*Dictionnaire de la Noblesse*, tome IX, 1866, colonne 24.)

(5) Lettre de M. le pasteur Frossard, du 6 novembre 1895.

Gassion (Marie des Claux), douairière, parrain et marraine, qui ne purent présenter l'enfant, à cause de la religion prétendue réformée dont ils faisaient profession (1). — Marie de Gassion épousa, le 30 juillet 1659, messire Léonard de Caupenne, marquis d'Amou, seigneur de Saint-Pée, baron de Bonnut et d'Arsague, lieutenant du roi en Guyenne, élection des Lannes, Soule et Labourd. — Devenu veuf, le marquis d'Amou épousa en secondes noces, en 1703, damoiselle Rose de Poudenx de Serres (2);

9° Magdeleine de Gassion, née à Pau, le 15 juillet 1643, baptisée dans l'église Saint-Martin de cette ville, le 6 janvier 1649; — parrain : Jacques de Besiade; — marraine, Marie de Gassion, sœur de l'enfant (3). — Magdeleine de Gassion contracta mariage avec messire Gaston-Jean-Baptiste de Montlezun, marquis de Saint-Lary;

10° Jeanne de Gassion, née à Pau, le 27 août 1649, baptisée dans l'église Saint-Martin de cette ville, le 10 janvier 1658 (4), mariée,

(1) Lettre de M. le pasteur Frossard, du 6 novembre 1895.

(2) Baron de Cauna, *Armorial des Landes*, tome III, Paris, Dumoulin, 1869, pages 190 et 389.

(3) Lettre de M. le pasteur Frossard, du 6 novembre 1895.

(4) Lettre de M. le pasteur Frossard, du 6 novembre 1895. — « Le dixiesme janvier mil six cens cinquante huict, les ceremonies differées du baptesme d'une fille de messire Jean de Gassion, conseiller ordinaire du roy en ses Conseilz, second president en la Cour de parlement de Navarre, seigneur et baron de Camou, Audaux, Meritain et autres places, et de dame Marie de Besiade, sa femme, ont esté faictes en ladite eglise S' Martin, par moy, soubs signé, vicaire de ladite eglise; — parrin, noble Pierre d'Arridolle, seigneur dusarain *(sic)* [d'Osserain], conseiller du roy en la Chambre des comptes de Navarre; et marrine, dame Jeanne de Gassion, sa femme, ayant pour sa lieutenante Madame de Capdevielle. — Ladite fille a esté nomée Jeanne, est née, le vingt sept aoust mil six cens quarante neuf, en ceste ville de Pau, ayant receu l'eau du baptesme, le landemain, de la main de M' Vignau [Fortis Duvignau], recteur de ladite eglise; — laquelle naissance a esté attestée par ledit seigneur president Gassion. — En foy de quoy, me suis signé. (Signé:) P. de Guixarré, p''° et vicaire de Pau. » — « Ledit jour, dixiesme janvier mil six cens cinquante huict, la mesme ceremonie a esté faicte, en ladite eglise S' Martin, par moy, vicaire susdit, d'un enfant masle desdits seigneur et dame de Gassion; — parrin, noble Louis de Gassion, seigneur de Gayon et autres places, et marrine, dame Françoise de Boeilh [Boeil], vefve a feu messire Isaeq de Gassion, escuyer, seigneur de Pondoly et autres places; et, a cause de leur R. P. R. lieutenant

le 7 novembre 1672, à messire Antonin du Pont, premier président en la Chambre des comptes de Pau, puis président au parlement de Navarre (1). — Jeanne de Gassion mourut à Pau, le 31 mars 1709 (2);

11° Et Esther de Gassion, née à Pau, le 23 mai 1656, baptisée dans l'église Saint-Martin de cette ville, le 10 janvier 1658. — Elle contracta mariage, à Pau, le 6 janvier 1679, avec haut et puissant seigneur messire Henry de Poudenx, vicomte dudit lieu, puis marquis de Poudenx, seigneur et baron de Saint-Cricq, seigneur de

Mr [Fortis] de Capdevielle, conseiller, et lieutenante Madame [Françoise d'Aspremont d'Orthe] d'Assat, femme a Mr [Jean] de Noguez, conseiller audit parlement. — Ledit enfant a esté nomé Louis et est nay, le huitieme septembre mil six cens cinquante, et a receu l'eau du baptesme, le mesme jour, de la main dudit sieur de Vignau, recteur; — ladite naissance attestee par ledit seigneur president Gassion. En foy de quoy, me suis signé. (Signé:) P. de Guixarré, p^re et vic. de Pau. » — « Ledit jour, dixiesme janvier mil six cens cinquante huict, la mesme ceremonie a esté faicte, en ladite eglise, par moy, vicaire susdit, pour une autre fille desdits seigneur et dame de Gassion: — parrin, noble Jean Jacques de Besiade, seigneur d'Oreyte, chanoine en l'eglise cathedralle de Lascar, et marrine, dame Ester de Gassion, dame de Barsun; — lieutenante madame [Cécile du Targé] de Claverie, femme a Mr [Isaac] de Claverie, conseiller audit parlement. — Ladite fille, nomée Ester, est née, le vingt trois may mil six cens cinquante six, a receu l'eau de baptesme, ledit jour: — ladite naissance attestée par ledit seigneur president Gassion. En foy de quoy, me suis signé. (Signé:) P. de Guixarré, p^re et vic. de Pau. » — (On lit en marge de ces actes:) « La naissance et les ceremonies des autres enfans de mondit seigneur le president Gassion, sont couchez en un autre livre baptistaire de ladite eglise St Martin, en la quinzieme feuille, et ledit livre comence en l'année 1635. » — Ce registre a malheureusement été perdu. — (Archives de Pau, *Etat civil*, GG. 2, f° 10.)

(1) Archives de Pau, *Etat civil*, GG. 3, f° 48. — *Armorial de Béarn*, tome Ier, page 5.

(2) « Dame Jeanne de Gassion, veuve de messire Antonin Dupont, président au parlement de Navarre, deceda en la communion de l'eglise, le 31 mars 1709, après avoir receu, avec une piété exemplaire, les sacremens de la penitence, du saint viatique et de l'extreme onction. Son corps a été inhumé dans la chapelle des filles orphelines de la présent ville, et les saints offices pour le repos de son ame ont esté faits par moy. » (Archives de Pau, *Etat civil*, GG. 11, f° 309, v°.)

Castetné, Baserque, Saint-Dède, Castillon et d'autres lieux, fils de messire Bernard de Poudenx, chevalier, vicomte de Poudenx, baron de Saint-Cricq, syndic général des Etats de Béarn, et de dame Jeanne de Bassoigne (1). Henry de Poudenx et Esther de Gassion reçurent la bénédiction nuptiale, dans l'église Saint-Martin de Pau, le 21 janvier 1679 (2). — « Henri de Poudenx, chevalier, marquis de Poudenx, baron de St Criq, brigadier des armées du roy, colonel du régiment d'infanterie de Gatinois, » déposa, le 1er septembre 1698, le blason suivant : « *d'or a trois chiens courans un sur l'autre de gueules;* » — « Ester de Gassion, marquise de Poudenx, épouze d'Henry de Poudenx, chevalier, brigadier des armées du roy, » déposa, le même jour, le blason suivant : « *écartelé : au 1er et 4e, d'azur a une tour d'argent, massonnée de sable; au second, d'or, a trois pals de gueules, et au troisieme, d'argent a un chien de gueules, courant devant un arbre de sinople.* » Ces armes furent enregistrées, le 26 septembre 1698 (3). — Esther de Gassion fit son testament, dans la maison noble de Castillon, le 5 octobre 1723 (4), et mourut audit lieu, le 9 août 1727 (5).

VI. — Haut et puissant seigneur messire Pierre DE GASSION, chevalier, marquis de Gassion, vicomte de Montboyer, baron de Camou, seigneur d'Audaux, de Méritein, de Rontignon, des châteaux de Saint-Vincent, de Saint-Martin de Salies et d'autres places, conseiller du roi en ses Conseils et président au parlement de

(1) Baron de Cauna, *Armorial des Landes*, tome III, pages 379 et 380; — Archives des Basses-Pyrénées, E. 2053, fº 1.

(2) « Le vingt unieme de jenvier mil six cents septente neuf, messire Henry, vicomte de Poudenx, et demoiselle Esther de Gassion, natifve de la present ville, receurent la benediction nuptialle et furent espousez par parole de present, en presence de tesmoins, dans l'eglise St Martin, par moy. (Signé :) Lajournade, recteur de Pau. » (Archives de Pau, *Etat civil*, GG. 3, fº 66, vº.)

(3) Bibliothèque Nationale, *Armorial de Guyenne*, états, page 259, nos 89 et 90; — blasons coloriés, page 90; — *Revue de Béarn, Navarre et Lannes*, 1883, pages 441 et 522.

(4) Cauna, *Armorial des Landes*, tome III, page 365.

(5) « Madame Madeleine-Esther de Gassion, agée de 75 ans, mourut à Castillon, le 9 août 1727, après avoir reçu les sacrements de l'église, fut inhumée dans l'église de Notre Dame d'Arengosse. (Signé :) Ducasse, curé. » (Cauna, *Armorial des Landes*, tome III, page 389.)

Navarre, naquit à Pau, le 14 août 1641, et fut baptisé dans l'église Saint-Martin de cette ville, le 6 janvier 1649. Il eut pour parrain et marraine, messire Pierre de Gassion, évêque d'Oloron, et dame Marie de Gassion, femme de noble Antoine d'Espalungue (1).

Pierre de Gassion obtint, le 20 décembre 1663, les provisions de président au parlement de Navarre, en remplacement de son père, décédé, et le 30 janvier 1664, le brevet de conseiller d'État (2). Il fut admis aux États de Béarn, dans l'ordre de la noblesse, le 15 septembre 1671, comme seigneur de Bergerè. Député à la Cour, avec messire Jean de Casamajor, baron de Jasses, suivant délibération de cette assemblée provinciale, en date du 22 juin 1672, il rendit compte du mandat qui lui avait été confié, dans la séance des États du 19 septembre 1673. Pierre de Gassion fut l'un des commissaires chargés de recevoir les aveux et dénombrements en Béarn (3). Il acheta, le 16 juillet 1670, de noble Jacques de Fouron, seigneur d'Artiguelouve, « la dixme dudit lieu, droit de présentation à la cure
« d'iceluy, metayrie de Mulès et dependances, avec le droit de patro-
« nage de la prebende de Badet, justice et jurisdiction, en la partie
« mentionnée et confrontée audit contract, avec tous fiefs, rentes,
« devoirs et corvées sur les habitans dudit lieu, en ladite partie, cap-
« sos, preparances, droit de créer un bayle et deux jurats, qui exer-
« ceroient la justice, conjointement avec ceux du vendeur, moulin
« avec bannalité, et le droit de battere (4) sur les habitans de tout le

---

(1) Lettre de M. le pasteur Frossard, du 6 novembre 1895. — « Le 6 de janvier 1649, les ceremonies qui avoient esté omises aux baptesmes de Pierre, Theophile, Henry, Jean et [Magdeleine] de Gassion, fils et fille de monsieur messire Jean de Gassion, president au parlement de Navarre, et madame Marie de Besiade, sa femme; — parrins dudit Pierre, messire Pierre de Gassion, evesque d'Oleron etc. » (sic). — (On lit, en marge de cet acte :) « Pierre, Theophile, Henry, Jean et...... de Gassion, le 6 de janvier. » (Archives de Pau, État civil, GG. 2, f° 138, v°.)

(2) Registre des enregistrements de la Chambre de comptes etc., pages 384 et 385. (Bibliothèque de M. l'abbé Dubarat.)

(3) Archives des Basses-Pyrénées, c. 731, f° 179, v°; c. 733, f° 131, v°; 238, v°, et 309.

(4) Capsoo, capsou, lods et ventes, droit payé au seigneur sur le prix de vente d'un bien dépendant de sa seigneurie; — preparance, droit de retrait sur une vente; balère, battage du blé, du lin. (Lespy et Raymond, Dictionnaire béarnais, ancien et moderne, pages 90, 150 et 193.)

« territoire d'Artiguelouve, batteau et droit de passage sur le gave et
« autres droits. » Il acquit, encore : le 2 novembre 1676, de Jean
Danty, fils et héritier de feu Mᵉ David Danty, notaire de Salies, une
vigne, située dans cette ville (1); le 28 juin 1679, de damoiselle
Marie de Capdeville, les maison noble et domengeadure de Capdeville et seigneurie de Geup (2); et en 1688, par décret, « les mai-
« son, granges, hautins, et terres nobles de Roques, situés au lieu de
« Jurançon (3). » — Pierre de Gassion fournit le dénombrement du
marquisat de Gassion et des autres seigneuries qu'il possédait en
Béarn, les 6 septembre 1683, 1ᵉʳ juillet, 20 juillet et 30 juillet 1686 (4).
— Il plaqua au bas de ces divers actes le sceau suivant : « écu
« écartelé : 1 et 4, d'azur à la tour crénelée, maçonnée; 2, à trois pals;
« 3, à un arbre; et sur le tout un lévrier passant; timbré d'une couronne
« de marquis; supporté de deux lions; au-dessous, un trophée d'ar-
« mes. » (5). Les armes de Pierre de Gassion, déposées, le 17 juillet
1697, et enregistrées, le 19 juillet de la même année, étaient :

Écartelé : aux 1 et 4, d'azur à la tour d'or,
maçonnée de sable; au 2, d'or à 3 pals de
gueules [qui est de Foix] (6); au 3, d'argent
à l'arbre de sinople, traversé au pied, d'un lévrier passant, de gueules, accolé d'azur, bordé
et bouclé d'or. » (7).

En 1685, après la révocation de l'édit de
Nantes, le président Pierre de Gassion,
aidé de Magdeleine de Colbert du Terron,
sa femme, prit une part des plus actives
aux conversions qui eurent lieu en Béarn, surtout à Salies où,

---

(1) Archives des Basses-Pyrénées, E. 2125, fᵒ 31, vᵒ.

(2) Archives des Basses-Pyrénées, B. 686, fᵒˢ 180 et 184.

(3) Archives des Basses-Pyrénées, E. 2083, fᵒ 122.

(4) Archives des Basses-Pyrénées, B. 672, fᵒ 157; B. 670, fᵒˢ 203; 231;
251; 263; 410 et 420; B. 685, fᵒ 177; et B. 686, fᵒ 17; E. 981.

(5) Paul Raymond, *Sceaux des archives des Basses-Pyrénées*, nᵒ 325.

(6) Les Gassion portaient au second quartier les armes de Foix, en
souvenir du second mariage du président Jean de Gassion, 1ᵉʳ du nom, avec
Marie de Frexo, fille de Gratian de Frexo et de *Philippe de Foix*.

(7) *Armorial de Béarn*, tome Iᵉʳ, page 3.

soutenu par huit compagnies de dragons, il ramena à la religion catholique, en quelques jours, cette ville qui ne comptait presque que des protestants. Aussi, le premier président Dalon pouvait-il écrire, le 14 juillet 1685, de Pau : « Mᵣ et Mᵐᵉ de Guassion font « des merveilles pour les conversions. » (1).

Le 27 avril 1702, à Paris, « Mᵉ Jacob de Mosqueros, écuyer, avo-« cat au parlement de Pau, y demeurant, étant de présent à Paris, « logé rue du Chantre, à l'hôtel d'Armagnac, paroisse Saint-Germain « l'Auxerrois, agissant au nom, comme se faisant et portant fort de « haut et puissant seigneur messire Pierre, marquis de Gassion, cons-« seiller du roi en ses Conseils et président à mortier au parlement « de Navarre, » transigea avec « très haut et très puissant seigneur « monseigneur Henri-Jacques-Nompar de Caumont, duc de La Force, « pair de France, demeurant ordinairement en son château de La « Force, en Périgord, étant, de présent, à Paris, en son hôtel, rue « du roy de Cicile (sic), paroisse Saint-Paul, et très haute et très « puissante dame Madame Anne Marie de Beuselin de Bosmelès, « duchesse de La Force, épouse dudit seigneur duc. » (2).

Pierre de Gassion mourut dans son château de Mourenx, le 31 août 1707 (3), à l'âge de 66 ans. — Il avait contracté mariage, le

---

(1) L. Soulice, *L'intendant Foucault et la révocation en Béarn*, Pau, Veronèse, 1885, pages 35, 97, 98, 102, 108, 121 et 139. — La Tapie d'Asfeld a fait un récit absolument fantaisiste du rôle joué par le président Pierre de Gassion, en 1685. (*Souvenirs historiques du château de Henri IV et de ses dépendances*, seconde édition, pages 191 à 196 et 358.)

(2) Archives des Basses-Pyrénées, E. 2082, f° 139. — Voir, aussi, E. 2065, f° 425.

(3) « Le dernier d'août 1707, deceda messire Pierre, marquis de Gas-sion, président au parlement de Pau, après avoir receu les divins sacremens. Son corps a esté inhumé dans le sanctuaire de l'eglise paroissiale de Mou-renx, le 1ᵉʳ septembre de la susdite année, par moy. (Signé :) de Pedemont, curé. » (Archives de Mourenx, *Etat civil*, 1615-1735, f° 147, v°.) — « Le dit jour, 3ᵉ septembre 1707, les chambres [du parlement de Navarre] ont été assemblées, par ordre de Mᵣ d'Esquille, président, lequel a dit que Mᵣ le président Gassion etant descedé au lieu de Mourenx, le dernier d'aout, ou il a été ensevely, le premier du present mois, et sa famille s'estant retirée en cette ville, le jour d'hier, elle desire de faire, ce matin, un service dans l'eglize Saint-Martin de la presente ville, l'auroit fait prier d'en donner

20 août 1670, avec Magdeleine DE COLBERT DU TERRON, blasonnée d'office au n° 142 de l'*Armorial de Béarn*, fille de haut et puissant seigneur Charles COLBERT DU TERRON, marquis de Bourbonne et de Torcenay, conseiller d'Etat, et de dame Magdeleine HENNEQUIN.

Née vers 1652, Magdeleine de Colbert du Terron, marquise de Gassion, mourut à Pau, le 16 juillet 1750, à l'âge de 98 ans (1). L'auteur de la *Société béarnaise au* XVIIIᵉ *siècle* s'exprime sur elle en ces termes :

« ..... Je l'ai vue mourir, en 1750 ou 1751, plus que centenaire.
« C'est d'elle qu'on a pu dire, à bien juste titre, qu'elle joignoit aux
« agréments de son sexe la force d'esprit et de caractère et les vertus
« du nôtre. Le cours de sa longue carrière en avoit multiplié les
« preuves; mais combien la dernière fut supérieure, lorsque, n'ayant
« plus que quatre jours à vivre, on lui apprit la mort de son petit-
« fils (2), ce dernier rejeton d'une tige illustre à laquelle elle avoit
« elle-même contribué à donner encore plus d'éclat, mort qui la
« frappoit dans ce qu'elle avoit de plus cher au monde, et qui empor-
« toit toutes ses espérances.

« Ce fut l'abbé Laudinat (3), théologal à Lescar, ecclésiastique de
« beaucoup de mérite et à qui elle avoit donné, depuis longtemps,
« toute sa confiance, qui lui annonça ce cruel événement, en suppo-

connoissance a la compagnie et la prier de vouloir y assister; sur quoy, il estoit necessaire de deliberer sur la manière avec laquelle la compagnie devoit aller a cette ceremonie; et sur ce, ouy les gens du roy, a été délibéré, par pluralité de suffrages, que la compagnie assisteroit, en corps et en bonnet, au service et qu'elle iroit prendre les affligés dans la maison, pour aller a l'eglise et, ensuite, les conduire dans leur maison : — ce qui a été fait. » (Archives des Basses-Pyrénées, n. 4546, f° 138, v°.)

(1) *Armorial de Béarn*, tome III, page 100.
(2) Pierre de Gassion, décédé le 26 août 1741.
(3) Pierre de Laudinat, qui mourut, le 22 septembre 1749, à l'âge de 72 ans, et fut enterré dans la cathédrale de Lescar. Voici son épitaphe :
HIC IACET DNS PETRUS DE | LAVDINAT HVIVS CIVITATIS | PRESBITER ET ECCLE-SIE | CATHEDRALIS LASCVR | RIENSIS DOCTOR THEOLOGVS | NECNON CANONICVS AN | TIQVIOR INGENIO ET | DOCTRINA MERITISSIMVS | PIETATE AC RELIGIONE | ERGA DEVM SINGVLARI. | OBIIT ANNO SALVTIS | 1749 DIE VERO MENSIS | SEPTEMBRIS 22 ÆTATIS | SVÆ 72. | ORATE PRO EO. (Communication de M. Hilarion Barthety.)

« sant, pour le lui rendre moins amer, qu'il avoit été enlevé par la
« petite vérole (1). Elle étonna par son courage et sa résignation.

« A son arrivée en Béarn, la qualité de *madame* étoit encore si rare
« que, par une distinction qu'elle crut devoir la flatter extrêmement,
« elle fut appelée *madamelle*. Les changements qu'un siècle de vie fit
« passer sous ses yeux durent, dans une tête aussi grandement orga-
« nisée que la sienne et aussi susceptible de réflexions profondes, en
« produire de bien intéressantes..... (2). »

Pierre de Gassion eut de Magdeleine de Colbert :

1° Charles, marquis de Gassion, né à Pau, le 13 août 1671 (3). Il était
capitaine au régiment royal étranger, lorsqu'il donna, le 6 mars
1692, à Sedan, une quittance de 525 livres, pour ses appointements, pendant les quinze derniers jours du mois de novembre
1691 et pendant le mois de décembre 1691, les mois de janvier
et février 1692, en faveur de M⁺ Charles Renouard, sieur de la
Touanne, conseiller du roi, trésorier général de l'extraordinaire des
guerres et cavalerie légère (4).

Le marquis de Dangeau donne les renseignements suivants sur
Charles de Gassion :

« (*Mercredi, 26 novembre 1692, à Versailles*). — Le marquis de
Gassion avoit traité du régiment du roi-cavalerie avec le comte de
Vienne; il lui en donnoit 86.000 francs, mais le roi ne lui en a

---

(1) On verra plus bas que, s'il faut en croire M. de Laussat, Pierre de
Gassion aurait été victime d'un accident de chasse ou aurait été tué en duel.
La Chenaye-Desbois a écrit que Pierre de Gassion mourut de la petite
vérole. (*Dictionnaire de la Noblesse*, tome IX, édition de 1866, colonne 26.)

(2) *Société béarnaise au xviiie siècle*, page 103.

(3) « Le quatrième septembre mil six cents soixente quatorze, ont esté
supplées les ceremonies qui avoyent esté obmises au baptesme de Charles de
Gassion, fils legitime de messire Pierre, marquis de Gassion, conseiller du
roy en ses Conseils et president au parlement de Navarre, et de dame
Magdelene de Colbert, sa femme; — parrains : messire Charles de Colbert
du Terron, intendant général de la marine, et dame Marie de Besiade,
grand'mere dudit enfant; — qui nasquit, le treizieme aoust mil six cents
soixente onze, et receut l'eau du saint baptesme, le mesme jour, par
moy. (Signé :) Lajournade, recteur de Pau. » (Archives de Pau, *Etat civil*,
GG. 7, f° 37.)

(4) Bibliothèque Nationale, *Pièces originales*, volume 1289, n° 29.029,
verbo DE GASSION, nⁿˢ 28; 30; 31; 32; 33 et 34. (Parchemin).

pas voulu donner l'agrément parce qu'il est trop jeune. Cependant, il y a déjà deux ou trois ans qu'il est capitaine de cavalerie; il est neveu des Gassion qui sont dans les gardes du corps (1). » — « (*Jeudi, 13 janvier 1695, à Versailles.*) ...Ségur, depuis qu'il est capitaine-lieutenant de gendarmerie, avoit toujours gardé sa sous-lieutenance, n'ayant point trouvé à la vendre : le petit Gassion, neveu du chevalier de Gassion, des gardes du corps, en a eu l'agrément et il lui en donne 80,000 francs. » — « (*Vendredi, 17 décembre 1700, à Versailles.*) On parle ici de plusieurs mariages : de celui de M. de Gassion, officier de gendarmerie et qui a plus de 25,000 écus de rente, avec la fille aînée de M. le Premier (2)... » — « (*Vendredi, 1er avril 1701, à Versailles.*) M. le marquis de Gassion, sous-lieutenant dans la gendarmerie, a l'agrément du roi pour acheter la lieutenance des gendarmes de Bourgogne que M. de Mortagne a eu permission de vendre. Le roi veut qu'il n'en paye que 46,000 écus, parce que le marché en avoit été fait à ce prix là avec M. d'Espinac, le plus ancien sous-lieutenant de la gendarmerie, et qui n'a pu trouver d'argent pour payer cette somme. Le roi a dit au comte de Gassion, lieutenant général, que si jusques ici il avoit refusé à son neveu l'agrément d'une lieutenance, ce n'étoit pas manque d'estime ni de considération, mais qu'il l'avoit voulu retenir parce qu'il vouloit s'avancer trop vite (3). »

« Charles, marquis de Gassion, soulieutenant (*sic*) des chevaux

(1) Henri, comte de Gassion, tué en 1693, et Jean, chevalier, puis comte de Gassion, son frère, cités plus haut. — Dangeau s'exprime sur eux en ces termes : « (*Vendredi, 17 janvier 1687, à Versailles.*) Le roi a donné le gouvernement du Château-Trompette à Durepaire, lieutenant des gardes du corps de la compagnie de Luxembourg. Le *petit Gassion* (Henri), qui en etoit enseigne, montera à la lieutenance et le *gros Gassion* (Jean), qui étoit colonel réformé, aura l'enseigne. » (*Journal du marquis de Dangeau,* tome II, Paris, Didot, 1854, pages 8, 84, 168 et 320.)

(2) Achille de Harlay, comte de Beaumont, premier président du parlement de Paris, mort en 1712. Le père Anselme ne mentionne qu'une fille de ce magistrat, Marie-Magdeleine de Harlay, religieuse aux filles de Sainte-Elisabeth, à Paris, morte le 28 novembre 1700. (Père Anselme, *Histoire généalogique et chronologique de la maison royale de France,* 3e édition, tome VIII, Paris, 1733, page 800.)

(3) *Journal du marquis de Dangeau,* tome IV, Paris, Didot, 1855, page 203; — tome V, page 135; — tome VII, Paris, Didot, 1856, page 459; — tome VIII, page 71; — tome X, Paris, Didot, 1857, pages 107 et 110.

legers d'Anjou et mestre de camp de cavallerie, » déposa, le 6 décembre 1697, le blason suivant, qui fut enregistré, le 17 janvier 1698 :
« *d'azur à une tour d'argent, crenelée de trois pieces de même ; ecartelé, d'or a trois pals de gueules, au deuxiesme ; et au troisiesme, d'argent a un chesne de sinople, traversé d'un limier au naturel* (1). » — Charles de Gassion mourut des blessures qu'il avait reçues à la bataille d'Hochstædt, le 13 août 1704 (2). — Il ne s'était pas marié ;

2° Jean de Gassion. IIIe du nom, dont l'article suit ;

3° Pierre-Armand de Gassion, dit *M. de Gassion-Bergeré*, né à Pau, le 4 juin 1683 (3). Il était chanoine de Lescar lorsqu'il fut présenté, par son père, aux termes de deux actes, datés de Pau, 12 avril 1701, à la grande prébende de Labets, au détroit de Mixe, fondée dans l'église Notre-Dame de Gabat, et aux deux prébendes, appelées

---

(1) *Armorial de Paris*, états, tome Ier, page 364, n° 686 ; — blasons coloriés, tome Ier, page 799.

(2) « *Décédé et tué*. » (Cette mention se trouve en marge de l'acte qui suit :) « Monsieur le marquis de Gassion a esté blessé a mort, au pres d'Ulm, en Allemagne, dans un grand combat, le 14 aoust 1704, jour par jour qu'il faisoit 33 ans, estant né, le 14 d'aoust 1671 ; — et morut, le 18 dudit moys d'aoust. L'office a esté dit par moy, a Rontignon, le 27 de septembre 1704. (Signé :) D. Moneaup, recteur. » (Archives de Rontignon, *Etat civil*, GG. 1, f° 46.) Cet acte contient une légère inexactitude : Charles, marquis de Gassion, naquit le *13* août 1671 et non le 14, et fut blessé mortellement, le *13* août 1704. — Voir, aussi, le *Journal du marquis de Dangeau*, tome X, Paris, Didot, 1857, pages 107, 110 et 119.

(3) « Le quatrieme de juin mil six cents quatre vingts trois, nasquit, a trois heures apres midy, le cinquieme enfant de monsieur le marquis de Gassion et de madame Magdelene de Colbert, son espouse. Cest enfant receut l'eau du saint baptême, le jour de sa naissance, et le nom de Pierre, par moy. (Signé :) Lajournade, recteur de Pau. » (Archives de Pau, *Etat civil*, GG. 7, f° 126.) — « Pierre Armand de Gassion, fils legitime de messire Pierre, marquis de Gassion, president au parlement de Navarre, et de dame Magdeleine de Colbert, son espouse ; — parrains : messire Armand, marquis de Moncins, grand seneschal de Navarre et gouverneur de Soule, et dame Magdeleine Françoise de Gassion, son espouse ; — estant né le quatrieme de juin mil six cents huictente trois et ayant receu l'eau du saint baptême, le jour de sa naissance, a esté présenté aux ceremonies, qui avoint esté différées, et qui luy ont esté administrées, le vingt cinquieme fevrier 1693, par moy. (Signé :) Lajournade, recteur de Pau. » (Archives de Pau, *Etat civil*, GG. 11, f° 4.)

de Mulès, fondées, l'une dans l'église Saint-Michel d'Artiguelouve et l'autre, dans l'église cathédrale de Lescar, vacantes à la suite du décès de noble Jean de Besiade-Camu, chanoine de Lescar. Pierre-Armand de Gassion donna procuration en blanc, le même jour, pour prendre possession de ces prébendes et constitua son fondé de procuration, le 23 décembre 1701, à Paris, Mᵉ Pierre d'Arneuil, procureur au parlement de Navarre, à l'effet de résigner et remettre les dites prébendes ès mains de haut et puissant seigneur messire Pierre de Gassion, son père (1). Vers cette époque, Pierre-Armand de Gassion-Bergeré prit le parti des armes et fut tué au mois de juillet 1704 (2);

4° Henry de Gassion, dit de *M. de Gassion-Camou*, né à Pau, le 6 mars 1685 (3). Avocat au parlement de Navarre, il obtint, suivant lettres, datées de Versailles, 6 juin 1706, avec des dispenses d'âge, de parenté et d'alliance (4), et « en considération des longs et recommandables services rendus au roi, tant par le sieur [Pierre] de Gassion, président à mortier en la Cour de parlement, compt... aydes et finances de Navarre, que par ses ancestres, dans les charges et dignitez dont ils avaient été honorez, » les provisions de conseiller en la même Cour, en remplacement de Mᵉ Philippe de Tisnés,

---

(1) Archives de l'hospice de Pau, c. 2, pages 14, 15, 26, 27 et 28.

(2) « *Décédé, tué.* » (Ces mots sont en marge de l'acte suivant :) « Mʳ Bergeré Gassion a esté tué, les derniers jours de juillet 1704. L'office a esté dit par moy. (Signé :) D. Moncaup. » (Archives de Rontignon. *Etat civil*, nᵒ. 1, fᵒ 46.) — Voir, aussi, La Chenaye-Desbois et Badier. *Dictionnaire de la Noblesse*, 1866, tome IX, colonne 25. Dans cet ouvrage, Pierre-Armand de Gassion-Bergeré est nommé *Jean*, chevalier de Gassion.

(3) « Henry de Gassion, fils legitime de messire Pierre de Gassion, conseiller du roy en ses Conseils et president au parlement de Navarre, et de dame Madelene de Colbert, son espouse; — parrains : messire Henry, comte de Gassion, brigadier des armées du roy et lieutenant de ses gardes du corps, et dame Jeanne de Gassion, espouse de messire Antonin de Pont [du Pont], president au parlement de Navarre susdit; — estant né, le sixieme de mars mil six cents quatre vingts cinq, et ayant receu l'eau du saint baptême, le jour de sa naissance, par moy, recteur de Pau, soubs signé, a esté presenté aux ceremonies de son baptême, qui avoit esté differées et qui luy ont esté supplées, le vingt cinquieme fevrier 1693, par moy. Signé :) Lajournade, recteur de Pau susdit. » (Archives de Pau, *Etat civil*, nᵒ. 11, fᵒ 4, vᵒ.)

(4) Il était cousin germain par alliance d'Armand de Casaus, procureur général.

décédé, le 15 octobre 1705 (1). Il fut reçu en ces fonctions, le
9 juillet 1706 (2). Le 24 décembre 1707, à Pau, Henry de Gassion,
assisté de Mᵉ Pierre d'Arneuil, procureur au parlement de Navarre,
son curateur, reçut, pour sa légitime, de la marquise de Gassion, sa
mère, et du comte de Gassion, lieutenant général des armées du roi,
son oncle, aux termes de leur jugement en date du 20 décembre de
la même année, la charge de président au parlement de Navarre,
dont son père était titulaire, ainsi que la seigneurie de Rontignon,
la métairie de Béterette et la maison noble de Roques (3). Il fut
admis aux États de Béarn, comme seigneur de Rontignon, le 3
juillet 1708 (4). Reçu président au parlement de Navarre, le 7 septembre 1708, en remplacement de son père (5). Henry de Gassion
vendit, le 7 mars 1721, pour le prix de 7.000 livres, la maison
noble de Roques de Jurançon, avec l'entrée aux États de Béarn,
attachée à ce fief, en faveur de Mᵉ David Dupont, marchand, de
Pau, et le 23 décembre 1743, la maison noble de Hontàas, autrement de Béterette, de Gelos, à noble Antoine de Lacoste, de Moncaup, ci-devant aide-major au régiment de Seneterre (6). Il fut
inscrit, en 1739, dans le catalogue des *voisins* de Pau (7), et fournit, le 14 décembre 1753, le dénombrement de l'abbaye laïque et
de la dîme de Départ et Marmont, de l'abbaye laïque de Simacourbe
et de la seigneurie de Lannegrasse. Il plaqua sur cet acte le sceau
suivant : « sur un manteau de président, cartouche *écartelé : 1 et 4,
d'azur, à la tour ouverte, crénelée, maçonnée; 2, à trois pals; 3, à
un arbre terrassé, au lévrier courant sur le tout;* timbré d'une
couronne de marquis, surmontée d'un mortier (8). » – Qualifié
« messire Henry, marquis de Gassion, conseiller du roy en ses
Conseils, président à mortier au parlement de Navarre, » dans des
actes des 28 février 1757 et 11 janvier 1759 (9), il résigna, le

(1) Archives Nationales, v¹, 174.
(2) Archives des Basses-Pyrénées, B. 4546, fᵒˢ 74, vᵒ, et 77, vᵒ.
(3) Archives des Basses-Pyrénées, E. 2083, fᵒ 149, vᵒ.
(4) Archives des Basses-Pyrénées, C. 751; fᵒˢ 202, vᵒ, et 337, vᵒ.
(5) Archives des Basses-Pyrénées, B. 4546, fᵒˢ 214 et 217, vᵒ.
(6) Archives des Basses-Pyrénées, E. 2086, nᵒ 30; C. 787, fᵒ 23; C. 809,
fᵒˢ 32, vᵒ, et 122.
(7) Archives de Pau, BB. 26, fᵒ 20, vᵒ.
(8) Archives des Basses-Pyrénées, B. 5784; Raymond, Sceaux, nᵒ 326.
(9) Archives des Basses-Pyrénées, B. 4649, fᵒˢ 7 et 28 et B. 4591, fᵒ 49.
— Henry de Gassion porta le titre de marquis après la mort de son frère,
Jean, arrivée le 20 mai 1746.

5 septembre 1759, son office de président au parlement de Navarre
en faveur du sieur Bertrand d'Abbadie, conseiller en la même Cour,
qui en obtint les provisions, à Versailles, le 9 septembre 1759, et
fut reçu au parlement, le 20 novembre suivant. — Henry de Gassion
mourut peu après, sans avoir contracté alliance (1);

5° Magdeleine-*Françoise* de Gassion, née à Pau, le 20 juillet 1673 (2).
Elle épousa, par articles du 17 septembre 1685, confirmés, le 25
novembre 1687, haut et puissant seigneur messire Armand-Jean
de Mont-Réal de Moncin, I⁽ᵉʳ⁾ du nom, chevalier, marquis de
Moncin, seigneur de Domezain, Beyrie, Barcus, Amendeuix, Mas-
parraute, Carresse, comte de Troisvilles, vicomte de Tardets, baron
de Montory et de Gayrosse, capitaine châtelain de Mauléon, gouverneur du pays de Soule et grand sénéchal de Navarre. — Magdeleine-
Françoise de Gassion testa, le 19 mars 1720 (3);

6° Et Marie de Gassion, née à Pau, le 2 juillet 1687 (4). Elle épousa,
dans cette ville, par contrat du 13 avril 1717, haut et puissant
seigneur messire Philippe de Baylens, né à Niort, le 26 décembre

---

(1) En 1760, « les héritiers de M. de Gassion, président, » sont taxés à
460 livres dans un « rolle d'imposition des cinquieme et sixieme paes des
arrerages du premier vingtième, sur les possesseurs des biens nobles de la
province de Béarn. » (e. 993.)

(2) « Le quatrieme septembre mil six cents soixente quatorze, ont esté
supplées les ceremonies qui avoint esté obmises au baptesme de Magdelene-
Françoise de Gassion, fille legitime de mess're Pierre, marquis de Gassion,
conseiller du roy en ses Conseils et president au parlement de Navarre, et
de dame Magdelene de Colbert, sa femme; — parrains : messire Charles,
marquis de Gassion, son frere; et demoiselle Françoise de Colbert, tante de
ladite fille; — qui nasquit, le vingtième juillet mil six cents soixente treize,
et fut baptisée, le mesme jour, par moy. (Signé :) Lajournade, recteur de
Pau. » (Archives de Pau, *Etat civil*, GG. 7, f° 37.)

(3) Archives Nationales, *Collection Chérin*, volume 142, dossier
MONTRÉAL.

(4) « Marie de Gassion, fille legitime de messire Pierre, marquis de
Gassion, conseiller du roy en ses Conseils et president au parlement
de Navarre, et de dame Madeleine de Colbert, son espouse; — parrains :
messire Jean Baptiste de Veaubourg, maitre des requestes ordinaires de
l'hostel du roy, et dame Marie de Voisin, de Paris, son espouse, ayant pour
leur place tenants messire Charles et demoiselle Madeleine Françoise de
Gassion, frere et sœur; a esté baptisée, ce deuxieme juillet, jour de sa naissance, mil six cents quatre vingts sept, par moy. (Signé :) Lajournade,
recteur de Pau. » (Archives de Pau, *Etat civil*, GG. 7, f° 191, v°.)

1687, baptisé à Paris, le 15 décembre 1710 (1), chevalier, marquis de Poyanne, de la ville de Geaune et de Castelnau, baron de Clermont, Gamarde, Montaigu, colonel d'infanterie, fils d'Antoine de Baylens, marquis de Poyanne, et de Marie-Bérénice Avice de Mongon, et veuf de dame Marie-Anne Marin. — Marie de Gassion fut assistée, dans cet acte, de : haute et puissante dame Magdeleine de Colbert, sa mère, veuve de haut et puissant seigneur messire Pierre, marquis de Gassion, comte de Montboyer, baron de Camou, Audaux, Méritein et d'autres lieux; haut et puissant seigneur Jean de Gassion, chevalier, marquis de Gassion et d'Alluye, premier baron doyen de Perchegouet, comte de Montboyer, baron de Camou, Audaux, Arbus, Méritein et d'autres lieux, brigadier des armées du roi, colonel du régiment de Navarre, gouverneur des ville et château de Dax et de Saint-Sever, son frère aîné; haute et puissante dame Marie-Jeanne Fleuriau d'Armenonville, marquise de Gassion, sa belle-sœur; haut et puissant seigneur messire Henry de Gassion, président à mortier au parlement de Navarre, aussi son frère; haut et puissant seigneur messire Armand-Jean, marquis de Moncin, chevalier, comte de Troisvilles, vicomte de Tardets, baron de Gayrosse, de Montory et d'autres lieux, grand sénéchal de Navarre et gouverneur du pays de Soule, son beau-frère; haute et puissante dame Françoise de Gassion, marquise de Moncin, sa sœur; haut et puissant seigneur messire Léonard de Caupenne, marquis d'Amou, lieutenant du roi de la Basse-Guyenne; haut et puissant seigneur messire Henry, marquis de Poudenx, brigadier des armées du roi, ses oncles; haute et puissante dame Esther de Gassion, marquise de Poudenx, sa tante; haut et puissant seigneur Armand-Jean de Moncin, comte de Troisvilles, son neveu; haut et puissant seigneur messire Jean de Caupenne d'Amou, marquis de Saint-Pée, son cousin germain; haut et puissant seigneur messire Henry de Montlezun, marquis de Saint-Lary, aussi son cousin germain; haut et puissant seigneur messire Armand, marquis de Casaus, président à mortier au parlement de Navarre; haut et puissant seigneur messire Henry de Poudenx, vicomte de Saint-Cricq, ses cousins germains par alliance; haut et puissant seigneur messire Antoine de Montesquiou d'Artagnan; et de haut et puissant seigneur messire Pierre, comte de Gassion d'Osserain. — Marie de Gassion vivait veuve, le 18 septembre 1759 (2).

(1) L. Sandret, *Revue historique nobiliaire et biographique*, Paris, Dumoulin, 1872, tome VII, page 206.

(2) Archives des Basses-Pyrénées, E. 2084, fos 104, vo; 111, vo et 158 vo; H. 5509, fo 18.

Pierre de Gassion avait eu, avant son mariage, de damoiselle Adrianne DE GUIRAUTON :

7° Jean-Baptiste de Saint-Pée, né à Pau, le 7 août 1668, légitimé par indult du pape et par lettres du roi (1). Il était clerc tonsuré et docteur en théologie, lorsqu'il fut présenté, aux termes d'un acte retenu à Mauléon, le 13 mai 1697 par Méharon-Gourdo, notaire royal, à la cure Saint-Girons de Moncin, vacante à la suite du décès de noble Pierre d'Abbadie de Livron, dernier titulaire, par messire Armand-Jean, chevalier, marquis de Moncin, capitaine châtelain et gouverneur pour le roi au pays de Soule. Jean-Baptiste de Saint-Pée obtint le titre de cette cure, le 23 mai 1697, et en prit possession, le lendemain (2). Chanoine de Lescar, en remplacement du sieur Pierre de Campagne, il fut installé par le chapitre, le 25 novembre 1701, et résigna sa prébende canoniale, au mois d'octobre 1702, en faveur de M° Jean de Campagne (3). — Jean-Baptiste de

(1) « Jean Baptiste de S¹ Pée, fils de monsieur le président de Gassion, et de damoyselle Adrianne de Guirauton, naquit en la ville de Pau, le septieme aoust mille six cens soixante et huict, et fut baptisé, le jour même : — parrin : M¹ Tounié (?), de Pau; — par moy. (Signé :) Sanctis, curé d'Arbus. » (On lit, à la suite de cet acte :) « *Le sieur Jean Baptiste de S¹ Pée a été, dans la suite, légitimé par indult de notre s¹ père le pape et dispensé, pour pouvoir tenir toute sorte de bénéfices jusqu'à l'épiscopat, comme aussi a été légitimé par lettres de notre prince.* (Signé :) Campagne, curé d'Arbus. » (Archives d'Arbus, *État civil*, GG. 1, Baptêmes, mariages et sépultures, 1654-1679, f° 20, v°.) — On remarquera que, conformément à un usage, assez suivi sous l'ancien régime, ce bâtard de la maison de Gassion avait reçu, comme nom patronymique, le nom du fief de Saint-Pé ou Saint-Pée, de Salies, appartenant à son père. — Dans une estimation des maisons de Salies, faite, le 6 septembre 1693, par Daniel de Perbost et Zacharie Dondals, bourgeois, et Jean-Pierre de Lartigue, charpentier, de ladite ville, commissaires députés par Mgr de Samson, intendant de la province, par ordonnance datée de Pau, 21 août 1693, on lit : « La maison noble de S¹ Pé, avec sa grange et bassecour, appartenante à Monseigneur de Gassion, président en la Cour, [évaluée] la somme de 200 livres. » (c. 1047.)

(2) Archives des Basses-Pyrénées, G. 287. — *Armorial de Béarn*, tome I°r, page 243.

(3) *A juger à l'audience, pour le syndic du chapitre de Lescar, contre le sieur Marsilhon;* (mémoire de M° Jean de Dubosq, avocat au parlement de Navarre), Pau, Isaac-Charles Desbaratz, 1768, pages 6 et 9; — *Mémoire*

Saint-Pée mourut à Moncin, le 5 mars 1744, à l'âge de 75 ans, prêtre et curé de cette ville (1).

VII. — Haut et puissant seigneur Jean (2) DE GASSION, IIIᵉ du nom, chevalier, marquis de Gassion et d'Alluyes, premier baron doyen de Perchegouet, comte de Montboyer, baron de Camou, Audaux, Arbus, Méritein et d'autres lieux, naquit à Pau, le 1ᵉʳ juillet 1678 (3).

pour le sieur de Marsilhon, prêtre, contre le syndic du chapitre de Lescar, par Mᵉ Jean-François de Mourot, avocat au parlement de Navarre; Pau, J.-P. Vignancour, 1768, page 9; - Addition au mémoire du syndic du chapitre contre le sieur Marsilhon; Pau, J.-P. Vignancour, 1768, page 8. — Archives des Basses-Pyrénées, G, 290; — Archives de Lescar, GG, 1.

(1) « Le 8ᵉ septembre 1706, fête de la nativité de Notre-Dame, je, soubsigné, par permission qui m'avoit esté donnée par monseigneur l'eveque de Lescar, ai fait la benediction de la grande cloche de la présente eglise, dédiée à Dieu, soubs l'invocation de Sᵗ Girons, martir, patron de la paroisse de Monein. En foy de quoy, ay signé. (Signé :) Saint-Pée, curé. » (Archives de Monein, État civil, Baptêmes, mariages et sépultures, 1701-1713.) « Le cinquieme mars mille sept cent quarante et quatre, decéda noble Jean Baptiste de Sᵗ Pée, pretre, docteur en theologie et curé de la presente ville, et le sixiesme du meme mois, son corps a eté enseveli dans le sanctuaire de l'église Sᵗ Girons de la meme ville; — presens et temoins, Jean Castet et Barthelemy de Nebout, domestiques du défunt, qui ont signé avec moy, pretre et vicaire, qui ay fait la ceremonie de la sépulture. — (Signé :) J. Castet; — Nebout; — Sicabaig, prêtre et vicaire. » (Archives de Monein, État civil, Baptêmes, mariages et sépultures, 1742-1746.)

(2) Et non Pierre-Armand de Gassion, comme l'ont dit, par erreur, Moréri et M. Louis de Germon. (Moréri, Dictionnaire historique, Paris, 1759, tome V, page 86.) - Louis de Germon, Mémoires du marquis de Franclieu (1680-1745), Paris, 1896, page 203, note 1.)

(3) « Le premier juillet mil six cents soixente dix huict, sur les six heures et demy du matin, nasquit Jean de Gassion, fils legitime de messire Pierre, marquis de Gassion, conseiller du roy en ses Conseils et president au parlement de Navarre, et de dame Magdelene de Colbert, son espouse. Cest enfant receut l'eau du saint baptesme, le mesme jour de sa naissance, par moy. (Signé :) Lajournade, recteur de Pau. » (Archives de Pau, État civil, GG. 7, fᵒ 71, vᵒ.) — « Jean Baptiste de Gassion, fils legitime de messire Pierre, marquis de Gassion, président au parlement de Navarre, et de dame Magdeleine de Colbert, son espouse; — parrain, messire Jean, chevalier de Gassion, maréchal de camp des armées du roy, lieutenant de ses gardes du

« Connu, d'abord, sous le nom de *chevalier de Gassion*, il entra aux
« mousquetaires, au mois de février 1696, et fit la campagne de
« Flandre. A peine y était-il arrivé, qu'il marcha, avec un détache-
« ment de la maison du roi, contre trois cents hommes des ennemis
« qu'on poussa, pendant une lieue : il y eut son cheval blessé. Pen-
« dant le reste de la campagne, il alla volontaire à la petite guerre,
« sous le chevalier du Rosel. — Sous-lieutenant au régiment du roi,
« au mois de mars 1697, il servit d'aide de camp au comte de
« Gassion, son oncle. Pendant le siège d'Ath, choisi pour reconnaî-
« tre la demi-lune avec dix-huit grenadiers, il l'attaqua, l'emporta,
« l'épée à la main, et se logea sur la brèche, quoiqu'il eût perdu neuf
« hommes : soutenu, ensuite, par deux compagnies de grenadiers, il
« repoussa les ennemis, avec perte de leur part, et conserva son
« poste. Après le siège d'Ath, il passa, avec le régiment du roi, à
« l'armée commandée par le maréchal de Villeroy ; et, avec quarante
« volontaires, il défit un parti des ennemis dont il tua onze hommes,
« en prit neuf, reprit des chevaux et des valets qu'ils emmenaient :
« ses bonnes manœuvres, dans cette action, firent qu'il n'eut que
« deux hommes tués et un de blessé. Il servit au camp de Compiè-
« gne en 1698, à l'armée de Flandre en 1701. — Il leva, par com-
« mission du 12 janvier 1702, un régiment d'infanterie de son nom,
« avec lequel il servit en garnison dans le Roussillon, pendant
« l'année 1703. Il passa, en 1704, en Languedoc, où il dispersa une
« troupe de camisards qui s'étaient assemblés près d'Anduze. — Il
« prit le titre de marquis de Gassion, après la mort de son frère, tué
« à Hœchstœdt, le 13 août de la même année. Il marcha au siège de
« Nice, en 1705 ; il y fut chargé d'attaquer un faubourg où les enne-
« mis occupaient cinq ou six maisons. En s'y rendant, il rencontra
« les ennemis qui se formaient au bord d'un ruisseau pour faire une
« sortie : il les chargea avec tant de vivacité, qu'il les culbuta dans

corps et gouverneur de d'Aqs *(sic)*, ayant pour son place tenant messire
Armand, marquis de Moncins, grand seneschal de Navarre et gouverneur
de Soule, — estant né le premier juillet mil six cents septente huict et ayant
receu l'eau du saint baptême, le jour de sa naissance, a esté presenté aux
ceremonies, qui avoint esté differées et qui luy ont esté faites le vingt cinquième fevrier 1693, par moy. (Signé :) Lajournade recteur de Pau. »
(Archives de Pau, *Etat civil*, GG. 11, f° 4.)

« le chemin couvert, chassa ceux qui occupaient le faubourg, qu'il
« conserva ; ce qui accéléra, de plusieurs jours, la prise de la ville.
« Détaché, ensuite, à Sospello, avec son régiment, un escadron de
« dragons et trois compagnies de grenadiers pour soutenir la tête de
« la gorge, il y fit des dispositions si sages, que les ennemis, qui se
« présentèrent trois fois, n'osèrent l'attaquer. Il marcha de là à Tou-
« lon, d'où sur la flotte commandée par M. le comte de Toulouse, il
« devait aller au secours de Barcelone, avec seize compagnies de
« grenadiers : ce projet n'ayant point été exécuté, il retourna sur le
« Var pour servir au siège du château de Nice, sous les ordres du
« duc de Berwick. A peine eut-il passé le Var, le 6 novembre, à la
« tête de seize compagnies de grenadiers et du régiment de dragons
« de La Lande, qu'une crue d'eau emporta le pont et rompit toute
« communication entre l'armée et lui ; il manœuvra avec tant d'in-
« telligence, qu'il cacha cet accident aux ennemis, donna le temps
« de rétablir le pont et d'y faire passer, le surlendemain, toute l'ar-
« mée, dont il fit l'avant-garde. Arrivé à une lieue du château de
« Nice, il y prit, sans tirer un coup de fusil, la compagnie franche du
« gouverneur, composée de cinquante hommmes. Avec sept compa-
« gnies de grenadiers, soutenues par le régiment Dauphin, il enleva
« la citadelle ; il fit fournir par les baillis des environs douze mille
« rations de fourrages, qui donnèrent les moyens de continuer le
« siège du château de Nice, qui se rendit, le 4 janvier 1706. — Il
« servit au siège de Turin, en 1706 ; il attaqua un convoi des enne-
« mis destiné pour la ville, escorté de trois mille hommes qu'il battit
« et mit en fuite ; tua soixante hommes, fit cinquante-cinq prison-
« niers, enleva une partie du convoi et quatre-vingts chevaux.
« Chargé par M. le duc d'Orléans d'aller reconnaître la position des
« ennemis, il attaqua trois cents hommes postés dans une chapelle,
« au haut de la montagne du Superga qui dominait le camp
« ennemi ; enleva ce poste, l'épée à la main, à la tête de sept compa-
« gnies de grenadiers et de cinquante miquelets, fit quatre officiers
« et soixante soldats prisonniers de guerre, enleva huit chevaux et
« avertit le prince de la marche des ennemis. Il se trouva, quelques
« jours après, à la bataille de Turin. Il commanda l'arrière-garde de
« l'infanterie, lors de la retraite sous Pignerol, et de Pignerol à
« Embrun ; et, quoique continuellement harcelé par les Barbets,
« commandées par le fameux Cavalier, et par vingt troupes de cava-
« lerie, commandés par M. de Langallerie, il ne put jamais être

« entamé ni mis en désordre, et n'eut qu'un capitaine tué, un lieute-
« nant blessé et dix hommes tués ou blessés. — Son régiment ayant
« été mis dans l'intérieur du royaume, pendant la campagne de 1707,
« il ne servit point. — Passé en Flandre, en 1708 (1), il se trouva à
« la bataille d'Oudenarde, sous M. le duc de Bourgogne, au combat
« de Lessing, sous le comte de La Mothe. — Colonel du régiment
« de Navarre, par commission du 16 février 1709 (2), il se démit du
« régiment qui portait son nom. Fut du détachement qui s'empara
« de Warneton, marcha à la bataille de Malplaquet, où, à la tête du
« régiment de Navarre, il battit onze bataillons ennemis, leur prit
« neuf drapeaux et en reprit quatre du régiment de la Marck. —
« Brigadier, par brevet du 29 mars 1710, il fut, d'abord, employé à
« l'armée de Flandre et finit la campagne, en Allemagne, sous le
« maréchal d'Harcourt. Il servit en Flandre, en 1711 et 1712; se
« trouva, cette dernière année, à l'attaque des retranchements de
« Denain; y enleva aux ennemis neuf pièces de canon et emporta,
« l'épée à la main, la redoute qui leur restait en deçà de l'Escaut. Il
« servit, ensuite, aux sièges de Douai, du Quesnoy, de Bouchain : à
« celui de Landau, en 1713, il se rendit maître, avec son régiment,
« de la redoute extérieure du chemin couvert; il attaqua et emporta
« le chemin couvert où il eut quatre officiers et un ingénieur tués à
« ses côtés. Il obtint le gouvernement de Dax et de Saint-Sever, le
« 27 novembre, et s'en démit, au mois de juillet 1717. — Maréchal
« de camp, par brevet du 1er février 1719, il se démit du régiment de
« Navarre. Il fut rétabli dans le gouvernement de Dax, après la mort
« du marquis de Poyanne, par provisions du 11 mai 1725, et eut, le

---

(1) « 4 avril 1708 : Bateme a St Sulpice, [à Paris], de Jean, fils de
Pierre Martigny, officier de cuisine de Mr le marquis de Gassion; — le
parein, messire Jean, marquis de Gassion, colonel d'un regiment d'infanterie; la mareine, madame Marthe du Casse, epouse de haut et puissant seigneur messire Louis de La Rochefoucauld, chevalier, marquis de Roye.
lieutenant général des galères de France. » (Bibliothèque Nationale, *Pièces
originales*, volume 1289, n° 29.029, *verbo* DE GASSION, f° 40.)

(2) « *(Dimanche, 27 janvier 1709, à Versailles.)* M. de Pionsac, qui
vient d'avoir le gouvernement d'Oléron, a vendu le régiment de Navarre,
108.000 francs à M. de Gassion, neveu du lieutenant général et gendre de
M. d'Armenonville. » *(Journal du marquis de Dangeau*, tome XII, Paris,
Didot, 1857, page 317.)

« même jour, une commission pour commander en Béarn, Basse-
« Navarre et pays de Labourd : il y résida jusqu'en 1729. Employé
« à l'armée du Rhin, par lettres du 1ᵉʳ avril 1734, il se trouva à
« l'attaque des lignes d'Ettlingen et servit au siège et à la prise de
« Philippsburg. Fut créé lieutenant général des armées du roi, par
« pouvoir du 1ᵉʳ août, et finit la campagne en cette qualité. Il conti-
« nua de servir à l'armée du Rhin, par lettres du 1ᵉʳ mai 1735. On
« n'y entreprit rien : la paix se fit à la fin de la campagne. Il se
« démit du gouvernement de Dax. — Employé à l'armée auxiliaire,
« envoyée à l'électeur de Bavière, par lettres du 20 juillet 1741, il
« passa le Rhin, le 20 septembre, à la tête de la première colonne
« de la gauche, qu'il conduisit en Bohême ; il y contribua à la prise
« de Prague et commanda l'armée, en l'absence du marquis
« de Leuville, jusqu'à l'arrivée du maréchal de Broglie. Il revint en
« France, au mois de mai 1742, à cause de sa mauvaise santé ; fut
« nommé chevalier des ordres du roi, le 2 février 1743, et ne servit
« plus. » (1).

Jean de Gassion fut admis aux États de Béarn, le 12 juin 1716,
comme seigneur de Bergeré de Jurançon, et héritier de son père ; Il
céda, le 4 juin 1717, une créance de 368 francs sur Pierre de Loupien,
dit Montané, d'Artiguelouve, au profit de Jean-Paul d'Agoueix, de
Pau, abbé de Gerderest ; et donna, le 7 juin de la même année, à
Pau, une procuration générale en faveur de dame Magdeleine de
Colbert, sa mère (2). — Il rendit hommage au roi, le 14 juillet 1724,
pour ses biens nobles, et dénombra, le 21 juillet 1727, le marquisat
de Gassion, composé de la baronnie de Camou, des châteaux de
Saint-Vincent et de Saint-Martin de Salies, de la seigneurie de
Bonnefont d'Abitain, de la baronnie d'Audaux, des Marsains et
Conques, Geup, Narp, Orriule, Bugnein et Castetbon (3). Il fournit, dans

---

(1) Pinard. *Chronologie historique militaire*, Paris, Claude Herissant,
1762, tome V, page 155.

(2) Archives des Basses-Pyrénées, c. 758, fᵒ 7 ; E. 2084, fᵒˢ 112, 114
et 138.

(3) On a vu, plus haut, que le marquisat de Gassion comprenait la baronnie de Camou, les châteaux de Saint-Vincent et de Saint-Martin de Salies,
les terres et seigneuries de Bonnefont d'Abitain, d'Audaux, des Marsains et
Conques, Narp, Orriule, Meritein, Ossenx, en sa partie, Bugnein et Castetbon. C'est à tort que Paul Raymond fait dépendre du marquisat de Gassion

le même acte, le dénombrement des seigneuries de Saint-Pé, domengeadure de Casambouey, maison seigneuriale de Soulenx de Salies,
des seigneuries de Muncin, Camu, Oréite, Saint-Gladie, Saint-Martin, abbaye d'Autevielle, domengeadure et seigneurie de Capdeville,
maison noble de Capdepon, seigneurie et abbaye de Mourenx et de
Noguères, dîme de Marsillon, seigneurie et abbaye de Ramous,
abbaye de Départ, seigneuries d'Arbus et d'Artiguelouve, en sa
partie, abbaye dudit lieu d'Artiguelouve, seigneurie et abbaye de
Gomer, maisons nobles de Bergeré de Jurançon et de Gendron de
Pau, des seigneuries et abbayes de Simacourbe et de Lannegrasse,
dîme et abbaye de Bordes et de Castillon, Lahitolle et droits en dépendant. Ce dénombrement fut vérifié par arrêt du parlement de
Navarre du 18 septembre 1728 (1).

On lit, dans un ouvrage inédit du célèbre médecin béarnais Théophile de Bordeu, l'anecdote suivante qui concerne Jean de Gassion,
IIIe du nom :

« ... J'ai ouï dire à un vieux marquis de Gassion, qui comptait
« parmi ses ancêtres un médecin, excellent poète béarnais, qu'étant
« tombé malade en Allemagne, on lui fit venir un vieux médecin de
« réputation. La physionomie du docteur le frappa, et il n'osa lui
« faire part de son idée que dans sa convalescence. Enfin, il se déter-
« mina à lui dire : Docteur, je crois vous avoir vu autrefois? — Eh
« oui, Monsieur le marquis, reprit le médecin, vous m'avez vu il y a
« *quarante ans*, garçon-maréchal auprès de St Sever, Cap-de-Gas-
« cogne. J'eus soin du bidet sur lequel vous alliez rejoindre votre
« régiment, et qui vous mit, je crois, dans le cas de faire votre route
« à pied. Il était bien malade. Je passai en Allemagne où je me fis
« chirurgien et frater de campagne. Ayant, par la suite, étudié dans
« une bonne université, j'appris la médecine, et je vous assure
« que mon premier métier m'aida beaucoup dans ce pays là (2). »

En 1739, Jean de Gassion, IIIe du nom, demanda à être inscrit

les autres biens nobles dénombrés, le 21 juillet 1727. (Raymond, *Dictionnaire topographique du département des Basses-Pyrénées*, page 68.)

(1) Archives des Basses-Pyrénées, B. 5792 ; B. 4681, page 591.

(2) F. Couaraze de Làa, *Bembo, Ronsard et Gassion*, *étude critique*,
Agen, Prosper Noubel, 1862, page 16.

dans le catalogue des *voisins* de Pau (1). Il mourut dans cette ville, le 20 mai 1746, à l'âge de 67 ans et 10 mois (2). — Voici le portrait que M. de Laussat a tracé de ce personnage :

« ... C'étoit un excellent officier. Lorsque, dans ses entretiens, il « s'agissoit d'expéditions militaires, on ne peut en parler mieux « qu'il le fesoit et en meilleurs termes. C'étoit son seul genre d'es-« prit, hors de là, rien de plus borné. Il étoit attaqué de la pierre. « C'est à l'âge de 70 ans que, retiré du service, il fut opéré à Pau, « par Ledru (3) un des plus célèbres médecins de ce siècle, et non

---

(1) « Monsieur le marquis de Gassion a dit que luy et les siens ont toujours jouy du droit de voisinage et que les cadets de sa maison ont été reconus pour voisins et, en cette qualité, ont jouy et jouissent des droits dont les voisins ont acoutumé de jouir. Ce droit est si ancien dans sa maison qu'il ne sçauroit en trouver l'origine, mais l'uzage qu'il en fait anuellement, de même que Mr de Plantaroze [Planterose], tresorier general, qui le prend d'un cadet de sa maison, doivent le faire maintenir dans son estat, auquel effect il demande d'estre inscrit au catalogue et a signé. » — « Monsieur le president [Henry] de Gassion a demandé d'estre inscrit et employé ce qu'il a esté dit, cy dessus, par Monsieur le marquis son frere, et a signé. » (Archives de Pau, *Registre de renseignements pour le catalogue des voisins de Pau*, BB. 26, f° 20, v°.)

(2) « L'an mil sept cent quarante et six, et le vingt may, est decedé, à l'age de soixante et neuf ans ou environ, tres haut et tres puissant seigneur Jean, marquis de Gassion et d'Aluy [Alluyes], baron de Monboyer, d'Arbus, d'Audaux, Camou et autres lieux, lieutenant general des armées du roy et chevalier commandeur de ses ordres, et son corps a été inhumé, le vingt un, dans le tombeau de ses ancestres, placé en la chapelle appellée de Gassion, dans l'eglise parroissiale Saint-Martin de cette ville, en presence des sieurs Pierre Betbeder et Charles Laconferanque, clercs tonsurés, de cette ville, qui ont signé avec nous. (Signé :) P. Betbeder ; — Laconfranque ; — Cassou, desservant la cure de Pau. » (Archives de Pau, *Etat civil*, GG. 57, f° 7.)

(3) Le Dran et non Ledru (Henri-François), né à Paris, en 1685, fils aîné d'Henri Le Dran, célèbre chirurgien et de Catherine Darvoy. Il suivit la carrière paternelle et mourut, le 17 octobre 1770, chirurgien en chef de l'hôpital de la Charité, chirurgien consultant des armées et membre de l'Académie de chirurgie. On a de lui, notamment : *Parallèle des différentes manières de tirer la pierre hors de la vessie*, Paris, 1730, in-8°, 2 volumes ; traduits en allemand (1737) ; en anglais (1738). (Dechambre, *Dictionnaire encyclopédique des sciences médicales*, Paris, Asselin et Masson, 1869, tome 54, page 135.)

« moins pour la pratique que pour la théorie, qu'on avoit fait venir
« exprès de Paris ; mais on avoit trop tardé, le malade n'ayant plus
« qu'un corps que de longues et cruelles souffrances avoient affoibli,
« ne put résister aux épreuves de l'opération, il mourut le lende-
« main... (1). »

Jean de Gassion, IIIᵉ du nom, avait épousé, le 16 avril 1708, à
Paris, demoiselle Marie-Jeanne FLEURIAU D'ARMENONVILLE, fille de
haut et puissant seigneur messire Joseph-Jean-Baptiste FLEURIAU,
seigneur d'Armenonville, garde des sceaux de France, commandeur
et trésorier des ordres du roi, et de haute et puissante dame
Jeanne GILBERT (2). — Le marquis de Dangeau écrivait, à l'occasion
de cette alliance :

« *(Lundi, 9 avril 1708, à Versailles.)* M. d'Armenonville marie sa
« fille au marquis de Gassion et lui donne 400.000 francs, et six
« années de nourriture. Le marquis de Gassion aura plus de 100.000
« francs de rente ; il est colonel d'infanterie (3). »

Marie-Jeanne Fleuriau d'Armenonville mourut à Pau, à l'âge de
48 ans, le 14 octobre 1735 (4). — Jean de Gassion, IIIᵉ du nom,
avait eu d'elle :

------

(1) *Société béarnaise au xviiiᵉ siècle*, page 100.

(2) « Le 10 avril 1708, à Saint-Eustache : Promesse de mariage entre
haut et puissant seigneur messire Jean, marquis de Gassion, comte de
Montboyer, baron d'Audavi *(sic)* [d'Audaux], etc., colonel d'infanterie, fils
de feu haut et puissant seigneur messire Pierre de Gassion, président à
mortier au parlement de Navarre, et de haute et puissante dame Magdeleine Colbert du Terron, demeurant en son hotel, rue de Verneuil, et
d'moiselle Marie-Jeanne Fleuriau, fille de haut et puissant seigneur messire
Joseph Jean Batiste Fleuriau d'Armenonville, conseiller d'état ordinaire, et
de haute et puissante dame Jeanne Gilbert, de la paroisse de Saint-
Eustache. — Seront mariés, lundi, 16 avril 1708, a la Meute, dans le bois
de Boulogne. » (Bibliothèque Nationale, *Pièces originales*, volume 1289,
n° 29,029, *verbo* DE GASSION, fᵒ 41.)

(3) *Journal du marquis de Dangeau*, tome XII, Paris, Didot, 1857,
page 115.

(4) « Le quatorsieme octobre mil sept cens trente cinq, haute et puissante dame Jeanne d'Armenonville, epouse de haut et puissant seigneur
Jean, marquis de Gassion, lieutenant general des armées de Sa Majesté,
deceda dans la communion de l'eglise, munie de tous les sacremens. Son
corps fut inhumé dans le tombeau de sa famille, elevé dans leur chapele de

1° Pierre de Gassion, né à Paris, le 26 septembre 1715, et baptisé dans l'église Saint-Roch (1). Capitaine de cavalerie dans le régiment du comte de Peyre, son beau-frère, il devint, au mois d'avril 1738, mestre de camp du régiment de cavalerie de Bretagne et mourut à Paris, le 26 août 1741.

Suivant M. de Laussat, Pierre de Gassion « étoit déjà âgé de 24 à 25 ans, lorsque dans une partie de chasse aux environs de Paris, avec un jeune seigneur de sa connaissance, un coup de fusil, parti des mains de ce dernier, abrégea funestement ses jours. On n'a jamais bien sçu si c'étoit de par accident ou en duel, mais le duel fut la version la plus accréditée (2). »

Le *Mercure* écrivait, au mois de septembre 1741 :

« Le 26 aoust, Pierre de Gassion, marquis d'Alluye, mestre de camp, lieutenant dans le régiment de Bretagne, cavalerie, depuis le 5 avril 1738, et auparavant, capitaine d'une compagnie dans le régiment de Peyre, aussi de cavalerie, mourut à Paris, âgé de 25 ans 11 mois, étant né le 26 septembre 1715. Il n'a point été marié; il étoit fils unique de Jean Gassion, marquis de Gassion, comte de Montboyer, baron d'Audaux et d'Arbus, lieutenant général des armées du roy, gouverneur de Dax et commandant pour Sa Majesté en Bearn, et de feue dame Marie Jeanne Fleuricau d'Armenonville, dont la mort est raportée dans le *Mercure* d'octobre 1735, page 2327 (3). »

2° Jeanne de Gassion, dont l'article suit;

3° Et Magdeleine-Angélique de Gassion, née en 1713, mariée, le 26 mai 1732, à haut et puissant seigneur Louis-François de Damas de Thianges, comte d'Aalézy, guidon des gendarmes de la garde du roi (4).

---

l'église parroissialle St Martin de Pau, et les offices pour le salut de son ame ont été faits, le quinsieme du susdit mois, par moy. (Signé :) Lasoulle, directeur de la parroisse de Pau et vicaire general. » (Archives de Pau, *Etat civil*, GG. 26, f° 17.)

(1) Comte de Chastellux, *Notes prises aux archives de l'état civil de Paris*. (*Revue historique nobiliaire et biographique*, nouvelle série, Paris, Dumoulin, 1873, tome VIII, page 537.)

(2) *Société béarnaise au* XVIIIe *siècle*, page 101.

(3) Bibliothèque Nationale, *Dossiers bleus*, volume 306, n° 7750, verbo GASSION, f° 14.

(4) La Chenaye-Desbois et Badier, *Dictionnaire de la Noblesse*, 1866, tome IX, colonne 26.

VIII. — Haute et puissante dame Jeanne DE GASSION épousa, par contrat des 16 et 22 février 1723, haut et puissant seigneur messire Aymar-Henry DE MORET DE GROLÉE DE PEYRE, chevalier, comte de Peyre (1), baron de Montbreton et de Marchastel, seigneur de La Baume, de Baldassé (2), Saint-Léger et autres lieux, grand bailli du Gévaudan, seigneur et gouverneur de la ville de Marvejols et des châteaux de Chirac et Grèzes (3), capitaine au régiment royal des Cravates, cavalerie. — Baptisé, le 2 novembre 1698, Aymar-Henry de Moret était le fils aîné de haut et puissant seigneur messire Claude-Antoine DE MORET, chevalier marquis de Montarnal (4), baron de Pagas, seigneur de Vieillevie, de Montrodat, etc., premier gentilhomme du Gévaudan, colonel de plusieurs compagnies bourgeoises, et de haute et puissante dame Marie-Anne D'ESCARS, *alias* DES CARS DE MERVILLE.

« Messire Eymar Henri de Moret de Grolée, comte de Peyre, « propriétaire de la baronnie de Peyre, l'une des huit baronnies du

---

(1) « PEYRÉ *ou* PEYRE, dans le Gévaudan, en Languedoc, diocese et recette de Mendes [Mende], parlement de Toulouse, généralité de Montpellier, intendance de Languedoc. On y compte 570 feux, dont 496, pour la paroisse de S¹ Léger et 74 pour celle de S¹ Sauveur. C'est une baronnie considérable, située au midi de Javoulz [Javols], a 4 lieues nord ouest de Mendes. » (Expilly, *Dictionnaire géographique, historique, etc.*, tome V, page 662, colonne 2.) On voit que la baronnie de Peyre comprenait la commune actuelle de *Saint-Léger de Peyre*, située dans le canton et dans l'arrondissement de Marvejols, et celle de *Saint-Sauveur de Peyre*, située dans le canton d'Aumont et dans l'arrondissement de Marvejols (Lozère).

(2) *Montbreton*, château, commune de Chanas, canton de Roussillon, arrondissement de Vienne (Isère); — *Marchastel*, commune du canton de Nasbinals et de l'arrondissement de Marvejols (Lozère); — *La Baume*, château, commune de Prinsuejols, canton de Nasbinals (Lozère); — *Baldassé*, commune de Gabrias, canton et arrondissement de Marvejols.

(3) *Chirac*, commune du canton de Saint-Germain du Teil et de l'arrondissement de Marvejols; — *Grèzes*, commune du canton et de l'arrondissement de Marvejols (Lozère).

(4) *Montarnal*, commune de Senergues, canton de Conques, arrondissement de Rodez (Aveyron); — *Pagas*, château, commune de Flagnac, canton d'Aubin, arrondissement de Villefranche-de-Rouergue (Aveyron); — *Vieillevie*, commune du canton de Montsalvy et de l'arrondissement d'Aurillac (Cantal); — *Montrodat*, commune du canton et de l'arrondissement de Marvejols (Lozère).

« Gevaudan, fit ses preuves, le 3 juillet 1724, tant du coté patern
« que du coté maternel, pour son entrée aux Estats de Languedo
« A ces preuves est joint un extrait du registre des deliberations d
« Trois Estats de Languedoc, assemblés en la ville de Narbonn
« au mois de décembre 1724, portant que, le 16 du même mois, l
« commissaires, nommés pour examiner lesdites preuves, avoie
« rapporté que Mr le comte de Peyre avoit remis aux Estats de 172
« le testament de feu Mr le comte de Peyre son grand oncle (1), d
« 8 avril 1718, qui l'instituoit son heritier universel; qu'il avo
« satisfait, non seulement a la preuve de quatre générations noble
« requises par le reglement des Estats, mais qu'il etoit remon
« encore plus haut, en justifiant par des contrats de mariage, etc
« qu'il descendoit d'ancêtres d'une noblesse très illustre et tre
« ancienne jusqu'a la dixième génération; que la maison de Mor
« de Montarnal joignoit a l'ancienneté de sa noblesse l'eclat de
« grandes alliances qu'elle a faites dans tous les temps; que Madam
« la marquise de Montarnal, sa mère, de la maison d'Escars d
« Merville, étoit, aussi, d'une noblesse très distinguée, etc.
« qu'ainsy, ils etoient d'avis de le recevoir dans laditte assemblé
« des Estats, d'autant plus volontiers qu'il portoit un nom célèbr
« dans la province, dont Mr son grand oncle avoit été longtemp
« lieutenant général; et, en consequence, il avoit été introduit dan
« ladite assemblée, en qualité de baron de tour de Gévaudan, avoi
« presté serment a genoux entre les mains de Monseigneu
« l'archevêque de Narbonne, président, et avoit pris sa place (2). »

« Haut et puissant seigneur messire Henry Eymar de More
« chevalier, seigneur comte de Peyre, marquis de Monbreton
« seigneur de Saint-Léger, etc., gouverneur et coseigneur de la vill
« de Marvejols, mestre de camp de cavalerie, » fut institué héritie
universel par le testament de son père, du 22 septembre 173
Nommé chevalier de l'ordre royal et militaire de Saint-Louis,
1er juin 1738 (3), il mourut à Toulouse, le 20 février 1739 (4).

---

(1) César de Grolée de Viriville, comte de Peyre.

(2) Bibliothèque Nationale, *Collection Chérin*, volume 142, n° 2910
dossier MORET DE PEYRE, en Rouergue, f° 16.

(3) *Collection Chérin*, dossier MORET DE PEYRE, f° 16, v°.

(4) La Chenaye-Desbois et Badier, *Dictionnaire de la Noblesse*, 1866
tome IX, colonne 26; — 1869, tome XIV, colonne 550.

Du 16 mai 1752 : « Lettres de foy et hommage pour dame Jeanne
« de Gassion, comtesse de Peyre, résidente a Paris, pour raison de
« la seigneurie d'Audaux, Marsain [Marsains] et Conques, chateaux
« de St Vincent et de St Martin de Sallies, la dime et juspatronat
« des deux cures de la directe, fiefs, moulin et autres droits en
« dependans, les maisons nobles de St Pée et de Soulenx et leurs
« dependances, scituées en ladite ville, fiefs et droits en dependans,
« la dime de Ramous, ensemble la seigneurie dudit lieu, acquise du
« roy, la dime de Bordes et Trescoig, de L'Hospital d'Orion,
« ensemble les fiefs desdits Bordes de Trescoig, acquis du roy, la
« seigneurie de Muncin, la seigneurie de Camu, la seigneurie de
« St Gladie, en sa partie, la seigneurie d'Oreyte [Oréite], la sei-
« gneurie de Geup, la seigneurie d'Ossens [Ossenx], la seigneurie de
« Narp, la seigneurie et abbaye de Castetbon, acquise du roy, la
« seigneurie d'Orriule, la seigneurie de Meritein, la seigneurie
« d'Oos [Os], fiefs de Pardies et autres lieux circonvoisins, acquis
« du roy, les seigneuries de Mourenx et Nougueres [Noguères] et
« dime de Marsillon, la seigneurie d'Arbus, la seigneurie d'Artigue-
« louve, en sa partie, la maison noble de Bergeré, scituée a
« Jurançon, la maison noble apellée Gerbas [Gerbais], autrement
« Gendron, scituée en la ville de Pau, la seigneurie de Bonnefont
« d'Abitein [Abitain], la seigneurie de St Martin, l'abbaye de
« Bugncin et la seigneurie dudit lieu, acquise du roy, avec entrée
« aux Etats generaux de Bearn pour la meilheure partie desdites
« seigneuries et maisons nobles (1). »

Le 25 février 1755, à Pau, très haute et très puissante dame
Jeanne de Gassion, comtesse de Peyre, fille et héritière de feu messire Jean de Gassion, marquis de Gassion, chevalier des ordres du
roi, lieutenant général de ses armées, reconnut avoir reçu la somme
de 430 livres, 11 sols, de demoiselle Marie de Lacugna, femme du
sieur Jean-Louis Gaston, de Castetner (2). — Jeanne de Gassion
mourut à Paris, le 31 mai 1767, à l'âge de 57 ans (3), et fut enterrée,
le 20 juin suivant, dans l'église Saint-Martin de Pau et dans la cha-

---

(1) Archives des Basses-Pyrénées, B. 5492, fº 10, vº.
(2) Archives des Basses-Pyrénées, B. 7744, année 1755, fº 5, vº.
(3) Voyez la *Société béarnaise au xviiiᵉ siècle*, page 102.

pelle de Gassion (1). — Elle avait eu de son mariage : Jean-Henry de Moret de Grolée, dont l'article suit.

IX. — Haut et puissant seigneur Jean-Henry DE MORET DE GROLÉE chevalier, comte de Peyre, seigneur de La Baume, Burzet (2), Pagas, Camou, Audaux, Arbus et d'autres places, naquit à Pau, le 6 septembre 1737 (3). Il obtint du roi, le 15 juillet 1754, les provisions de

(1) Comte de Chastellux, *Notes prises aux archives de l'état civil de Paris. (Revue historique nobiliaire et biographique*, nouvelle série, tom. VIII, page 537.) — « L'an mil sept soixante sept *(sic)* et le trente un mai deceda, a l'age de cinquante sept ans, dans la paroisse Saint Sulpice d Paris, haute et puissante dame Jeanne de Gassion, veuve a fû haut e puissant seigneur Henri Eymar de Moret de Viriville de Groslée, comt de Peyre, seigneur de La Baume, baron de Monbreton, Burcet [Montbre ton, Burzet], Saint Martory et autres lieux, mestre de camp, colonel d'u regiment de cavalerie de son nom. Son corps fut transferé a la paroiss Saint Martin de la ville de Pau et a été inhumé, le vingt juin, dans le tom beau de la famille, placé dans la chapelle de la maison de Gassion, qui es dans l'eglise paroissiale Saint Martin de la ville de Pau, en presence de sieurs Jacques Paradis, minorisé, et de Pierre Sansous, clerc tonsuré, qu ont signé avec nous. (Signé :) Samsous; — Paradis; — de Camplong curé de Pau. » (Archives de Pau, *État civil*, GG. 120, f° 21, v°.)

(2) *Burzet*, chef-lieu de canton de l'arrondissement de Largentièr (Ardèche).

(3) « L'an mil sept cens trente sept et le sixieme septembre, naquit et été baptisé, le septieme, Jean Henry, fils legitime de haut et puissan seigneur messire Eymar Henry de Moret, comte de Peyre, maistre d camp d'un regiment de cavalerie, et de haute et puissante dame Jeanne d Gassion, son epouse; — parrain, haut et puissant seigneur messire Jear marquis de Gassion, lieutenant general des armées du roy, et, en so absence, messire Joseph Paul François Desclaux Mesples, qui l'a tenu su les fons, avec haute et puissante dame Magdeleine de Colbert, marquis douairière de Gassion, bisayeulle de l'enfant; — en présence de hauts puissants seigneurs messires Armand Jean, marquis de Moncin, comte d Troisvilles, Joseph Paul Desclaux Mesples, president a mortier au parlemer de Navarre, Exuper de Bertier, Dominique Desclaux de Mesples et Jea Jacques, chevalier de Mesples, qui ont signé avec nous. (Signé :) Desclau Mesples; — Colbert de Gassion; — Peyre; — Moncins de Troisville — Desclaux Mesples; — Bertier; — le chevalier de Mesples; — D Baratz, curé de la ville de Pau. » (Archives de Pau, *État civil*, GG. 28

gouverneur et lieutenant général de Sa Majesté au pays de Bourbonnais, sur la démission de Louis-César de La Beaume-Le Blanc,
duc de La Vallière, « Sa Majesté voulant reconnoitre, en la personne
« dudit Jean-Henry de Moret de Grolée, les services militaires qui
« lui avoient été rendus par son père et ayeul paternel et par le mar-
« quis de Gassion, son ayeul maternel, lieutenant général des armées
« du roy et chevalier des ordres de Sa Majesté, dans les différens
« commandemens, batailles et sieges ou il (le marquis de Gassion)
« s'etoit signalé depuis 1702, jusqu'a la prise de la ville de Prague,
« dont il avoit fait l'investiture, en 1741; se persuadant que le sieur
« comte de Peyre, a l'exemple de ses ayeux, lui rendroit service avec
« le même zèle, fidélité et affection. Ces provisions, dattées de
« Compiegne, signées LOUIS; sur le reply, par le roy, PHELIPPEAUX;
« et scellées; — avec l'enregistrement desdites provisions en
« parlement, le 2 juillet 1755, signé DU FRANC; — en la Chambre
« des comptes, sans approbation du titre de comte de Peyre (1), le
« 10 du même mois, signées DU CORNET; — avec la prestation de
« serment, fait entre les mains de Sa Majesté, pour ladite charge,
« le 30 du même mois, en présence du ministre, secrétaire d'Etat
« et de ses commandemens et finances, signé PHELIPPEAUX (2). »

Jean-Henry de Moret de Grolée, comte de Peyre, fut encore
pourvu, suivant lettres, datées de Versailles, 14 septembre 1754, de la
charge de grand sénéchal du Bourbonnais, vacante par la démission
de Louis-César de La Beaume-Le Blanc, duc de La Vallière (3).
Il fut reçu aux États de Languedoc, au mois de janvier 1759, comme
baron de Peyre. Présenté au roi et à la famille royale, il monta dans

---

f° 25, v°.) — Cet acte de baptême, que l'on trouve analysé dans le dossier
MORET DE PEYRE, de la collection Chérin, donne la date exacte de la
naissance du comte de Peyre. La Chenaye-Desbois le faisait naitre le
6 septembre 1736; Expilly, au mois d'août 1738, et l'auteur de la Société
béarnaise au xviiie siècle, en 1734. (La Chenaye-Desbois et Badier,
Dictionnaire de la Noblesse, 1869, tome XIV, colonne 550; — Expilly,
Dictionnaire géographique, historique, etc., tome III, page 562; —
Société béarnaise au xviiie siècle, page 102.)

(1) Ce titre de comte de Peyre était, en effet, de pure courtoisie. On a
vu plus haut que la terre de Peyre était baronnie.

(2) Collection Chérin, dossier MORET DE PEYRE, f° 16, v°.

(3) Ibidem, f° 17.

les carrosses de Sa Majesté, en 1773, après avoir fait les preuves de
noblesse de sa maison, devant Chérin, le 23 novembre 1772 (1). Il
est qualifié « haut et puissant seigneur Jean-Henry de Moret de
« Groslée, comte de Peyre, seigneur de La Baume, Burzet, Pagas,
« Camou, Audaux, Arbus et autres places, brigadier des armées du
« roy, colonel du régiment de Piémont, infanterie, gouverneur et
« grand sénéchal de la province de Bourbonnais, demeurant à Paris,
« patron laïque de la cure Saint-Mamès d'Arbus, » dans un acte,
daté de cette commune, 25 juin 1779, par lequel noble Jean-
Baptiste d'Astis, prêtre et curé de Lalonquère, prit possession de la
cure d'Arbus, à laquelle il avait été nommé par M. Jean-Alexandre
de Barbaste, prêtre, fondé de procuration dudit seigneur comte de
Peyre (2). Jean-Henry de Moret de Grolée était maréchal des camps
et armées du roi, lorsque noble Jean-Pierre de Laborde, vicaire de
la paroisse de Denguin, prit possession, le 16 juin 1780, de la cure
Sainte-Madeleine de Mourenx à laquelle il avait été présenté, le
12 juin de la même année, par ledit sieur de Barbaste, fondé de
procuration du comte de Peyre (3). Reçu aux États de Béarn,
dans l'ordre de la noblesse, le 13 janvier 1785, comme seigneur
de Bergeré de Jurançon (4), le comte de Peyre afferma, le 3 janvier
1788, à Pau, pour neuf années, à raison de 13.000 livres par année,
en faveur du sieur Jean Abbadie Danglade, négociant, de Bugnein,
« tous les revenus des terres et seigneuries d'Audaux, des Marsains
« et Conques, Méritein, Bugnein, Castelbon, Orriule, Narp,
« Ossenx et Geup, des dîmes et moulins, prés, terres labourables,
« taillis, fiefs, lods et ventes, dans les lieux où ce droit est établi,
« la métairie noble de Capdeville de Geup, et généralement les
« biens et revenus de toute nature, dépendans desdites seigneuries
« et appartenant audit seigneur comte de Peyre (5). »

---

(1) Le comte de Peyre prouva sa filiation suivie à partir de « Guillemus
de Moreto domicellus castri de Moreto, » qui vivait, le 1er mai 1370.
(*Chérin*, dossier MORET DE PEYRE, f° 3.) — *Moret*, aujourd'hui *Mouret*,
commune du canton de Marcillac et de l'arrondissement de Rodez
(Aveyron).
(2) Archives des Basses-Pyrénées, o. 321.
(3) *Ibidem*.
(4) Archives des Basses-Pyrénées, c. 820, f°° 21, v°, et 26, v°.
(5) Archives des Basses-Pyrénées, E. 2088, n°° 14 et 15.

La Chenaye-Desbois blasonne les Moret de Grolée de Peyre :
« *écartelé : aux 1 et 4, d'or, à la hure de sanglier de sable, accompa-*
« *gnée de 5 mûres de gueules, ombrées d'or, mises en orle,* qui est
« DE MORET; *au 2, gironné d'or et de sable, chargé en cœur d'une*
« *couronne de sinople,* qui est DE GROLÉE DE VIRIVILLE; *et au 3,*
« *d'argent, à l'aigle éployée de sable,* qui est DE PEYRE (1). »

Un décret impérial, rendu à Pau, le 22 juillet 1808, ayant ordonné
que les prisons du département des Basses-Pyrénées seraient trans-
férées « de la tour du château de Pau à l'hôtel dit de Gassion, » le
comte de Peyre vendit cet immeuble au département, le 22 mai 1811,
suivant acte au rapport de Mᵉ Sorbé, notaire à Pau.

Jean-Henry de Moret de Grolée, comte de Peyre, mourut sans
postérité, et les Talleyrand-Périgord héritèrent des biens de la
branche des marquis de Gassion, à laquelle ils se rattachaient de
la manière suivante :

VII. — Haute et puissante dame Marie DE GASSION, — seconde
fille de haut et puissant seigneur messire Pierre DE GASSION, chevalier, marquis de Gassion, président au parlement de Navarre et
conseiller d'État, et de haute et puissante dame Magdeleine
DE COLBERT DU TERRON, et grand'tante de Jean-Henry de Moret de
Grolée, comte de Peyre, — contracta mariage, comme on l'a vu, le
13 avril 1717, avec haut et puissant seigneur messire Philippe
DE BAYLENS, chevalier, marquis de Poyanne. — Armes des Baylens
de Poyanne : *écartelé : aux 1 et 4, d'or, au lévrier rampant de gueules,*
collté d'argent qui est DE BAYLENS; *aux 2 et 3, d'azur, à trois canettes*
d'argent, posées 2 et 1, qui est DE POYANNE (2). — De cette alliance
vint : Charles-Léonard, dont l'article suit.

VIII.—Haut et puissant seigneur Charles-Léonard (3) DE BAYLENS,
marquis de Poyanne, naquit le 13 mars 1718. Il fut successivement

---

(1) La Chenaye-Desbois et Badier, *Dictionnaire de la Noblesse,* 1869,
tome XIV, colonne 551.

(2) La Chenaye-Desbois et Badier, *Dictionnaire de la Noblesse,*
3ᵉ édition, Paris, Schlesinger, 1863, tome II, colonne 597.

(3) La Chenaye-Desbois lui donne le prénom de *Bernard.* (La Chenaye-
Desbois et Badier, *Dictionnaire de la Noblesse,* 3ᵉ édition, Paris, Schlesinger, 1863, tome II, colonne 596.) — Voir, aussi. Cauna, *Armorial*
des Landes, tome III, pages 397 et 398.

mousquetaire du roi, dans sa seconde compagnie, le 5 septembre 1732, capitaine de cavalerie, en 1735, guidon des gendarmes de la garde, colonel du régiment de Bretagne, cavalerie, en 1741, après la mort de Pierre, marquis de Gassion, son cousin germain. Brigadier, le 2 mai 1744, maréchal de camp, le 1er janvier 1748, inspecteur général de cavalerie en 1754, mestre de camp lieutenant des carabiniers du comte de Provence, en 1758, il fut créé lieutenant général des armées du roi, le 1er mai 1758, et chevalier de ses ordres, le 2 février 1767. — Il épousa : 1° le 8 mars 1745, dame Charlotte-Louise (1) DU BOIS DE FIENNE, dite OLIVIER, marquise de Leuville, née le 2 octobre 1730, morte à Paris, le 10 juillet 1761, fille de haut et puissant seigneur messire Louis-Thomas DU BOIS DE FIENNE, dit Olivier, marquis de Leuville, lieutenant général des armées du roi, et de dame Marie VOISIN; 2° par contrat du 10 mai 1764, et, le 12 mai de la même année, dans l'église Sainte-Marie-Magdeleine de la Ville-l'Évêque, à Paris, dame Marie-Augustine ÉRARD DE RAY, veuve de Charles-Claude-Ange DUPLEIX, écuyer (2). — Charles-Léonard de Baylens eut du premier lit :

1° Marie-Éléonore-Rosalie de Baylens de Poyanne, née à Paris, le 15 octobre 1746;

2° Rosalie-Henriette de Baylens de Poyanne, née à Paris, le 24 novembre 1748, mariée, par contrat du 17 février 1767, et le 7 juillet suivant, dans l'église Sainte-Marie-Madeleine de la Ville-l'Évêque, à Paris, à haut et puissant seigneur messire Maximilien-Alexis de Béthune, duc de Sully (3). Elle mourut, le 14 octobre 1772 (4);

3° Et Marie-Caroline-Rosalie de Baylens de Poyanne, dont l'article suit.

IX. — Haute et puissante dame Marie - Caroline - Rosalie DE

(1) La Chenaye-Desbois la nomme *Antoinette-Madeleine* Olivier, marquise de Leuville. (*Dictionnaire de la Noblesse*, édition de 1863, tome II, colonne 596.)

(2) Marquis de Granges de Surgères, *2,500 actes de l'état civil ou notariés*, Nantes, 1895, page 26.

(3) *Ibidem*, page 40.

(4) La Chenaye-Desbois et Badier, *Dictionnaire de la Noblesse*, 3e édition, Paris, Schlesinger, 1863, tome II, colonne 596, et tome III, colonne 112.

BAYLENS DE POYANNE naquit à Paris, le 5 janvier 1760 (1). Elle
épousa, en 1778, haut et puissant seigneur Elie-Charles DE
TALLEYRAND-PÉRIGORD, duc de Périgord, prince de Chalais, né à
Versailles, le 4 août 1754, fils de haut et puissant seigneur Gabriel-
Marie DE TALLEYRAND-PÉRIGORD, comte de Grignols, marquis de
Théobon, comte de Périgord, puis prince de Chalais, marquis
d'Excideuil et grand d'Espagne de première classe, du chef de sa
femme, lieutenant général des armées du roi, et de haute et puis-
sante dame Marie-Françoise-Marguerite DE TALLEYRAND-PÉRIGORD,
princesse de Chalais, marquise d'Excideuil. — Armes des Talleyrand-
Périgord : *De gueules, à trois lions d'or, lampassés, armés et cou-
ronnés d'azur*. — Couronne antique de prince sur l'écu et couronne
ducale sur le manteau. — Supports : *deux aigles*, alias *deux lions*.
— Cimier : *un lion couronné, assis entre deux cornes*. — Devise :
RE QUE DIOU. — Pair de France, le 4 juin 1814, Elie-Charles de
Talleyrand fut créé duc de Périgord, en 1816, et promu, le 21 février
de la même année, lieutenant général des armées du roi. Il mourut
à Paris, le 31 janvier 1829 (2), après avoir eu de son mariage :

1° Augustin-Marie-Elie-Charles de Talleyrand-Périgord, dont l'article
suit ;

2° Alexandre-Pierre-Adélaïde-Paul-Roger-Charles-Léopold de Talleyrand-Périgord, né à Paris, le 24 octobre 1789 ;

3° Et Arthur-Louis-Denise-Jeanne-Augustine-Septimanie de Talleyrand-Périgord, né à Paris, le 19 février 1786, décédée, le
29 novembre 1789 ;

X. — Augustin-Marie-Elie-Charles DE TALLEYRAND-PÉRIGORD,
comte et duc de Périgord, prince de Chalais, comte de Grignols,
marquis d'Excideuil, grand d'Espagne, naquit à Paris, le 8 janvier
1788 (3). Colonel du 1er régiment des cuirassiers de la garde, le

(1) Comte de Chastellux, *Notes prises aux archives de l'état civil de
Paris*, Revue historique nobiliaire et biographique, nouvelle série, Paris,
Dumoulin, 1872, tome VII, page 206.

(2) Robert, Bourloton et Cougny, *Dictionnaire des parlementaires
français*, Paris, Bourloton, 1891, tome V, page 360.

(3) Comte de Chastellux, *Notes prises aux archives de l'état civil de
Paris*, Revue historique nobiliaire et biographique, nouvelle série, Paris,
Dumoulin, 1874, tome IX, page 551.

8 septembre 1815, maréchal de camp, en 1818, il fut placé à la tête
d'une brigade du camp de Lunéville et entra au comité de cavalerie,
en 1830. Chevalier de Saint-Louis et commandeur de la Légion
d'Honneur, il fut admis à siéger à la Chambre des pairs, par droit
héréditaire, le 9 avril 1829, en remplacement de son père, décédé.
Il mourut dans son hôtel, rue Saint-Dominique, n° 41, à Paris, le
8 juin 1879, à l'âge de 91 ans, laissant de son mariage, contracté
le 23 juin 1807, avec dame Apolline-Marie-Nicolette DE CHOISEUL-
PRASLIN :

> 1° Élie-Roger-Louis de Talleyrand-Périgord, duc de Périgord, prince
> de Chalais, grand d'Espagne, comte de Grignols, marquis
> d'Excideuil, né à Paris, le 23 novembre 1809, marié dans cette
> ville, le 28 février 1832, à Élodie-Pauline-Victurnienne de
> Beauvillier, née à Paris, le 4 avril 1811, fille de Raymond-
> François de Beauvillier, duc de Saint-Aignan, mort à Paris, le
> 3 mai 1811, et d'Emma-Victurnienne-Nathalie de Rochechouart,
> morte à Neauphle le Vieux (Seine-et-Oise), au mois d'août 1824 (1).
> — Suivant contrat, en date du 12 septembre 1881, Élie-Roger-
> Louis de Talleyrand-Périgord, prince de Chalais, propriétaire,
> demeurant en son château de Saint-Aignan (Loir-et-Cher), vendit
> le château de Saint-Vincent, de Salies-de-Béarn, qui lui venait des
> Gassion, à M. John Rose (2). — Le prince de Chalais, veuf en
> 1835, est décédé à Paris, dans son hôtel, rue Saint-Dominique,
> n° 41, le 8 avril 1883, à l'âge de 73 ans, sans laisser de postérité ;
> 2° Et Augustin-René-Adalbert-Paul de Talleyrand-Périgord, dont
> l'article suit.

XI. — Augustin-René-Adalbert-Paul DE TALLEYRAND-PÉRIGORD,
comte de Périgord, naquit à Paris, le 28 novembre 1811. Il mourut
dans cette ville, le 25 septembre 1879, à l'âge de 67 ans, après avoir
eu de son mariage, célébré, le 29 mars 1853, avec Cécile-Amicie

---

(1) Comte de Chastellux, *Notes prises aux archives de l'état civil de
Paris*, *Revue historique nobiliaire et biographique*, nouvelle série,
tome IX, page 551.

(2) Le château de Saint-Vincent de Salies, entièrement restauré par
M. Rose et considérablement agrandi, sert aujourd'hui d'hôtel et de
pension pour familles. Le bel immeuble, construit sur l'emplacement de
l'ancien hôtel Gassion, à Pau, avait reçu la même destination, en 1868.

Rousseau de Saint-Aignan, une fille unique, Cécile-Charlotte-Marie, dont l'article suit.

XII. — Cécile-Charlotte-Marie de Talleyrand-Périgord naquit à Paris, (dixième arrondissement), le 8 janvier 1854. Elle épousa, dans cette ville (septième arrondissement), le 9 mai 1873, Laure-Henry-Gaston de Galard de Brassac, prince de Béarn et de Viana (par lettres patentes de la reine Isabelle II d'Espagne, en date du 9 juillet 1868), comte de Brassac, etc., chevalier de la Légion d'Honneur, officier d'état major, démissionnaire en 1872, né à Cassel (Hesse Electorale), le 9 juillet 1840, fils de feu Louis-Hector de Galard de Brassac, comte et prince de Béarn, ancien ministre du roi de France près la Cour électorale de Hesse, sénateur du second Empire, officier de la Légion d'Honneur, commandeur de Saint-Wladimir de Russie et de l'Epée de Suède, et de dame Alix-Charlotte-Laure-Marguerite de Choiseul-Praslin. — Les témoins du mariage furent : M.M. Jacques-Albert-Victor, duc de Broglie, prince du Saint Empire, député à l'Assemblée Nationale, chevalier de la Légion d'Honneur, âgé de 52 ans, demeurant rue de Solférino, 10, beau-frère de l'époux; Charles-Laure-Gilbert-Edgar, comte de Choiseul-Praslin, âgé de 65 ans, demeurant rue de Balzac, 19, oncle de l'époux; Augustin-Marie-Elie-Charles de Talleyrand-Périgord, duc de Périgord, propriétaire, chevalier de Saint-Louis, commandeur de la Légion d'Honneur, âgé de 85 ans, demeurant rue Saint-Dominique, 115; Gabriel-Edmond Rousseau, comte de Saint-Aignan, propriétaire, ancien conseiller d'Etat, officier de la Légion d'Honneur et de l'ordre de Léopold, âgé de 70 ans, demeurant rue de Varenne, 98, aïeuls de l'épouse.

La princesse de Béarn, née de Talleyrand-Périgord, est morte à Pau, le 11 décembre 1890. Laure-Henry-Gaston de Galard de Brassac, prince de Béarn, est décédé dans la même ville, le 18 juin 1893. — Ils avaient eu de leur mariage :

1° Louis-Elie-Joseph-*Henry* de Galard de Brassac de Béarn, dont l'article suit;
2° Centule-Edmond-*François* de Galard de Brassac de Béarn, né à Paris (septième arrondissement), le 24 décembre 1875;
3° *Hélie*-Louis-Hunaud de Galard de Brassac de Béarn, né à Paris (septième arrondissement), le 11 mars 1877, décédé à Pau, le 7 juin 1887;

4° *Bernard*-Etienne-Raymond de Galard de Brassac de Béarn, né à
Paris (septième arrondissement), le 3 juin 1879 ;

5° Paul-Albert-*Pierre*-Arnaud de Galard de Brassac de Béarn, né à
Pau, le 10 février 1881 ;

6° Etienne-Gabriel-*Odon* de Galard de Brassac de Béarn, né à Paris
(septième arrondissement), le 10 juin 1882 ;

7° Et *Blanche*-Marie-Pauline de Galard de Brassac de Béarn, née à
Paris (septième arrondissement), le 26 février 1875.

XIII. — Louis-Elie-Joseph-*Henry* DE GALARD DE BRASSAC DE
BÉARN, prince de Béarn et de Viana, comte de Brassac, né à Paris
(septième arrondissement), le 3 mai 1874, représente, actuellement,
la branche des marquis de Gassion. Il réside au château d'Eslayou,
commune de Lescar (Basses-Pyrénées).

Armes des Galard de Brassac, princes de Béarn : *parti : au 1ᵉʳ, de
gueules, aux chaînes d'or passées en orle, en croix et en sautoir, se
rattachant au centre à une émeraude de sinople, et à la colice d'argent
brochant sur le tout ; au 2, d'or, à deux vaches de gueules, accornées,
collelées et clarinées d'azur, passantes l'une sur l'autre.* — Tenants : *deux
anges, à la dalmatique armoriée, celui de droite* de Navarre, *et celui
de gauche* de Béarn, *oyant chacun un pennon aux mêmes armes.* —
Couronne de prince, à fers de lance et à fleurons alternés, diadème
de huit demi-cercles, ornés de perles et surmontés du globe, sur
l'écusson et sur le manteau. — Devise : DEI GRATIA SUM QUOD
SUM (1).

*
* *

Le 9 décembre 1867, le département des Basses-Pyrénées vendit
les anciennes prisons de Pau (immeuble Gassion), à M. Jean
Lafourcade-Camarau, de Simacourbe, qui fit construire sur leur
emplacement le magnifique *hôtel Gassion*, aujourd'hui propriété de
M. E. Loubet, d'Oloron-Sainte-Marie.

Enfin, un arrêté du maire de Pau, du 29 août 1876, approuvé par
décret du 28 septembre suivant, a donné le nom de *rue Gassion* à la
rue conduisant de l'ancienne place Gassion à l'hôtel de ce nom, à
l'ouest de l'église Saint-Martin de Pau. « Cette désignation, — disait

(1) J.-B.-E. de Jaurgain, *Notice héraldique sur les maisons de Galard et
de Béarn*, Paris, imprimeries réunies, C. Motteroz, 1886, page 10.

l'honorable M. Emile Garet, rapporteur de la délibération du
6 juillet 1876, ayant servi de base à l'arrêté municipal, — « est
« imposée par les lieux mêmes, car c'est un des vieux noms les
« plus marquants du Béarn, soit dans les armes, soit dans la
« magistrature (1). »

V

Seigneurs de Gayon.

IV. — M. Me Henri DE GASSION, Ier du nom, — fils cadet d'*egregy*
M. Me Jean DE GASSION, Ier du nom, président au Conseil souverain
de Pau, et de damoiselle Marie DE FREND, sa seconde femme (2), —
était avocat au Conseil du roi, lorsqu'il contracta mariage, à Pau, le
21 février 1605, avec damoiselle Marie DE LA SALLE, fille du seigneur
Girons DE LA SALLE, marchand, d'Orthez, et de damoiselle Catherine
D'ARNAUDAT, et veuve de Me Jean-Jacques DE SPONDE, avocat au
Conseil (3). Jurat de la ville de Pau, les 25 mai et 3 septembre
1613 (4), Henri de Gassion fut reçu conseiller du roi à la Chambre
des comptes de Navarre, le 16 octobre 1614, en remplacement de
Me Pierre de Roques, qui avait résigné cet office à son profit, le
26 juillet précédent (5). Il acheta, le 24 janvier 1620, à Pau, de noble
Gratian de Seris, seigneur de Lannux et de Billère, une vigne située
à Artiguelouve, pour le prix de 1,000 francs bordelais (6). — Henri

_____

(1) Louis Lacaze, *Recherches sur la ville de Pau*, pages 88 et 89. —
Archives de Pau, *Délibérations*, 1876-1878, f° 57; — *Registre des arrê-
tés du maire de Pau*, 1869-1896, f° 48, v°.

(2) D'après la Chenaye-Desbois, Henri de Gassion était filleul d'Henri IV.
(*Dictionnaire de la Noblesse*, 1866, tome IX, colonne 22.)

(3) Jean-Jacques de Sponde était frère et héritier bénéficiaire de défunt
egregy Me Salomon de Sponde, conseiller de Sa Majesté en sa chancellerie
de Navarre. — Marie de La Salle reçut une dot de 6,000 francs, et Henri
de Gassion, la somme de 3,400 francs pour sa légitime.(E. 2020, f° 693, v°.)

(4) Archives des Basses-Pyrénées, E. 2024, f° 573, v°, et 631.

(5) *Bulletin de la Société des sciences, lettres et arts de Pau*, IIe série,
1886-1887, page 162; — *Mémoire manuscrit sur le parlement de
Navarre*, page 518. (Bibliothèque de M. l'abbé Dubarat.)

(6) Archives des Basses-Pyrénées, E. 2029, f° 86.

de Gassion et damoiselle Marie de La Salle, sa femme, transigèren
le 6 septembre 1625, à Pau, avec noble Jean de La Salle, abbé d
Lendresse, frère de cette dernière (1). — Henri de Gassion, qui éta
doyen de la Chambre des comptes de Pau, le 16 juillet 1645, prêta, l
2 décembre 1654, la somme de 2,700 livres tournois à noble Jea
d'Abbadie, abbé d'Artiguecloutan, agissant avec le cautionneme
d'*egregi* noble David de Salies, sieur d'Idron, conseiller du roi en s
Conseils, procureur général au parlement de Navarre, et de nobl
Antoine d'Abbadie, avocat au même parlement (2). — Il mouru
vers 1660, après avoir eu de Marie de La Salle :

1° Louis de Gassion, dont l'article suit;

2° Gratian de Gassion, auteur d'un rameau, rapporté au chapitre vi;

3° Un autre fils, capitaine en Hollande, décédé, avant le 30 septembr
1683, laissant une fille : Judith de Gassion;

4° Jeanne de Gassion, mariée à noble Pierre d'Arridolle, seigneu
d'Osserain, qui leva, le 28 avril 1639, moyennant une finance c
14,400 livres, un des six offices de maîtres des comptes de Navarr
créés par édit du mois de février 1638, et en obtint les provision
le 12 mai 1639 (3). L'intendant de Guyenne, Béarn et Navarr
fournit sur ce magistrat les renseignements suivants, au mois c
décembre 1663 : « DARIDO, seigneur de Serain *(sic)*, de rob
courte, honnête homme et fort riche, mais peu d'habileté pour s
charge (4). » — Pierre d'Arridolle mourut à Pau, sans postéri
de son mariage, le 10 février 1665 (5), après avoir institué pou

(1) Archives des Basses-Pyrénées, E. 2031, f° 390.

(2) Archives des Basses-Pyrénées, E. 2098, n° 6; E. 2024, f° 382, v
E. 2026, f° 195; E. 2032, f° 112, v°; E. 2036, f° 209; B. 3892; B. 390

(3) *Bulletin de la Société des sciences, lettres et arts de Pau*, II° séri
1886-1887, pages 192 et 194.

(4) *Notes secrètes sur le personnel de tous les parlemens et cours d
comptes du royaume, envoyées par les intendans des provinces à Colber
sur sa demande, vers la fin de l'an 1663.* (Depping, *Correspondan
administrative sous le règne de Louis XIV*, tome II, page 116.)

(5) « Le dixième février mil six cents soixente cinq, deceda noble Pier
d'Arriodole *(sic)*, conseiller du roy et maître ordinaire en la Chambre d
comptes de Navarre, muny des sacremens de la sainte penitence, du sac
viatique du corps de nostre redempteur et de l'extreme onction. Son cor
fut porté en la parroisse d'Ossarain d'où il estoit seigneur et abbé, po
estre enseveli dans l'eglise dudit lieu, ce que permis de faire. (Signé
Lajournade, recteur de Pau. » (Archives de Pau, *État civil*, no. 5, f° 8.)

héritière dame Marie d'Arridolle, sa nièce, femme de messire Gratian, comte de Gassion, lieutenant général des armées du roi. — Jeanne de Gassion, sa veuve, fit son testament à Pau, le 30 septembre 1683 : par cet acte, elle légua : 300 livres au consistoire de Pau; 1,200 livres tournois à demoiselle Judith de Gassion, sa nièce, fille du sieur de Gassion, quand vivait capitaine en Hollande; « un tour de perles fines et un diamant, » provenant d'un don de M. d'Osserain, son mari, à demoiselle Jeanne de Gassion, fille aînée de M. [Gratian] de Gassion, lieutenant général des armées du roi, son frère; elle institua ce dernier pour héritier et lui substitua M. Louis de Gassion, maître des comptes, son frère aîné (1). — Jeanne de Gassion mourut à Pau, le 20 octobre 1683 (2);

5° Et Esther de Gassion, mariée, suivant contrat, daté de Pau, 30 janvier 1647, avec noble Étienne de Crès, seigneur de Barzun. Elle fut assistée, dans cet acte, de : noble Henri de Gassion, conseiller du roi et maître ordinaire en la Chambre des comptes de Navarre, son père; damoiselle Marie de La Salle, sa mère; messire Jean de Gassion, conseiller ordinaire du roi en ses Conseils d'État et privé, président en la Cour de parlement de Navarre, intendant de justice, police et finances en Navarre et Béarn, gouverneur de Bayonne et terres de l'ancien domaine de Navarre, son cousin germain; noble Louis de Gassion, sieur de Gayon, son frère; noble Pierre d'Arridolle, sieur d'Osserain, conseiller du roi et maître des comptes, son beau-frère; nobles Bertrand de Gassion, contrôleur général : et Pierre de Bachoué, avocat en la Cour, ses oncles; nobles Isaac de Gassion, sieur de Pondoly; Pierre de Fouron, sieur d'Artiguelouve; et Armand de La Salle, abbé de Lendresse, ses cousins germains (3). — Étienne de Crès testa, le 12 août 1678 (4), et Esther de Gassion, sa veuve, mourut à Pau, le 7 janvier 1707 (5), ayant eu de son mariage : a. François de Crès; — b. Marie de Crès; — c. et Esther de Crès.

----

(1) Archives des Basses-Pyrénées, E. 2055, f⁰ˢ 431, v°; 515, v°, et 593, v°.

(2) « Le 20ᵉ octobre 1683, mourut madame de Gassion, veuve au feu sieur de Saraing (sic), maître aux comptes. » (Archives de Pau, État civil protestant, GG. 8, f° 5, v°.)

(3) Archives des Basses-Pyrénées, E. 2041, f° 244, v°.

(4) Archives de Pau, GG. 133, f° 149, v°.

(5) « Le 7 janvier 1707, mourut, en la communion de l'église, après avoir reçu les sacremens, avec une piété édifiante, dame Esther de Gassion, veuve de noble Estienne de Crez. Son corps a été inhumé dans l'église paroissiale Saint-Martin de la présent ville. » (Archives de Pau, État civil, GG. 11, f° 268, v°.)

V. — M. M⁰ Louis DE GASSION, — dont on a fait à tort un lieutenant général des armées du roi, — fut admis aux Etats de Béarn, le 2 septembre 1658, comme seigneur de Gayon (1). Pourvu, le 25 février 1660, de l'office de conseiller du roi à la Chambre des comptes de Pau, que son père avait résigné en sa faveur (2), il est jugé de la manière suivante, au mois de décembre 1663 : « GASSION, « seigneur de Gazon *(sic)*, honneste homme, riche et ne manque « pas d'intelligence (3). » Louis de Gassion fournit le dénombrement de la terre de Gayon, le 28 septembre 1675 (4). Il plaqua sur cet acte le sceau suivant : *écu parti : au 1, écartelé : 1 et 4 à la tour ouverte, crénelée, maçonnée; 2, à trois pals; 3, à l'arbre terrassé, au lévrier passant sur le tout; au 2, coupé : au 1, une fleur de lys; au 2, gironné;* timbré d'une couronne de comte; entouré de deux palmes (5). — Louis de Gassion mourut à Pau, le 5 juin 1681 (6), après avoir eu de dame Marie DE GAYON, sa femme, héritière de la seigneurie de Gayon :

1° Henri de Gassion, II⁰ du nom, avocat au parlement de Navarre, élu député du corps de ville de Pau, les 8 juin et 15 juillet 1677 (7), et admis aux Etats de Béarn, comme seigneur de Gayon, le 21 septembre 1678 (8). Il obtint, le 4 août 1681, les provisions de

---

(1) Moréri, *Dictionnaire historique*, Paris, 1759, tome V, page 86; — La Chenaye-Desbois et Badier, *Dictionnaire de la Noblesse*, 1866, tome IX, colonne 22; — Archives des Basses-Pyrénées, c. 722, f⁰ 234, v⁰.

(2) *Registre des enregistrements de la Chambre des comptes*, etc., page 364. (Bibliothèque de M. l'abbé Dubarat.)

(3) *Notes secrètes sur le personnel de tous les parlemens et cours des comptes du royaume, envoyées par les intendans des provinces à Colbert, sur sa demande, vers la fin de l'an 1663.* (Depping, *Correspondance administrative sous le règne de Louis XIV*, tome II, page 116.)

(4) Archives des Basses-Pyrénées, n. 889.

(5) Paul Raymond, *Sceaux des archives des Basses-Pyrénées*, n° 324.

(6) « Le cinquieme de juin 1681, messire Louis de Gassion, conseiller du roi et maître ordinaire en la Chambre des comptes de Navarre, deceda en la communion de l'eglise catholique, apostolique, romaine. Son corps a esté inhumé dans l'eglise Saint-Martin, et les saincts offices ont esté faits pour le repos de son âme, par moy. (Signé :) Lajournade, curé de Pau. » (Archives de Pau, *État civil*, aa. 5, f⁰ 97, v⁰.)

(7) Archives de Pau, nn. 4, f⁰⁸ 86, v⁰, et 94, v⁰.

(8) Archives des Basses-Pyrénées, c. 736, f⁰⁸ 76 et 122, v⁰.

conseiller du roi à la Chambre des comptes de Pau, en remplacement de son père; dénombra la seigneurie de Gayon, le 23 juin
1683, et transigea, le 4 mars 1688, avec noble Pierre de Baradat,
seigneur d'Aurions (1). La Chambre des comptes de Pau ayant été
unie et incorporée au parlement de Navarre, au mois de novembre
1691, Henri de Gassion fut reçu conseiller au parlement, le
16 janvier 1692 (2). Son blason, déposé, le 17 juillet 1697, fut
enregistré, le 19 juillet de la même année. Il portait : *écartelé :
aux 1 et 4, d'azur, à la tour d'or, maçonnée de sable; au 2, d'or,
à 3 pals de gueules; au 3, d'azur, au chesne de sinople, traversé
d'un limier passant, de gueules* (3). — Henri de Gassion mourut
avant le 24 mars 1702, sans laisser de postérité (4):

2° Raymond de Gassion, appelé *M. de Gassion d'Espan*, qui était capitaine réformé à la suite du régiment d'infanterie de Bourgogne,
lorsqu'il donna quittance, le 9 août 1668, de la somme de 15
livres, à lui ordonnée pour ses appointements des douze derniers
jours du mois de juillet de ladite année, à raison de 25 sols par
jour, en faveur de Me Nicolas Leclerc, conseiller du roi, trésorier
général de l'extraordinaire des guerres et cavalerie légère, représenté par Me Damien Milton, aussi conseiller du roi, trésorier provincial de l'extraordinaire des guerres en Picardie, Artois, Flandre
et Hainault (5). Le 24 mai 1702, à Pau, « messire Raymond de
Gassion, chevalier, seigneur de Gayon, lieutenant du roi en la
citadelle de la ville de Ré, frère et héritier bénéficiaire de feu

---

(1) Archives des Basses-Pyrénées, B. 916; E. 2055, f° 261, v°; E. 2066,
f° 54, v°.)

(2) Archives des Basses-Pyrénées, B. 4542, f° 3, v°.)

(3) *Armorial de Béarn*, tome Ier, page 42.

(4) « Henry de Bonnecase, fils de noble Jean de Bonnecase, advocat en
la Cour et abbé de Lendresse, et de dame Catherine de Lasalle, son
espouse; — parrains, monsieur Henry de Gassion, seigneur de Gaion,
conseiller du roy en la Chambre des comptes de Navarre, et dame
Catherine de Lafutsun; — a esté baptisé ce 23 juillet 1687, par moy.
(Signé:) Lajournade, recteur de Pau. » (Archives de Pau, *Etat civil*, oo. 7,
f° 192, v°.) — C'est par erreur que nous avons dit dans l'*Armorial
de Béarn* (tome Ier, page 201) que Catherine de Lafutsun était *femme*
d'Henri de Gassion.

(5) La quittance est au nom de « Gaspard Espaz de Gassion; » elle est
signée : « Raymond Espaz de Gassion, capitaine réformé. » (Bibliothèque
Nationale, *Pièces originales*, volume 1289, n° 29.029, verbo DE GASSION,
n° 13; — parchemin.)

M. Me Henri de Gassion, » vendit, pour le prix de 24.500 livres, la
charge de conseiller au parlement de Navarre, dont ce dernier était
titulaire, en faveur de Me Bernard Day, trésorier des États de
Béarn, et de Me Mathieu de Day, son fils aîné, avocat au même
parlement (1) ;

3° Et Philiberte de Gassion, dont l'article suit.

VI. — Dame Philiberte DE GASSION, héritière de la branche des
seigneurs de Gayon, épousa, suivant contrat, en date du 21 novembre 1680 (2), noble François DE PLANTEROSE, Ier du nom, baptisé à
Légugnon, le 12 décembre 1624, second fils de noble Arnaud DE
PLANTEROSE, seigneur et abbé laïque de Légugnon, conseiller du
roi, trésorier général ancien de la maison, couronne et finances de
Navarre, et de dame Jeanne DE LOSTAUNAU (3), et veuf, depuis le
24 avril 1678, de dame Hélène DE LAPUYADE (4). — François de
Planterose était, dès 1664 (5), « conseiller du roi, trésorier général des
« finances de sa maison et couronne de Navarre et ancien domaine, uni
« et non uni à la couronne de Navarre, et terres des pays de Flandre
« et de Picardie. » Cet office, décrété à son préjudice, fut adjugé, le
10 mars 1677, à Me Claude Moret, pour le compte de Pierre Talle-
mand, écuyer, qui en obtint les provisions du roi, suivant lettres
datées de Paris, 23 avril 1677 (6). Réintégré, plus tard, dans ces
fonctions, François de Planterose fut encore pourvu, par lettres, datées

---

(1) Archives des Basses-Pyrénées, E. 2082, f° 65.

(2) Archives des Basses-Pyrénées, E. 2069, f° 172 ; E. 2070, f° 273, v°.

(3) « Die 12 decembris 1624, fuit baptisatus Franciscus, filius legiti-
mus Arnaldi de Plantarose et Joannæ de Lostaunau, Legunionis incola-
rum. Patrinus fuit Santius de Sassus, matrina vero Joannina de Lostaunau, conjuges, Sanctæ Mariæ incolæ. » (Archives d'Oloron-Sainte-Marie
Baptêmes de l'église Saint-Pierre de Légugnon, f° 3, v°.)

(4) « Le vingt quatrieme avril mil six cents septente huict, dame Helen
de Lapuyade, femme de Monsieur de Planterose, thresorier du domaine
deceda en la communion de l'eglise catholique, apostolique, romaine, et
munie des sacremens. Son corps a esté inhumé dans l'eglise Nostre-Dame
et les saincts offices ont esté faits, pour le repos de son ame, par moy
(Signé :) Lajournade, curé de Pau. » (Archives de Pau, *État civil*, GG. 5
f° 81.) — Voir, aussi, Archives de Pau, *État civil*, GG. 7, f° 7, 10 et 11, v°

(5) Archives des Basses-Pyrénées, B. 2001 ; B. 398.

(6) Archives Nationales, v¹, 10, *Trésoriers*, n° 23.

de Paris, 6 mars 1690, de la charge de conseiller du roi, trésorier de Marsan, Tursan et Gabardan, en remplacement de Me Isaac de Canteloup, démissionnaire en sa faveur (1). — François de Planterose fut admis aux États de Béarn, le 10 septembre 1669, comme seigneur de Laurets de Jurançon, et le 28 septembre 1678, comme seigneur de Légugnon. Il déposa le blason suivant, qui fut enregistré, le 19 juillet 1697 : « *écartelé : aux 1 et 4, d'azur, à trois sautoirs d'or ; aux 2 et 3, d'argent, à deux lions de gueules, affrontés et rampant contre un arbre de sinople* (2). » François de Planterose mourut à Pau, le 11 avril 1700 (3), après avoir eu de Philiberte de Gassion :

1° Jean de Planterose, né à Pau, le 14 avril 1683 (4), décédé jeune ;

2° Raymond de Planterose, ondoyé, le 7 novembre 1684, et baptisé, le 21 mai 1702 (5). Il fut pourvu, à l'âge de 16 ans et 8 mois, en remplacement de son père, décédé, suivant lettres datées de Paris, 19 novembre 1701, de l'office de conseiller du roi, trésorier général ancien des finances de sa maison et couronne de Navarre et ancien domaine uni et non uni à la couronne de France et terres des pays de Flandre et de Picardie (6), et mourut à Pau, le 28 juillet 1703 (7) ;

(1) Archives Nationales, v¹, 63, *Trésoriers*. — Les provisions mentionnent « l'extrait baptistaire dudit Planterose, du 12 décembre 1624, signé Morlas, prêtre, curé de l'église Saint-Pierre, légalisé par les jurats de la ville de Sainte-Marie, le 16 janvier dernier (1690). »

(2) *Armorial de Béarn*, tome Ier, page 126 ; — Archives des Basses-Pyrénées, E. 2083, f⁰ 290 ; E. 1848, f⁰ 94 ; E. 1395, f⁰ 118.

(3) « Le 11 avril 1700, noble François de Planterose, trésorier, décéda dans la communion de l'église, muni des sacrements de la pénitence, du sacré viatique et de l'extrème onction. Son corps a esté inhumé dans l'église parroissiale St Martin de la presente ville, etc. » (Archives de Pau, *État civil*, GG. 11, f⁰ 125, v⁰.)

(4) Archives de Pau, *État civil*, GG. 7, f⁰ 124.

(5) « Noble Raimond de Planterose, fils de ...., a été presenté aux ceremonies par noble Raymond de Gassion, seigneur de Gayon et lieutenant du roy dans l'île de Rhé, — lesquelles lui ont été administrées, le 21 may 1702, par nous, etc. » (Archives de Pau, *État civil*, GG. 11, f⁰ 158.)

(6) Archives Nationales, v¹, 148, *Trésoriers*. — Les lettres portent que Raymond de Planterose « ne pourra faire aucune fonction ni exercice dudit office qu'il n'ait atteint 25 ans. »

(7) « Le 28 juillet 1703, decéda dans la comunion de l'eglise noble..... de Planterose, et son corps a esté enterré dans l'église de R. P. de l'Observance. » (Archives de Pau, *État civil*, GG. 11, f⁰ 172, v⁰.)

3° François de Planterose, II° du nom, dont l'article suit;

4° Hélène de Planterose, ondoyée à Pau, le 28 mars 1682, et baptisée, le 7 avril suivant (1). Elle épousa messire Henry de Capdeville, seigneur de Siros, conseiller au parlement de Navarre (2);

5° Esther de Planterose, baptisée à Pau, le 27 janvier 1687; — parrain et marraine : M. Jean de Planterose et dame Esther de Gassion, veuve de M. [Etienne] de Crès (3). — Elle contracta mariage avec messire Jean de Préchac, conseiller au parlement de Navarre et garde-scel de la Chancellerie, et mourut à Pau, le 18 septembre 1721 (4);

6° Et Marie de Planterose, née à Pau, le 21 septembre 1690 (5).

VII. — Noble François de PLANTEROSE, II° du nom, naquit à Pau, le 23 juillet 1688 (6). Admis aux Etats de Béarn, le 16 mai 1714, pour la seigneurie de Gayon, il obtint, le 17 octobre 1714, à Fontainebleau, les provisions de conseiller du roi, trésorier général ancien des finances de sa maison et couronne de Navarre et ancien domaine uni et non uni à sa couronne de France et terres des pays de Flandre et de Picardie, en remplacement de Jean de Monlaur de Minvielle, démissionnaire en sa faveur (7). En 1739, François de Planterose, II° du nom, demanda à être inscrit dans le catalogue des *voisins* de

---

(1) Archives de Pau, *Etat civil*, GG. 7, f° 110, v°.

(2) *Armorial de Béarn*, tome I°°, pages 53 et 127.

(3) Archives de Pau, *Etat civil*, GG. 7, f° 184.

(4) *Armorial de Béarn*, tome I°°, pages 49, 50 et 127.

(5) Archives de Pau, *Etat civil*, GG. 7, f° 245.

.(6) « François de Planterose, fils legitime de Monsieur François de Planterose, seigneur de Lagugnon (*sic*), et de dame Philiberte de Gassion, son espouse; — parrains : noble Raymond et demoiselle Helene de Planterose, frere et sœur; — estant né, le 23 juillet 1688, a esté batisé, le lendemain de sa naissance, par moy. (Signé :) Lajournade, recteur de Pau. » (Archives de Pau, *Etat civil*, GG. 7, f° 210.)

(7) Archives Nationales, v¹ 220, *Trésoriers*. — M° Jean de Monlaur, seigneur de Minvielle, receveur alternatif des décimes du diocèse de Lescar, blasonné d'office au n° 359 de l'*Armorial de Béarn de 1696-1701*, avait été pourvu de la charge de trésorier général de Navarre, etc., suivant lettres datées de Fontainebleau, 8 octobre 1704. (Archives Nationales, v¹, 167, *Trésoriers*.)

Pau (1). Il épousa, dans cette ville, le 10 février 1741, demoiselle Charlotte-Thérèse Desclaux de Mesplès, sa cousine, fille de messire Paul-Joseph Desclaux de Mesplès, baron de Doumy et de Navailles, président à mortier au parlement de Navarre, et de dame Jeanne de Gassion (2). — François de Planteroso, II° du nom, était encore trésorier général, en 1764 (3).

VI

Seigneurs d'Osserain, en Soule, et de Giliberry de Charre, en Béarn.

V. — Messire Gratian de Gassion, dit *le comte de Gassion*, — fils cadet de M. M° Henri de Gassion, I° du nom, conseiller du roi, doyen de la Chambre des comptes de Pau, et de dame Marie de La Salle, — prit le parti des armes. « Capitaine au régiment « d'infanterie de Poitou, par commission du 22 mars 1645, il servit, « avec ce régiment, jusqu'en 1654, qu'il obtint un régiment de « cavalerie qu'il leva, par commission du 8 avril ; servit, la même « année, au siège de Stenay, au secours d'Arras ; l'année suivante, « au siège et à la prise de Landrecies, de Condé de Saint-Guilain ; « au siège de Valenciennes, au combat sous cette place, en 1656 ; au « siège de Cambrai, en 1657 (4). Créé brigadier, par brevet du 8 juin,

---

(1) « M° François de Plantaroze, tresorier general. [a dit] que luy et les siens ont toujours jouy du droit de voisinage et esté reconus pour voisins, du chef de M. de Gassion Gajon ; c'est pourquoy il demande, veu son estat qui est si ancien qu'on n'en trouve pas l'origine, le maintenant en icelluy, l'inscrire dans le catalogue qui doit estre fait, et a signé. » (Archives de Pau, bb. 26, f° 13, v°.)

(2) *Armorial de Béarn*, tome I°, page 127.

(3) Archives des Basses-Pyrénées, b. 480.

(4) 15 mai 1657 : Quittance de la somme de 1.500 livres, à lui accordée « pour lui donner moyen de subsister et tenir son regiment en estat de servir Sa Majesté, » par le sieur de Gassion, mestre de camp d'un régiment de cavalerie, en faveur de M° Guillaume Charron, conseiller du roi et trésorier général de l'extraordinaire des guerres et cavalerie légère. (Bibliothèque Nationale, *Pièces originales*, volume 1289, n° 29.029, *verbo* de Gassion, n° 7 ; — parchemin.)

« il continua de servir en Flandre, couvrit le siège de Montmédy,
« servit à celui de Saint-Venant. Il était, en 1658, à la bataille de
« Dunes, au siège et à la prise de Dunkerque, de Bergues, de
« Dixmude, d'Oudenarde, de Menin et d'Ypres (1). — Son régiment
« fut réduit, le 18 avril 1661, à une compagnie franche, dont il
« demeura capitaine. Il commanda la cavalerie qui marcha en
« Hongrie, par commission du 12 mars 1664, se distingua à la
« bataille de Saint-Godart. Rétablit, par lettres du 7 décembre 1665,
« son régiment qu'on composa d'anciennes compagnies. Employé
« à l'armée commandée par le maréchal d'Aumont, il concourut au
« siège et à la prise de Bergues, de Courtray, d'Oudenarde, en 1667,
« de Besançon, de Dôle, de Gray, en 1668. Son régiment fut réformé,
« le 24 mai. On lui conserva sa compagnie, par ordre du 26 (2). Il le
« rétablit, le 9 août 1671; servit, en 1672 (3), au siège et à la prise
« de Genep et de Grave; à Utrecht, en 1673, sous M. le prince de
« Condé, puis, sous le duc de Luxembourg, avec lequel il rentra
« sous Maestricht. — Maréchal de camp, par brevet du 13 février
« 1674, il se démit, le 1ᵉʳ mars, de son régiment; en leva un nouveau,
« par commission du même jour; servit en Roussillon, sous le maré-
« chal de Schomberg, qui se tint sur la défensive. Il était à la prise
« de Figuières, d'Ampurias, de Bellegarde, du château de la Capelle,

---

(1) 4 avril 1660 : Quittance de la somme de 5.400 livres, en louis
d'argent et douzains, « a plusieurs et diverses fois a lui ordonnée, pour la
subsistance, pendant 150 jours, du quartier d'hiver de la présente année,
de sa compagnie, » par Gratien de Gassion, mestre de camp d'un régiment
de cavalerie, en faveur de Mʳ Guillaume Charron, etc. (Bibliothèque Nationale, *Pièces originales*, volume 1289, n° 29.029, *verbo* DE GASSION,
n° 8; — parchemin.)

(2) 1ᵉʳ juillet 1669 : Quittance de la somme de 720 livres, pour ses
appointements des quatre premiers mois de ladite année, par Gratian de
Gassion, capitaine en chef à la suite de l'escadron de chevau-légers de
Gassion et Brodart, en faveur de Mᵉ François Le Maire de Villeromard,
conseiller du roi, trésorier général de l'extraordinaire des guerres et cavalerie légère. (Bibliothèque Nationale, *Pièces originales*, volume 1289,
n° 29.029, *verbo* DE GASSION, n° 15; — parchemin.)

(3) Bibliothèque Nationale, *Pièces originales*, volume 1289, n° 29.029,
verbo DE GASSION, nᵒˢ 17; 18; 20 et 23.)

« en 1675 (1), au combat d'Espouilles, en 1677. Créé lieutenant
« général des armées du roi, le 25 février 1677, il était à la prise de
« Puycerda, en 1678. On réforma son régiment, en 1679. Il ne servit
« plus (2). » « Messire Gratian de Gassion, lieutenant général des
« armées du roi, colonel d'un régiment de cavalerie, » acheta, le
21 novembre 1665, pour le prix de 4,562 livres, la dîme d'Artigueloutan, de noble Jean d'Abbadie, abbé dudit lieu, et de damoiselle
Jeanne de Navailles, sa femme (3). Il se convertit au catholicisme,
mourut à Paris, le 23 avril 1688, et fut enterré dans l'église Saint-
Eustache (4). — Gratian de Gassion avait épousé damoiselle Marie
d'Arridolle, fille de noble Jean-Jacques d'Arridolle, et nièce et
héritière de noble Pierre d'Arridolle, seigneur d'Osserain, conseiller
du roi à la Chambre des comptes de Pau (5). Le 10 juillet 1688,
« dame Marie d'Arridolle, veuve de messire Gratian de Gassion,
« lieutenant général des armées du roi, » reçut la donation que lui fit
noble Pierre d'Arridolle, son frère, de la maison noble et abbatiale

---

(1) 18 avril 1676 : Quittance de la somme de 1.324 livres, en louis
d'argent « pour l'entretenement de six gardes qui ont servy près de sa personne, à raison de 662 livres par mois, savoir de 500 livres pour lui et de
27 livres pour chacun des gardes, » par Gratian de Gassion, maréchal de
camp des armées du roi, en faveur de François Le Maire, écuyer, sieur de
Villeromard, conseiller du roi, trésorier général de l'extraordinaire des
guerres, cavalerie légère. (Bibliothèque Nationale, *Pièces originales*,
volume 1289, n° 29.029, *verbo* DE GASSION, n° 22 ; — parchemin.)

(2) Pinard, *Chronologie historique militaire*, Paris, Claude Herissant,
1761, tome IV, page 285.

(3) Les témoins de cet acte, passé à Artigueloutan, furent : nobles Pierre
de Minvielle, prêtre et curé d'Idron ; Charles de Bordenave, sieur de Birac ;
Gratian de Lostau, lieutenant de cavalerie (E. 2098, n° 6). — « Le tresieme
juin 1669, un enfant a esté batizé, fils du sieur [Gratian] de Loustau, de
Lucq, chebalier, et de damoiselle, sa famme, quy fut nomé Gratian ; — et
parin, Gratian de Gasion, coronel du regiment de cavalerie pour le service
du roy, et marine, madame sa feamme, la coronelle. » (sic). (Archives
d'Orthez, *État civil protestant de Baigts*, 1657-1673, f°° 28 et 37.)

(4) Pinard, *Chronologie historique militaire*, Paris, Claude Herissant,
1761, tome IV, page 285 ; — Eug. et Em. Haag, *La France protestante*,
tome V, page 229.

(5) Archives des Basses-Pyrénées, E. 2056, f° 23; E. 2066, f° 59, v°;
E. 2067, f° 224; E. 2071, f° 196; E. 2074, f° 33, v°.

de Giliberry, située à Charre, et du droit de présentation à la cure dudit lieu. Aux termes d'un acte, daté de Jurançon, 6 août 1688, elle présenta à la cure de Saint-Pierre de Charre, vacante par le décès de Me Cyprien de Bordenave, le sieur Pierre d'Arridolle, prêtre, son frère (1). — Marie d'Arridolle mourut à Pau, le 23 novembre 1711 (2). — Elle avait eu de son mariage :

1° Pierre de Gassion, dont l'article suit ;
2° Jeanne de Gassion, née à Pau, le 21 mai 1669 (3), mariée dans cette ville, par contrat du 29 avril 1685, à messire Paul-Joseph Desclaux de Mesplès, baron de Doumy, d'abord conseiller du roi et avocat général au parlement de Navarre, puis président à mortier en la même Cour (4), dont le blason fut enregistré dans l'*Armorial de Béarn*, le 19 juillet 1697 (5). — Ils reçurent la bénédiction nuptiale dans l'église des capucins de Pau, le 3 mai 1685 (6). — Jeanne

---

(1) Archives des Basses-Pyrénées, E. 2065, f° 311.

(2) « Dame Marie, coronelle de Gassion (*sic*), est morte, le 23 novembre 1711, ensevelie chez les jesuites. » (Archives de Pau, *Etat civil*, GG. 11, f° 348, v°.)

(3) « Le 28e may 1669, fut baptizée Jeanne de Gassion, fille de messire Gracian de Gassion, colonel, et de dame Marie d'Arriudole, sa femme ; — présentée au saint baptesme par noble Jacques de Fouron, sieur d'Artigue-louve, la tenant pour Monsieur Louis de Gassion, conseiller du roy en la Chambre des comptes de Navarre, et dame Jeanne de Gassion ; — laquelle nasquit le 21e dudit mois, a ce que le pere a dit. (Signé :) Fouron Artigalouve ; — de Gassion ; — de Gassion. » (Archives de Pau, *Etat civil protestant*, GG. 6, f° 8.)

(4) Archives des Basses-Pyrénées, E. 2059, f° 182. — On mentionne dans le contrat de mariage, « la feue dame Jeanne de Gassion, dame d'Osserain, tante et marraine de la future épouse. »

(5) *Armorial de Béarn*, tome Ier, page 55.

(6) « Le troisieme may mil six cents quatre vingts cinq, messire Paul Joseph de Mesplez, conseiller du roy, advocat general au parlement de Navarre et baron de Doumy, et demoiselle Jeanne de Gassion ont receu la benediction nuptialle et ont esté espousez dans l'eglise des peres capucins de cette ville, en presence de temoins, par monseigneur l'eveque de Lascar (Dominique Desclaux de Mesplès, père de l'époux) ; — de quoy je, soubs signé, curé de Pau, rends temoignage, comme ayant assisté à cette ceremonie. (Signé :) Lajournade, curé de Pau. » (Archives de Pau, *Etat civil*, GG. 3, f° 93.)

de Gassion mourut à Pau, le 15 août 1729, à l'âge de soixante ans (1);

3° Et Esther de Gassion, née à Pau, le 28 juin 1670 (2).

VI. — Messire Pierre DE GASSION, dit *le comte de Gassion d'Osserain*, naquit à Pau, le 9 novembre 1678 (3). Capitaine d'une compagnie de chevau-légers au régiment de Clermont, le 25 mai 1700, il faisait partie, en la même qualité, du régiment de Bartillacq, le 22 janvier 1706, date à laquelle dame Marie d'Arridolle, sa mère, assistée de messire Paul-Joseph Desclaux-Mesplès, conseiller du roi, premier avocat général au parlement de Navarre et premier baron de Béarn, son gendre, vendit une pièce de terre, à Jurançon, à Jean de Lalanne, charpentier, de cette commune, pour employer la somme de 330 livres, provenant de cette aliénation, à réaliser « une

----

(1) « L'an mil sept cent vingt neuf et le quinze aoust, deceda, en la communion de l'eglise, dame Jeanne de Gassion, epouse a messire Joseph de Desclaux Mesples, president au parlement de Navarre, agée de soixante ans ou environ, apres avoir receu le sacrement de l'extreme onction, et a été enterrée, le seize du susdit mois et an, chez les peres jesuittes de la présente ville, et conduite par moy. (Signé :) Lacaze, vicaire de Pau, ensemble avec le clergé. » (Archives de Pau, *Etat civil*, GG. 19, fº 29, vº.)

(2) « Le 27ᵉ juillet 1670, fut baptizée Esther de Gassion, fille de monsieur de Gassion, colonel, et de madame Marie d'Arrindolle, sa femme ; — présentée au saint baptème par le sieur François de Crès, seigneur de Barsun, et damoiselle Esther de Gassion, tante de la baptizée ; — laquelle nasquit, le 28ᵉ de juin dernier passé. (Signé :) Barsun ; — M. Daridolle ; — E. de Gassion. » — (On lit en marge de cet acte :) « Ledit sieur de Gassion estoit absent, estant à Paris, en Cour. » (Archives de Pau, *Etat civil protestant*, GG. 6, fº 13.)

(3) « Pierre de Gassion, qui nasquit, le neufvieme novembre mil six cents soixante dix huict, fils légitime de messire Gratian de Gassion, lieutenant general des armées de Sa Majesté, et de dame Marie d'Arriodolle, son espouse, ayant receu l'eau du sainct baptème, le jour de sa naissance, a esté présenté aux ceremonies, qui avoint esté differées, par messire Pierre, marquis de Gassion, conseiller du roi en ses Conseils et president au parlement de Navarre, et par Madame Madeleine de Colbert, ses parrains ; — lesquelles ont esté supplées, le premier de mars mil six cents quatre vingts cinq, par moy, qui avois, aussi, donné l'eau du baptème au susdit enfant. (Signé :) Lajournade, recteur de Pau. » (Archives de Pau, *Etat civil*, GG. 7, fº 152.)

« recrue de dix cavaliers et un achat de chevaux pour la compagnie du
« sieur son fils (1). » Major de cavalerie, le 14 mars 1715, admis aux
États de Béarn, le 12 juin 1716, pour la maison noble et abbatiale
de Giliberry de Charre, qu'il avait recueillie dans la succession de
sa mère (2), il est qualifié « haut et puissant seigneur messire Pierre,
« comte de Gassion d'Osserain, » dans le contrat de mariage, passé à
Pau, le 13 avril 1717, entre demoiselle Marie de Gassion, sa cousine,
et messire Philippe de Baylens, chevalier, marquis de Poyanne. —
Pierre de Gassion, qui fut ensuite mestre de camp de cavalerie et
enseigne des gardes du corps du roi, mourut à Pau, à l'âge de
61 ans, le 28 août 1740 (3).

VII

Seigneurs de Pondoly de Jurançon, de Lagarde, d'Abère d'Asson,
abbés laïques d'Asson.

V. — M. Me Isaac DE GASSION, seigneur de Pondoly de Jurançon,
— second fils d'*egregy* M. Me Jacques DE GASSION, président à
mortier au parlement de Navarre, et de dame Marie DES CLAUX,
naquit à Pau, le 9 octobre 1597, et fut baptisé dans le temple protes-

---

(1) Archives des Basses-Pyrénées, E. 2081, fo 128; E. 2083, fo 6, vo.

(2) Archives des Basses-Pyrénées, B. 4680, fo 192, vo; B. 4681, page 14;
C. 758, fo 7, vo.

(3) « L'an mille sept cents quarante et le vingt et huitieme aoust, est
decedé, a l'age de soixante deux ans, messire Pierre de Gassion, mestre de
camp de cavalerie et enseigne des gardes du corps du roy, habitant de cette
ville, et a été enterré, le vingt et neuvieme, dans l'eglise parroissialle Saint
Martin, en presence de messire Dominique Desclaux Mesples, son neveu,
conseiller du roy en ses Conseils, president à mortier au parlement de
Navarre et premier baron de Bearn, et de messire Gratian Desclaux Mesples,
aussi son neveu, mestre de camp de cavalerie, lieutenant colonel du régiment Dauphin, cavalerie, tous deux habitants de cette ville, qui ont signé
avec nous. (Signé :) Desclaux Mesplez; — le chevalier de Mesplès; —
Desbaratz, curé de la ville de Pau. » (Archives de Pau, *État civil*, GG. 39,
fo 24, vo.)

tant de cette ville, le dimanche 19 octobre de la même année (1). Il fit ses études au collège royal d'Orthez (2) et était avocat au parlement de Navarre, lorsqu'il contracta mariage, à Nay, le 25 avril 1627, avec damoiselle Françoise DE BOEIL, fille de noble Pés DE BOEIL, seigneur de Boeil et d'autres lieux, et de damoiselle Marguerite DE SAINT-CRICQ. Isaac fut assisté, dans cet acte, de : messire Jacques de Gassion, conseiller du roi en ses Conseils d'État et privé, président au parlement de Navarre, son père; dame Marie des Claux, sa mère; M. Mᵉ Henri de Gassion, son oncle, conseiller du roi en la Chambre des comptes de Pau, fondé de procuration dudit sieur président de Gassion; nobles Bertrand de Gassion, commissaire du roi et son contrôleur général en Béarn; Jean de Fortaner, sieur de Gomer; Gratian de Colom, syndic de Béarn, ses cousins: Pierre de Bachoué; Jean de Frexo, sieur de Lissague; Isaac de Frexo, sieur de Lée; Arnaud de Bordenave; Charles de Parage, avocat; Pierre d'Estandau, secrétaire du roi; et François d'Estandau. — Françoise de Boeil fut assistée, dans le même acte, de son père; d'*egregis* noble Philippe de Saint-Cricq, sieur de Balcix et de Viellepinte; Jean de Minvielle, conseiller du roi au parlement de Navarre; de : messire Jean, sieur et baron de Lons; noble Jacques de La Motte, sieur de Pardies; noble Jean de Ban (?); et de Mᵉ Pierre de Boeil. — Isaac de Gassion reçut la somme de 8.000 francs bordelais, pour sa légitime, et il fut constitué à Françoise, une dot de 14.000 francs bordelais, dont son mari donna quittance à noble Pés, seigneur de Boeil, le 31 août 1629 (3). — « Mᵉ Isaac de « Gassion, sieur de Pondoly, avocat au parlement de Navarre, « agissant pour le compte de Mᵉ Pierre de Simitiere (*sic*) [Cimetière], « cavalier dans les régiments du sieur colonel de Gassion (futur « màréchal de France), habitant à Paris (4), » aux termes d'une

---

(1) Ch.-L. Frossard, *Jean de Gassion, maréchal de France*, page 3.

(2) Archives des Basses-Pyrénées, B. 180; B. 3541; B. 3613 et B. 3635.

(3) Archives des Basses-Pyrénées, E. 1756, fᵒ 433, vᵒ; E. 2034, fᵒˢ 4 et 157, vᵒ; E. 1683, fᵒ 490, vᵒ.

(4) On a vu, plus haut, que damoiselle Catherine d'Hereter, veuve de Mᵉ Georges de Roques et grand'mère de Marie des Claux, femme du président Jacques de Gassion, avait épousé en secondes noces, le 12 mars 1563, Mᵉ Etienne de Cimetière, de Paris, d'abord argentier de Jeanne d'Albret,

procuration en date du 12 février 1639, vendit, le 6 avril de la même
année, pour le prix de 36 livres, une pièce de terre, située à Jurançon,
en faveur de Jeanne de Serrot, maîtresse de la maison du Jouet, de

puis receveur du fisc et trésorier général du domaine. — De ce mariage
vinrent : 1° Isaac de Cimetière, dont l'article suit; 2° et Marie de
Cimetière, qui tint sur les fonts de baptême, dans le temple protestant de
Pau, le 16 août 1579, avec M° Etienne Cimetière, son père, Marie fille
d'Odet de La Case. (Archives de Pau, GG. 1, f°˙ 99, v°, et 110, v°.)

M° Isaac de Cimetière fut pourvu, suivant lettres du 25 septembre 1593,
enregistrées, le 12 janvier 1594, de l'office de trésorier général du domaine
de Béarn, en remplacement de son père, décédé. Suspendu, en 1608, il
obtint, le 30 mars 1609, la permission de rentrer dans l'exercice de sa
charge, en s'engageant à payer la somme de 24.000 livres qu'il devait, et
en fournissant caution pour sa gestion. (*Bulletin de la société des sciences,
lettres et arts de Pau*, 1871-1872, page 261; — 1885-1886, page 144; —
1886-1887, pages 120 et 121; — Archives des Basses-Pyrénées, B. 284
à B. 310; B. 312; B. 314; E. 2005, f° 584, v°; E. 2007, f° 398, v°; E. 2014,
f° 202, v°; E. 2015, f°˙ 204, v°; 205 et 206; E. 2016, f° 140; E. 2021,
f°˙ 347 et 351; E. 2022, f° 126, v°; E. 2029, f° 149.) — « M° Isaac du
Cemitiere, ci devant trésorier de Béarn, » présenta son compte d'apurement
en la Chambre des comptes de Pau, le 29 septembre 1609, et signa cet
acte : *du Cemetiere*. (B. 313.) Il fut remplacé, le 26 janvier 1610, par
M° Abel de Porte, de Buzy. — Isaac de Cimetière avait épousé : 1° avant
le 3 mai 1602, damoiselle Marie Billon (E. 2019, f° 616, v°); 2° damoiselle
Marie de Chantemerle, qui fit son testament, dans la maison de Darchanbaut,
à Jurançon, le 12 janvier 1631. Elle laissa l'administration de ses biens
et de ses enfants à son mari et déclara avoir de lui : 1° Augustin de
Cimetière, institué héritier par sa mère; 2° Pierre de Cimetière; 3° Charlotte
de Cimetière; 4° et Marguerite de Cimetière. (E. 2034, f° 563.)

M° Pierre de Cimetière, qui donna une procuration à M. M° Isaac de
Gassion, le 12 février 1639, était le second fils de M° Isaac de Cimetière
et de damoiselle Marie de Chantemerle, et, par conséquent, l'oncle à la mode
de Bretagne dudit Isaac de Gassion et du maréchal. — On lit, dans Tallemant
des Réaux, au sujet de Pierre de Cimetière : « Gassion (le maréchal) en usa
fort bien en une rencontre. Il avoit un parent, nommé Cimetières, auquel
il faisoit toucher des appointements assez considérables. Ce garçon enleva
la fille d'un marchand basque, appelé Tossé, qui demeure à Calais et chez
qui le maréchal avoit logé. M. de Gassion ôta à Cimetières tous ses appointements, le poursuivit lui-même en justice, et ne lui voulut jamais pardonner

cette commune, assistée d'Arnaud du Jouet, son mari (1). — Isaac
de Gassion testa, le 17 avril 1648 (2), et fit, le 22 avril de ladite année,
une donation de 12.000 livres, au synode réuni à Sauveterre, « pour
« l'entretien des pauvres ministres et pour la nourriture des pauvres
« orphelins de la religion prétendue reformée (3). » Françoise de

---

que Tossé ne l'en eût prié..... » (*Les Historiettes de Tallemant des Réaux*,
deuxième édition, par Monmerqué, tome V, page 178.)

Damoiselle Charlotte de Cimetière, fille aînée de M⁰ Isaac de Cimetière
t de damoiselle Marie de Chantemerle, épousa, avant le 4 avril 1644,
M⁰ Jean de Laléa, de Castéra, en Montanérès. (E. 2039, fᵒˢ 61 et 148, vᵒ;
— E. 1738, fᵒ 232, vᵒ.) Un arrêt du parlement de Navarre, en date du
28 septembre 1648, permit à Charlotte de Cimetière de vendre les métai-
ies de Saint-Guilhem et du Bourcq, situées à Jurançon, pour payer ses
ettes et, notamment, une somme de 200 écus, formant le capital d'une
prébende dont était pourvu M⁰ Jean d'Amade, curé d'Artix. Le 30 septembre
648, à Pau, autorisée de son mari, elle vendit le premier de ces biens,
pour le prix de 1.100 francs bordelais, en faveur de Jeanne de Serrot,
autrement du Jouet, et de Pierre du Jouet, son fils, et la métairie du
Bourcq, pour le prix de 1200 francs, au profit de Guillaume de Jouet.
E. 2042, fᵒˢ 189, vᵒ, et 192.) M⁰ Jean de Laléa et damoiselle Charlotte
e Cimetière, sa femme, achetèrent, le 19 octobre 1667, pour le prix de
2.400 livres, la maison de Majourau, située à Pau, « dans la rue des
pénitens, au devant le couvent des pères jésuites, » de Jeanne de Souviran,
autorisée de M⁰ Armand Duplaà, bourgeois de Pau, son mari. (E. 2051,
6, vᵒ.) Dans son testament, en date à Pau, dans la maison de M⁰ Jacques
u Masin, praticien, son gendre, du 31 mai 1679, « damoiselle Charlotte
e Semitière, veuve de M⁰ Jean de Laléa, de Castéra, » légua 1.200 francs
bordelais, pour faire prier Dieu pour le repos de son âme, et institua pour
éritière Marie du Masin, sa petite-fille. (E. 2062, fᵒ 126.) — « Le dix
dictieme novembre 1679, deceda en la communion de l'église et munie
es sacremens, demoiselle Charlotte de Cemitiere. Son corps a esté inhumé
u cémitière de l'église Nostre Dame, et les saints offices ont esté faits, pour
repos de son ame, par moy. (Signé :) Lajournade, recteur de Pau. »
rchives de Pau, *État civil*, GG. 5, fᵒ 88, vᵒ.)

(1) Archives des Basses-Pyrénées, E. 2037, fᵒ 280, vᵒ.
(2) Archives des Basses-Pyrénées, E. 2053, fᵒ 236, vᵒ.
(3) Archives Nationales, TT. 235ᴬ; — Archives des Basses-Pyrénées,
1683, fᵒ 490, vᵒ.

Boeil, sa veuve, mourut à Pau, le 23 février 1670 (1). — Ils avaient eu de leur mariage :

1° Timothée de Gassion, dit *le comte de Gassion*, chevalier, seigneur de Lagarde et de Pondoly, qui acheta, pour le prix de 30.000 livres tournois, de 20 sols tournois pièce, suivant sous-seing privé, du 2 septembre 1661, rédigé en acte public, le 27 novembre 1662, les château et maison noble d'Abère d'Asson, avec la grange et autres bâtiments, jardin, verger et droit d'entrée aux États de Béarn, des mains de messire Louis d'Incamps, marquis de Louvie, Gardères et d'autres places (2). Admis aux États, pour ce fief, le 7 septembre 1680 (4), il mourut à Asson, le 11 avril 1690 (3), après avoir eu un fils naturel, Jean de Gassion, né dans cette commune, le 18 mars 1680 (5);

2° Joseph de Gassion, admis aux États de Béarn, le 5 juin 1690, comme seigneur de la maison noble d'Abère d'Asson et héritier de son frère Timothée (6). Son blason, déposé, le 17 juillet 1697, fut enregistré dans l'*Armorial de Béarn*, le 19 juillet de la même année (7);

3° Jacob de Gassion-Lagarde, dont l'article suit ;

---

(1) « Le XXIII dudit mois [février 1670]. mourut damoiselle Françoise de Boeil, femme du sieur de Gassion Pondoli. » (Archives de Pau, *État civil protestant*, GG. 6, f° 2.)

(2) Archives des Basses-Pyrénées, E. 2050, f° 154, v°; E. 1141, f° 63 et 67.

(3) Archives des Basses-Pyrénées, C. 738, f° 17, v°, et 21, v°.

(4) « Le 11ᵉ jour du mois d'avril 1690, environ les dix heures du soir messire Thimotée. compte de Gassion (*sic*), rendit l'âme a Dieu et fus ensevely, le douziesme du susdit, dans la chapelle de Saint Jacques de l'eglise Saint-Martin d'Asson, après avoir receu les saints sacrements ; — l'office fait par moy. (Signé :) P. S. de Maure, curé. » (Archives d'Asson, *État civil*, GG. 3, f° 80.)

(5) « Le 18 mars, lundy, 1680, est nay et a esté baptisé Jean de Gassion, fils illegitime de messire Timothée, conte Gassion (*sic*) et Anne du Bourié de Labat; — parrein et marrene, Jean du Py et Anne du Pi, touts d'Asson ; — et c'est la declaration qu'ils ont faict, en presence de Jean de Rato, soneur, et Jean de Labareille et Pierre de Pla de Pouseaux. Fait par moy, le meme jour et an. (Signé :) Balleix, prètre ; — Ratou ne sait escrire et a fait une croix + (*sic*); — Jean de Labareille, présent ; — Pierre de Pla de Pousous, présent. » (Archives d'Asson, *État civil*, GG. 2, f° 156.)

(6) Archives des Basses-Pyrénées, C. 742, f° 322, v°; E. 2070, f° 337.

(7) *Armorial de Béarn*, tome Iᵉʳ, page 102; E. 2072, f° 136.

4° Théophile de Gassion, sieur de Lafumas, mentionné dans une sentence arbitrale prononcée, le 6 septembre 1666, par messire Pierre, marquis de Gassion, président au parlement de Navarre, nobles Jean-Pierre de Soulé, sieur de Lourenties, Jacob de Lannecaube, sieur de Baliros, et Josué de Sivord, sieur de Larpinière, ses parents, entre ledit Théophile de Gassion, noble Jean de Gassion-Pondoly, demoiselle Marguerite de Gassion, frères et sœur, d'une part, et messire Timothée, comte de Gassion, leur frère aîné, d'autre part, relativement à la succession de leur père (1). — Le 30 janvier 1672, à Pontacq, messire Théophile de Gassion acheta, pour le prix de 700 livres, la maison de Bazet, située à Morlàas, du sieur Isaac de Laplace (2);

5° Jean de Gassion-Pondoly, décédé avant le 20 décembre 1673;

6° Marie de Gassion, qui épousa, suivant contrat, en date à Pau du 8 août 1650, noble Jean de Navailles, seigneur et baron d'Angaïs, syndic des Etats de Béarn; — elle mourut à Pau, le 26 janvier 1672 (3), sans laisser de postérité (4);

7° Françoise de Gassion, mariée à messire Exupère de Bertier, qui fut admis aux Etats de Béarn, le 16 septembre 1678, comme seigneur de Bernadets (5). — Exupère de Bertier était gouverneur de la ville et baronnie d'Aspet et seigneur de Castelbon, lorsque dame Françoise de Gassion, sa femme, agissant tant en son nom personnel qu'au nom de son mari, aux termes d'une procuration datée du château d'Aspet, 22 février 1696, constitua, le 7 mars de la même année, une somme dotale de 2.500 livres, en faveur de demoiselle Isabeau de Bertier, leur fille, pensionnaire au couvent de Notre-Dame de Pau, pour son admission dans ce monastère comme religieuse (6);

(1) Archives des Basses-Pyrénées, E. 2053, f° 236, v°.

(2) Archives des Basses-Pyrénées, E. 2095, f° 112.

(3) « Le vingt sixieme de jenvier mil six cents soixente douze, demoiselle Marie de Gassion deceda en la communion de l'eglise. Son corps a esté inhumé au cemitière de l'eglise Nostre Dame et les saints offices ont esté faits, pour le bien et repos de son ame, par moy. (Signé :) Lajournade, recteur de Pau. » (Archives de Pau, *Etat civil*, GG. 5, f° 39.)

(4) Archives des Basses-Pyrénées, E. 2043, f° 54; E. 2053, f° 236, v°; — Bibliothèque Nationale, *Collection Chérin*, volume 146, *verbo* NAVAILLES, n° 2964, f° 28, v°.

(5) Archives des Basses-Pyrénées, C. 736, f°° 67, v°, et 74; E. 2053, f° 780.

(6) Archives des Basses-Pyrénées, E. 2078, f° 99.

11

8° Et Marguerite de Gassion, mariée, avant le 15 septembre 1672, à noble Charles d'Auture, qui fut admis aux États de Béarn, le 16 septembre 1678, comme seigneur de la maison et de la métairie nobles de Hédas, de Pau (1). — Damoiselle Marguerite de Gassion, assistée de noble Charles d'Auture, son mari, transigea, à Pau, le 4 septembre 1679, avec messire Timothée de Gassion, son frère aîné (2).

VI. — Messire Jacob DE GASSION, seigneur de Lagarde, obtint, le 20 juin 1608, un arrêt du parlement de Bordeaux condamnant noble Timothée, comte de Gassion-Pondoly, son frère aîné, à lui payer la somme de 18,000 livres, que noble Isaac de Gassion, sieur de Pondoly, leur père, lui avait léguée (3). Il épousa, suivant contrat du 29 juillet 1672, damoiselle Marie DE BELSUNCE, fille de haut et puissant seigneur messire Charles DE BELSUNCE, vicomte de Méharin, bailli royal du pays de Mixe, capitaine châtelain de Mauléon et gouverneur du pays de Soule, et de haute et puissante dame Sara DE FERRIÈRE (4). Jacob de Gassion-Lagarde, dont le blason fut enregistré dans l'*Armorial de Béarn*, le 19 juillet 1697 (5), mourut à Pau, le 9 décembre 1708 (6). — Il avait eu de son mariage :

1° Pierre de Gassion-Hontas, seigneur d'Abère d'Asson et abbé laïque d'Asson, ondoyé à Pau, le 12 août 1676 (7). Admis aux États de Béarn, le 15 mai 1715, comme seigneur du château d'Abère

---

(1) Archives des Basses-Pyrénées, E, 2055, f° 58, v°; c. 736, f°' 69, v°, et 75.

(2) Archives des Basses-Pyrénées, E. 2053, f° 236, v°; — Archives de Pau, *État civil protestant*, GG. 7, f° 18.

(3) Archives des Basses-Pyrénées, c. 729, f° 25; c. 836, f° 110; E. 2053, f° 236, v°.

(4) Archives des Basses-Pyrénées, E. 2056, f° 326; — Bibliothèque Nationale, *Collection Chérin*, volume XXII, n° 424, *verbo* 'BELSUNCE, f°' 80 à 83.

(5) *Armorial de Béarn*, tome Ier, page 109.

(6) « Noble Jacob de Gassion Lagarde deceda, le 9 décembre 1708, et a été inhumé dans la chapelle de Gassion. » (Archives de Pau, *État civil*, GG. 11, f° 296.)

(7) « Pierre de Gassion, sieur de Hontas, fils legitime de messire Jacob de Gassion, seigneur de Lagarde, et de dame Marie de Belsunce, son espouse, receut l'eau du saint baptesme par Mr de Lajournade, curé de Pau,

d'Asson et héritier de son père (1), capitaine au régiment de
Nivernais, les 16 juillet 1716 et 19 juin 1717, enfin, chevalier de
Saint-Louis, il acheta, le 8 juillet 1719, une partie de la dîme
d'Asson (2), et épousa, dans l'église de Pocyferré, le 19 septembre
1731, demoiselle Marie de Navailles-Pocyferré, fille de noble
Laurent de Navaillés, seigneur de Pocyferré et de Lagos, et de
dame Catherine d'Ossun (3). — Pierre de Gassion-Hontas mourut
à Asson, le 30 avril 1732 (4). Il laissa un fils naturel, Jean
Lagarde, qui habitait Pau, les 30 juin et 27 novembre 1734 (5).
— Marie de Navailles-Pocyferré, veuve de Pierre de Gassion-
Hontas, épousa, en secondes noces, à Pau, le 26 juillet 1735,
messire Pierre d'Arridolle, de Sauveterre, seigneur de Guinarthe (6):

2° Marie-Sara de Gassion-Lagarde, qui dénombra, à Pau, le 18 août
1734, en qualité d'héritière bénéficiaire de « messire Pierre de
Hontas de Gassion, son frère, chevalier de l'ordre militaire de Saint-
Louis, capitaine dans le régiment de Nivernois, » les château et
maison noble d'Abère d'Asson, ainsi que les sol et masures de la
maison abbatiale, appelée de Bégarie. Elle signa ce dénombrement :

---

le douzieme aoust mil six cens septante et six. Les autres ceremonies du
baptesme furent faites dans l'eglise d'Arbus, le septieme janvier mil six
cens quatre vingts cinq, et fut presenté aux ceremonies par haut et puissant
seigneur messire Pierre, marquis de Gassion. La ceremonie fut faite par
Mr de Biscarros, prêtre, faisant le service dans la parroisse d'Arbus, a ma
priere. » (Archives d'Arbus. *État civil*, 1680-1705, f° 12.)

(1) Archives des Basses-Pyrénées, c. 756, f°s 26, v°, et 42.

(2) Archives des Basses-Pyrénées, B. 4681, page 1015; B. 4682,
page 907; B. 5754.

(3) *Armorial de Béarn*, tome II, page 58.

(4) « Messire Pierre de Hontas Gassion, seigneur du chateau d'Abere,
abbé lai du present lieu, en sa partie, chevalier de l'ordre militaire
St Louis, capitaine au regiment de Nivernois, mourut, le trente avril mille
sept cens trente deux, apres avoir receu les sacrements, et fut ensevely, le
premier may, dans sa chapelle de Saint Jacques. (Signé :) Carrere, prre. »
Archives d'Asson, *Etat civil*. GG. 9, f° 117, v°.)

(5) Archives des Basses-Pyrénées, B. 4699, f°s 346 et 533.

(6) [Du 17e juillet 1735 :] « Promesse de mariage entre messire Pierre
Darridolle Guinarthe et dame Marie de Navailles Pocyferré, veuve de
messire Gassion Hontas. » (Archives de Pau, *Etat civil*, GG. 201, f° 17;
— GG. 25, f° 23.)

de *Gassion Lagarde;* et plaqua, au bas de cet acte, un sceau ovale, 17 millimètres sur 16, cire rouge, à l'écu en losange aux armes des Gassion (1). — Marie-Sara de Gassion-Lagarde mourut, avant le 3 octobre 1755, sans avoir contracté d'alliance;

3° Et Magdeleine-Claire de Gassion-Lagarde, dont l'article suit.

VII. — Dame Magdeleine-Claire DE GASSION-LAGARDE fut baptisée dans l'église Saint-Martin de Pau, le 22 août 1694 (2). Elle épousa, dans cette ville, suivant contrat, en date du 27 mars 1710, noble Armand DE CAUMIA-BAILLENX, né à Salies, le 3 mai 1676, (3), capitaine au régiment de Durfort, ci-devant Montlevrier, fils de noble Jean DE CAUMIA-BAILLENX, écuyer, seigneur de Baillenx, du château et de l'abbaye d'Andrein, de Diusabeau et de Bonneciannes, — dont le blason, déposé, le 20 mai 1701, fut enregistré, le 17 juin de la même année (4), — et de damoiselle Marguerite DE SENEY, sa seconde femme. — Magdeleine-Claire de Gassion fut assistée, au contrat, de : messire Pierre de Hontas de Gassion, capitaine au régiment de Nivernais, son frère; damoiselle Marie-Sara de Gassion, sa sœur; haute et puissante dame Magdeleine de Colbert, marquise de Gassion, sa tante; messire Jean, marquis de Gassion, colonel au régiment de Navarre; messire Henri de Gassion, président au parlement de Navarre, ses cousins; et de messire Armand de Belsunce,

(1) Archives des Basses-Pyrénées, n. 5754. — Le sceau de Magdeleine-Claire de Gassion-Lagarde n'est point mentionné dans la *Description des sceaux conservés aux archives départementales des Basses-Pyrénées,* de Paul Raymond.

(2) « Le 22 aoust 1694, les ceremonies qui avoient été omises au bapteme de Mlle Magdeleine Claire de Gassion de Lagarde, ont été suppléees par nous, etc., le jour et an que dessus. » (Archives de Pau, *État civil,* ao. 11, f° 8, v°.)

(3) « L'an de grace mil six cens soixante seize et le cinquieme jour du mois de may, a esté batisé Armand de Baillenx, fils de noble Jean de Baillenx et de demoiselle Marguerite de Senet, sa femme, né, le troisieme dudit mois. Le parrin a esté noble Armand d'Andrein, capitaine, oncle germain de l'enfant, et la marreine, demoiselle Marguerite de Baillens, sœur dudit enfant. (Signé :) de Fraiche, curé de St Martin. » (Archives de Salies, *État civil,* ao. 2, f° 135.) — *Armorial de Béarn,* tome Ier, page 211.

(4) *Armorial de Béarn,* tome Ier, page 210.

vicomte de Méharin, bailli d'épée du pays de Mixe, son cousin
germain. Le futur époux fut assisté, dans le même acte, de : noble
Jean de Baillenx, abbé de Castetarbe et seigneur de Saint-Andreu,
son père; nobles Samuel et Jacques de Baillenx, ses oncles; messire
Pierre de Sency, conseiller au parlement de Navarre, son oncle
maternel; M. Me Samuel de Blair, conseiller en la même Cour;
messire Isaac de Laur, baron de Lescun; messire François de
Salettes, seigneur d'Aragnon; et de noble Antoine de Colomme, ses
cousins paternels (1). — Le mariage religieux fut célébré, le même
jour, dans l'église d'Arbus (2). — « Noble Armand de Baillenx,
« écuyer, capitaine au régiment de Lionne, » fut admis aux États
de Béarn, le 8 juin 1711, comme seigneur du château d'Andrein,
dont son père lui avait fait donation, et, le 26 juin 1721, comme
seigneur de Baillenx et héritier de son père, décédé (3). — Aux
termes de deux actes, datés l'un et l'autre de Salies, 3 mars 1728, il
fournit son dénombrement pour la seigneurie d'Andrein, le château
et l'abbaye laïque dudit lieu, les maisons nobles de Lauga et du
Touron, situées dans le village d'Andrein, les maisons nobles de
Diusabeau et de Bonneciannes, situées dans la paroisse Saint-
Vincent de Salies, la seigneurie de Baillenx et la maison noble de
Lalanne, situées à Castetarbe, et la seigneurie de Saint-Andreu,
située dans le bailliage d'Orthez (4). Armand de Caumia-Baillenx fit

----

(1) Bibliothèque Nationale, *Collection Chérin*, volume 47, n° 992,
verbo CAUMIA, f° 4, v°.

(2) « Ce jour d'huy, vingt et septieme mars mille sept cens dix, en
presence de Jean de Sainte Marie, de Busi [Buzy], et moy, curé, soussigné,
la benediction nuptiale a été impartie a noble Arman de Baillenx et a
demoiselle Madeleine de Gassion Abere, par monsieur l'abbé [Jean-Pierre]
de Labourt, et ce, en consequence des dispenses qu'ils avoint obtenu des
seigneurs eveques de Lescar et de Dacqs et des permissions des sieurs
curés de Pau et de Salies, et le tout, après que toutes les formalités
nécessaires ont été observées; — et avons signé, avec ledit sieur abbé de
Labourt. (Signé :) Labourt; - Campagne, présent; — Ste Marie, présent. »
(Archives d'Arbus, *Etat civil*, 1705-1736, f° 7.)

(3) Archives des Basses-Pyrénées, c. 753, f° 335, v°, et 347; c. 763,
f° 158, v°.

(4) Archives des Basses-Pyrénées, n. 5756; n. 5763. — Voir, aussi,
n. 5046; c. 884; c. 891; c. 900; c. 985; c. 1252; c. 1262; c. 1390;
c. 1416; c. 1419; c. 1424; c. 1433; c. 1435; c. 1445.

son testament, à Salies, le 4 mars 1741 (1), et mourut dans cette ville, le 8 avril suivant, à l'âge de 64 ans (2).

Le 3 octobre 1755, à Pau, « dame Magdelaine-Claire de Gassion, « veuve de messire Armand de Baillenx, écuyer, seigneur d'Andrein, « Saint-André [Saint-Andreu] et autres lieux, héritière de défunte « demoiselle Marie-Sara de Gassion, sa sœur, » dénombra les château et maison noble d'Abère d'Asson, droits et biens en dépendant, et les sol et masures de la maison abbatiale de Bégarie d'Asson (3). — Magdeleine-Claire de Gassion-Lagarde mourut à Andrein, le 22 août 1762 (4), après avoir eu de son mariage :

1° Jean-Henry de Caumia-Baillenx, dont l'article suit ;

2° Pierre de Caumia-Baillenx, capitaine au régiment de Bricqueville, nommé chevalier de Saint-Louis, le 28 octobre 1752. Il était capitaine de grenadiers, avec rang de major, dans le régiment de Soissonnais, lorsqu'il obtint, le 23 février 1769, une commission de lieutenant-colonel (5) ;

3° Jacques-Antoine de Caumia-Baillenx, né vers 1714. Il était maître ès-arts, prêtre et curé de Mouscardès (6), au diocèse de Dax,

---

(1) *Collection Chérin*, volume 47, n° 992, dossier CAUMIA, f° 5, v°.

(2) « L'an 1741 et le huitième d'avril, decéda noble Armand de Baillens, aagé de soixante huit ans ou environ, après avoir receu les sacrements de penitence, d'eucharistie et d'extreme onction, et, le neufieme dudit mois, son corps a été inhumé, avec les ceremonies accoutumées, dans la chapelle de Saint Jacques de notre eglise. Ont été presents et temoins, Isaac de Segalas, m° tailleur d'homme, et Pierre de Lacau, son ancien domestique, qui ont signé avec nous, curé. (Signé :) de Lacau ; — Segalas ; — Moneing, curé de Saint-Vincent. » (Archives de Salies, *État civil*, GG. 4, f° 53.)

(3) Archives des Basses-Pyrénées, n. 5754.

(4) « Le vingt et deux aout meme année [1762], mourut dame Magdelaine-Claire de Gassion Baillenx, abesse d'Asson et heritière du chateau d'Abère, diocese de Lescar, et fut enterrée dans l'eglise Saint Pierre d'Andrein, ayant receu les saints sacremens de penitence et extremonction, par Mr le prieur d'Ossarain [Osserain]. En foy de quoi, ay signé. (Signé :) Pouré, pretre. — La susditte dame etait agée de quatre vingts six ans. » (Archives d'Andrein, *État civil*.)

(5) *Collection Chérin*, volume 47, n° 992, dossier CAUMIA, f° 5, v° ; Archives des Basses-Pyrénées, n. 323.

(6) *Mouscardès*, commune du canton de Pouillon et de l'arrondissement de Dax (Landes).

lorsqu'il fut présenté, aux termes d'un acte, daté du château d'Arbus, 13 octobre 1747, à la cure de Saint-Vincent de Salies, vacante à la suite du décès de noble Salomon de Monciug (1), par haute et puissante dame Magdeleine de Colbert, marquise de Gassion, agissant au nom de haute et puissante dame Jeanne de Gassion, comtesse de Peyre, sa petite fille, patronne laïque de ladite cure (2). — Jacques-Antoine de Caumia-Baillenx reçut, le 28 décembre 1750, la donation que lui fit son frère aîné, Jean-Henry, de la maison noble et domengeadure de Diusabeau, située au village de la ville de Salies et estimée 1,500 livres. Il fut admis aux États de Béarn, pour ce fief, le 14 janvier 1751, et le dénombra, le 7 janvier 1767, étant, à cette date, « vicaire général du dioceze d'Acqs [de Dax], et curé de l'église parroissialle de Saint-Vincent de Salies (3) ». — Jacques-Antoine de Caumia-Baillenx mourut à Salies, le 6 août 1789 (4), après avoir exercé les fonctions de curé de cette ville pendant près de quarante-deux années ;

4° Jean-Joseph de Caumia-Baillenx, capitaine au régiment de Brancas, nommé chevalier de Saint-Louis, le 16 mars 1753 ;

(1) « L'an 1747 et le trente un aoust, deceda dans la communion de l'eglise, après avoir receu tous les sacremens, noble Salomon de Monciug, du lieu de Gamarde, curé de la parroisse de Saint-Vincent, et, le lendemain, son corps a été inhumé dans le sanctuaire de ladite parroisse, en presence de noble Jean de Monciug, son frère, et de Guilhaume de Soustra Basterot, son ami, qui ont signé avec moy. (Signé :) Le chevalier de Monciug, — Soustra ; — d'Anty, prêtre. » (Archives de Salies, État civil, oo. 5, f° 5, v°.)

(2) Archives des Basses-Pyrénées, o. 305. — Jacques-Antoine de Caumia-Baillenx signa les actes de baptêmes, mariages et sépultures de la paroisse Saint-Vincent de Salies, à partir du 30 novembre 1747. (Archives de Salies, État civil de Saint-Vincent, 1740-1750, f° 334.)

(3) Archives des Basses-Pyrénées, n. 7881, année 1750, f° 3, v° ; c. 793, f° 265, v° ; c. 834, f° 69 ; n. 5785. — Voir, aussi, c. 967 ; c. 1000 ; c. 1015 ; c. 1347 ; c. 1509.

(4) « L'an 1789 et le 6° aoust, mourut, muni des sacrements de l'eglise, noble Jacques Antoine de Baillenx, curé de cette parroisse, agé de soixante quinze ans. Le lendemain, son corps fut inhumé dans le cimetière de cette église, en presence des sieurs Pierre Pommarède et G° Noguez, clercs tonsurés, qui ont signé avec moy. (Signé :) Poeydavant, curé de Saint-Martin ; — G° Noguez ; — Pommarède. » (Archives de Salies, État civil, oo. 14, f° 281, v°.)

5° Et Marie-Isabeau de Caumia-Baillenx, qui épousa, le 7 janvier 1743, à Pau, noble Jean de Badet, seigneur de Plasence, de la ville de Moncin (1).

VIII. — Noble Jean-Henry DE CAUMIA-BAILLENX, seigneur d'Andrein, de Saint-Andreu, de Castetarbe, des château et maison noble d'Abère d'Asson, etc., naquit à Salies, le 9 mars 1711 (2). Il prit du service dans les armées du roi et fut admis aux Etats de Béarn, le 8 mai 1736, pour la maison noble et domengeadure de Diusabeau de Salies, dont son père lui avait fait donation, le 12 avril précédent, et le 12 mai 1741, pour la maison noble de Baillenx de Castetarbe, en qualité d'héritier de son père (3). — Jean-Henry de Caumia-Baillenx épousa, le 18 mars 1749, par contrat passé devant Goadain, notaire public de la ville de Sauveterre, demoiselle Jeanne DE MOMAS, fille de messire Antoine DE MOMAS, seigneur et abbé laïque de Castaignos, de Soulens (4) et d'autres lieux, et de dame Marie DE POYMIRO (5). — Au mois de février 1756, Jean-Henry de Caumia-Baillenx fut créé *comte de Caumia,* par lettres patentes dont la teneur suit :

« LOUIS, PAR LA GRACE DE DIEU ROY DE FRANCE ET DE NAVARRE, A TOUS PRESENS ET A VENIR SALUT. La famille de Caumia, ancienne dans la province de Béarn, dont elle est originaire, n'a cessé de nous donner des preuves de son zelle et de sa fidellité. En 1620, lors de la reunion de la province a la France, Jacques de Caumia passa au service de Louis treize, de glorieuse memoire. Cinq de ses fils prirent le meme parti. Un feut tué au siege de Messire *(sic)* [Messine], en 1676, trois autres moururent au service. Samuel, l'un d'eux, receut des roys, nos predecesseurs, des marques de contentement de leurs services. Il feut commandant veneloct a Neustat *(sic)* [à Venloo et à Neustadt], lieutenant pour nous a Montlouis,

---

(1) Archives de Pau, *Etat civil,* GG. 47, f° 1.

(2) Archives des Basses-Pyrénées, c. 778, f° 32 ; c. 833, f° 98. v°.

(3) Archives des Basses-Pyrénées, c. 778, f° 32 et 124; B. 7879, année 1736, f° 1 ; c. 783, f° 153. v°.

(4) *Castaignos, Soulens,* aujourd'hui *Castaignos-Soulens,* commune du canton d'Amou et de l'arrondissement de Saint-Sever (Landes).

(5) Bibliothèque Nationale, *Collection Chérin,* volume 47, dossier CAUMIA, f° 6. — J.-B.-E. de Jaurgain, *Nobiliaire de Béarn,* tome Ier, page 22.

en 1746. François de Caumia eut le commandement des grenadiers; il
feut tué, a leur tete, au siege de Bruxelles. — Outre la consideration que
cette famille meritte par elle meme, elle a contracté les alliances les plus
honnorables. Jacques de Caumia epouse, en 1630, Mⁱⁱᵉ de Baillenx (1).
Depuis ce temps, ils ont porté ce nom. Son fils ainé, ayant servi, pendant
plusieurs années, a été aide de camp du vicomte de Turenne, puis epousa
Mⁱⁱᵉ de Sency (2), dont il eut Armand, qui nous [a donné] des preuves de
sa valeur et se fit distinguer aux sieges de Turin et de Lerida ou le sort
feut differend. Il feut blessé a ces deux sieges et, apres avoir fait la guerre
d'Espagne, il se retira pour se marier a la dⁱⁱᵉ Madeleine Claire de Gassion,
niece (3) du marechal de ce nom. De luy sont nés trois garçons : les deux
puisnés, chevaliers de notre ordre militaire de Sᵗ Louis, sont actuellement
a notre service, tous deux capitaines, l'un dans le regiment de Brique-
ville, l'autre dans celuy de Traisnel. L'ainé, Jean Henry de Caumia,
proprietaire des terres de Baillenx, Andrain et Sᵗ André, apres avoir fait
les campagnes d'Italie, s'est retiré et a épousé Mᵉⁱⁱᵉ de Momas, dont il a
deux garçons qu'il destine a notre service. Dans la vue d'exciter leur emu-
lation par des nouveaux engagemens, le sieur Jean Henry de Caumia de
Baillenx nous a fait representer qu'il desireroit reunir a la terre d'Andrein
les terres de Sᵗ André et Baillenx, pour ne composer desdites trois terres
qu'une seule et meme terre, sous le titre et dignité de comté de Caumia,
en faveur de l'exposant et de ses enfans, nés et a naitre en legitime
mariage. Désirant, par des marques d'honneur, qui passent à la posterité,
engager la famille a nous continuer ses services et voulant reconnoitre
ceux que nous a rendus le sieur Jean Henry de Caumia dans les dernieres
campagnes d'Italie et ceux que nous rend, actuellement, les sieurs ses
freres, en qualité de capitaines, a ces causes et autres, a ce nous mouvans,
de notre grace specialle, plaine puissance et autorité royalle, nous avons
uni et incorporé, unissons et incorporons les terres, seigneuries et abbaye
de Baillenx, Saint André et Andrain, leurs circonstances et dependances,

(1) Noble Jacques de Caumia s'allia, suivant contrat au rapport de Jean
d'Arridolle, notaire de Sauveterre, daté du château d'Andrein, 29 août
1630, à damoiselle Isabeau de Baillenx, fille de noble François, seigneur
de Baillenx. (Bibliothèque Nationale, *Collection Chérin*, volume 47, dossier
CAUMIA, fᵒ 3.)

(2) Noble Jean de Caumia-Baillenx se maria, en secondes noces, avec
damoiselle Marguerite de Sency, par contrat en date du 13 juillet 1662,
retenu par d'Agoueix, notaire de Pau. (Bibliothèque Nationale, *Collection
Chérin*, volume 47, dossier CAUMIA, fᵒ 4.)

(3) Magdeleine-Claire de Gassion était *petite nièce* du maréchal.

pour ne faire et composer, a l'avenir, qu'une meme terre et seigneurie, sous le nom de Caumia, laquelle nous avons, par ces presentes, signées de notre main, créé, erigé, elevé et decoré, créons, elevons, erigeons et decorons en titre et préeminence de comté, sous le nom de Caumia, mouvant de nous en plain fief, a cause de notre souveraineté de Bearn, sous les memes charges qui nous sont dues anciennement et conformement aux aveux et denombremens fournis pardevant les commissaires par nous nommés pour la confection du terrier de la province de Bearn, le tout sans aucun changement, pour etre lesdites terres, leurs circonstances et dependances, doresnavant, tenues et possedées par ledit sieur Jean Henry de Caumia audit nom, titre et dignité de comté de Caumia, en jouir et user plainement et paisiblement et perpetuellement par luy, ses enfans, successeurs et descendans males, nés et a naitre en legitime mariage, seigneurs et proprietaires desdites terres, seigneuries et comté; voulons et nous plait qu'ils puissent se dire, nommer et qualifier et qu'ils soint nommés et qualifiés *comtes de Caumia* en tous actes, tant en jugement que dehors, et qu'ils jouissent des memes honneurs, armes, blazons, droits, prerogatives, autorités, preeminences en fait de guerre, assemblées d'états et de noblesse et autres avantages et privileges dont jouissent ou doivent jouir les autres comtes de notre royaume, encore qu'ils ne soint icy particulierement exprimés; que tous vasseaux, arrieres vasseaux, justiciers et autres tenans noblement et en roture des biens mouvans et dependans dudit comté de Caumia, les reconnoissent pour comtes, qu'ils fassent les foy et homage, fournissent leurs aveus et denombremens, les cas y echeant, sous lesdits noms, titres et qualité de comte de Caumia, et que les officiers, exerçans la justice dudit comté et ses dependances, intitulent, a l'avenir, leurs sentences et autres actes et jugemens desdits noms, titre et qualité de comté, sans toutefois aucun changement ny mutation de ressort et de mouvance, augmentation de justice et connoissance des cas royaux qui apartiennent a nos baillis et senechaux, et sans que, pour raison de la présente ellection (*sic*), ledit sieur comte de Caumia, ses enfans et descendans soint tenus envers nous, et leurs vasseaux et tenanciers envers eux a autres et plus grands droits que ceux dont ils sont actuellement tenus, ny qu'a defaut d'hoirs males, nés en legitime mariage, nous puissions ou les roys, nos successeurs, pretendre lesdites terres, seigneuries et comté, leurs circonstances et dependances etre reunis a notre couronne, nonobstant tous edits, declarations, ordonnances et reglemens, sur ce intervenus, et, notamment, l'edit de juillet 1570, auxquels nous avons derrogé et derrogeons par lesdites presentes, pour ce regard, seulement, et sans tirer a consequence et sans rien innover aux droits et devoirs qui pourroint etre dus a d'autres qu'a nous, si aucun y a, auxquels droits et devoirs nous entendons que les presentes ne puissent aucunement prejudicier et demeurent expresse-

ment reservés, a la charge, toutefois, par ledit sieur Jean Henry, comte de
Caumia, ses enfans et descendans, seigneurs et propriétaires desdites
terres, seigneuries et comté, de relever de nous et en une seule fois *(sic)* et
homage et de nous payer et aux roys, nos successeurs, les droits ordinaires
et accoutumés, conformement aux reglemens du pays, si aucuns sont dus
pour raison de la dignité de comté, tant que la dite terre s'en trouvera
decorée; et, qu'au defaut d'hoirs males, lesdites terres et seigneuries
retourneront au meme et semblable etat qu'elles etoint, avant les presentes. — Si, donnons en mandement a nos amés et feaux conseillers les gens
tenans notre cour de parlement et chambre de comtes *(sic)*, aydes et
finances a Pau et a tous autres officiers et justiciers qu'il apartiendra que
ces presentes ils ayent a registrer et de leur contenu faire jouir et user
ledit sieur Jean Henry de Caumia, comte de Caumia, et ses successeurs,
plainement et paisiblement, cessant et faisant cesser tous troubles et
empechemens quelconques, nonobstant tous edits, declarations, reglemens
a ce contraires, auxquels nous avons derrogé et derrogeons par ces memes
presentes, pour ce regard, seulement, et sans tirer a consequence, sauf,
toutes fois, notre droit en autres choses et l'autruy en tout; car tel est
notre plaisir; et, afin que ce soit chose ferme et stable a toujours, nous
avons fait metre notre seel a ces presentes. — Donné a Versailles, au mois
de fevrier l'an de grace mil sept cens cinquante six et de notre regne
le 41e. — Signé: Louis. — Par le roy, (Signé:) Phelipeaux. »

Un arrêt du parlement de Navarre, du 9 mars 1756, ordonna
l'enregistrement de ces lettres patentes (1).

Le 16 janvier 1764, à Pau, messire Jean-Henry, comte de Caumia-
Baillenx, seigneur d'Andrein et d'autres lieux, héritier de dame
Magdeleine-Claire de Gassion, sa mère, fournit l'aveu et le dénombrement des château et maison noble d'Abère d'Asson et des sol et
masures de la maison abbatiale de Béguerie d'Asson. Cet acte fut
vérifié par arrêt du parlement de Navarre, du 14 mars 1768 (2). — Il
agissait en qualité de légitime administrateur de la personne et des
biens de messire Jean-François, comte de Caumia-Baillenx, son fils,
lorsqu'il rendit hommage au roi, le 10 août 1773 (3), devant les

---

(1) Archives des Basses-Pyrénées, B. 4588, f° 94. v°.
(2) Archives des Basses-Pyrénées, B. 5754.
(3) Bibliothèque Nationale, *Collection Chérin*, volume 47, dossier
Caumia, f° 6. — Archives des Basses-Pyrénées, B. 5435; B. 5516;
B. 5594; B. 5680; C. 381; C. 440; C. 926; C. 951; C. 1002; C. 1014;
C. 1015; C. 1350; C. 1465; C. 1468; C. 1473; C. 1481; C. 1485;
C. 1499; C. 1506; C. 1518; C. 1524.

Pagination incorrecte — date incorrecte

NF Z 43-120-12

pour ne faire et composer, a l'avenir, qu'une meme terre et seigneurie, sous le nom de Caumia, laquelle nous avons, par ces presentes, signées de notre main, créé, erigé, elevé et decoré, creons, elevons, erigeons et decorons en titre et prééminence de comté, sous le nom de Caumia, moùvant de nous en plain fief, a cause de notre souveraineté de Bearn, sous les memes charges qui nous sont dues anciennement et conformement aux aveux et denombremens fournis pardevant les commissaires par nous nommés pour la confection du terrier de la province de Bearn, le tout sans aucun changement, pour etre lesdites terres, leurs circonstances et dependances, doresnavant, tenues et possedées par ledit sieur Jean Henry de Caumia audit nom, titre et dignité de comté de Caumia, en jouir et user plainement et paisiblement et perpetuellement par luy, ses enfans, successeurs et descendans males, nés et a naitre en legitime mariage, seigneurs et proprietaires desdites terres, seigneuries et comté; voulons et nous plait qu'ils puissent se dire, nommer et qualifier et qu'ils soint nommés et qualifiés *comtes de Caumia* en tous actes, tant en jugement que dehors, et qu'ils jouissent des memes honneurs, armes, blazons, droits, prerogatives, autorités, preeminences en fait de guerre, assemblées d'états et de noblesse et autres avantages et privileges dont jouissent ou doivent jouir les autres comtes de notre royaume, encore qu'ils ne soint icy particulierement exprimés; que tous vasseaux, arrieres vasseaux, justiciers et autres tenans noblement et en roture des biens mouvans et dependans dudit comté de Caumia, les reconnoissent pour comtes, qu'ils fassent les foy et homage, fournissent leurs aveus et denombremens, les cas y echeant, sous lesdits noms, titres et qualité de comte de Caumia, et que les officiers, exerçans la justice dudit comté et ses dependances, intitulent, a l'avenir, leurs sentences et autres actes et jugemens desdits noms, titre et qualité de comté, sans toutefois aucun changement ny mutation de ressort et de mouvance, augmentation de justice et connoissance des cas royaux qui apartiennent a nos baillis et senechaux, et sans que, pour raison de la présente ellection (*sic*), ledit sieur comte de Caumia, ses enfans et descendans soint tenus envers nous, et leurs vasseaux et tenanciers envers eux a autres et plus grands droits que ceux dont ils sont actuellement tenus, ny qu'a defaut d'hoirs males, nés en legitime mariage, nous puissions ou les roys, nos successeurs, pretendre lesdites terres, seigneuries et comté, leurs circonstances et dependances etre reunis a notre couronne, nonobstant tous edits, declarations, ordonnances et reglemens, sur ce intervenus, et, notamment, l'edit de juillet 1570, auxquels nous avons derrogé et derrogeons par lesdites presentes, pour ce regard, seulement, et sans tirer a consequence et sans rien innover aux droits et devoirs qui pourroint etre dus a d'autres qu'a nous, si aucun y a, auxquels droits et devoirs nous entendons que les presentes ne puissent aucunement prejudicier et demeurent expresse-

ment reservés, a la charge, toutefois, par ledit sieur Jean Henry, comte de
Caumia, ses enfans et descendans, seigneurs et propriétaires desdites
terres, seigneuries et comté, de relever de nous et en une seule fois *(sic)* et
homage et de nous payer et aux roys, nos successeurs, les droits ordinaires
et accoutumés, conformement aux reglemens du pays, si aucuns sont dus
pour raison de la dignité de comté, tant que la dite terre s'en trouvera
decorée; et, qu'au defaut d'hoirs males, lesdites terres et seigneuries
retourneront au même et semblable etat qu'elles etoint, avant les presentes. — Si, donnons en mandement a nos amés et feaux conseillers les gens
tenans notre cour de parlement et chambre de comtes *(sic)*, aydes et
finances a Pau et a tous autres officiers et justiciers qu'il apartiendra que
ces presentes ils ayent a registrer et de leur contenu faire jouir et user
ledit sieur Jean Henry de Caumia, comte de Caumia, et ses successeurs,
plainement et paisiblement, cessant et faisant cesser tous troubles et
empechemens quelconques, nonobstant tous edits, declarations, reglemens
a ce contraires, auxquels nous avons derrogé et derrogeons par ces memes
presentes, pour ce regard, seulement, et sans tirer a consequence, sauf,
toutes fois, notre droit en autres choses et l'autruy en tout; car tel est
notre plaisir; et, afin que ce soit chose ferme et stable a toujours, nous
avons fait metre notre scel a ces presentes. — Donné a Versailles, au mois
de fevrier l'an de grace mil sept cens cinquante six et de notre regne
le 41°. — Signé : Louis. — Par le roy, (Signé :) Phelipeaux. »

Un arrêt du parlement de Navarre, du 9 mars 1756, ordonna
l'enregistrement de ces lettres patentes (1).

Le 16 janvier 1764, à Pau, messire Jean-Henry, comte de Caumia-
Baillenx, seigneur d'Andrein et d'autres lieux, héritier de dame
Magdeleine-Claire de Gassion, sa mère, fournit l'aveu et le dénom-
brément des château et maison noble d'Abère d'Asson et des sol et
masures de la maison abbatiale de Béguerie d'Asson. Cet acte fut
vérifié par arrêt du parlement de Navarre, du 14 mars 1768 (2). — Il
agissait en qualité de légitime administrateur de la persoune et des
biens de messire Jean-François, comte de Caumia-Baillenx, son fils,
lorsqu'il rendit hommage au roi, le 10 août 1773 (3), devant les

---

(1) Archives des Basses-Pyrénées, n. 4588, f° 94. v°.

(2) Archives des Basses-Pyrénées, n. 5754.

(3) Bibliothèque Nationale, *Collection Chérin*, volume 47, dossier
Caumia, f° 6. — Archives des Basses-Pyrénées, n. 5435; n. 5510;
n. 5594; n. 5680; c. 381; c. 440; c. 926; c. 951; c. 1002; c. 1014;
c. 1015; c. 1350; c. 1465; c. 1468; c. 1473; c. 1481; c. 1485;
c. 1499; c. 1506; c. 1518; c. 1524.

présidents, trésoriers généraux de France en la généralité d'Auch, pour les terre, seigneurie et dîme de Soulens, paroisse de Castaignos, pour l'abbaye dudit lieu, la béguerie et la directe de Samadet et d'Argelos (1). — Jean-Henry de Caumia, comte de Baillenx, obtint, avec son fils, le 8 décembre 1789, un arrêt du Conseil du roi les maintenant dans leur noblesse d'extraction (2). — Il mourut à Pau, le 2 juin 1793, à l'âge de 82 ans, et, conformément à sa dernière recommandation, son corps fut transporté à Andrein, où il fut enterré, le 4 juin (3).

Jean-Henry, comte de Caumia-Baillenx avait eu de dame Jeanne de Momas :

1° Pierre-Antoine-Marie de Caumia-Baillenx, né et baptisé à Andrein, le 21 août 1751; — parrain : noble Pierre de Baillenx, capitaine au régiment de Bricqueville, représenté par noble Pierre de Bachoué, seigneur de Barraute; — marraine : dame Marie de Poymiro, grand'mère maternelle de l'enfant (4). — Pierre-Antoine-Marie de Caumia-Baillenx mourut jeune;

2° Jean François de Caumia-Baillenx, dont l'article suit;

3° Marie-Magdeleine de Caumia-Baillenx portant en famille le prénom de Claire, née à Andrein, le 6 mars 1750. Baptisée, le 9 mars de la même année, par le curé de Saint-Vincent de Salies, son oncle, elle eut pour parrain, messire Antoine de Momas, seigneur de Castaignos, représenté par le sieur Jean Pouré, curé d'Andrein, et pour marraine, dame Magdeleine-Claire de Gassion, sa grand'mère paternelle (5). — Marie-Magdeleine de Caumia-Baillenx épousa messire Jean-Marc de Marrenx, II⁵ du nom, baron de Sus, seigneur de Lacq et d'autres lieux (6);

4° Et Marie-Louise de Caumia-Baillenx, née à Andrein, le 1ᵉʳ août 1754, baptisée le lendemain; elle eut pour parrain M. l'abbé

---

(1) *Samadet*, commune du canton de Geaune et de l'arrondissement de Saint-Sever (Landes); — *Argelos*, commune du canton d'Amou et de l'arrondissement de Saint-Sever (Landes).

(2) Bibliothèque Nationale, *Collection Chérin*, volume 47, dossier CAUMIA, f° 6.

(3) Archives d'Andrein, *État civil*.

(4) Archives d'Andrein, *État civil*.

(5) Archives d'Andrein, *État civil*.

(6) *Armorial de Béarn*, tome II, page 74.

dé Baillenx, curé de Saint-Vincent de Salies, et pour marraine, demoiselle Louise de Momas (1).

IX. — Messire Jean-François DE CAUMIA-BAILLENX, comte de Caumia-Baillenx, naquit à Andrein, le 10 janvier 1753 (2). Sous-lieutenant au régiment Mestre de camp général, cavalerie, le 1er mars 1771, seigneur haut justicier de Castaignos et de Soulens, il épousa, suivant contrat passé sous seings privés, au lieu de Cassaber, le 29 mars 1775, demoiselle Marie DE LAFARGUE DE CASSABER (3), fille de messire Jean DE LAFARGUE, seigneur et abbé laïque du lieu de Cassaber, en Béarn, et de dame Anne D'ARBÉRATS D'ARMENDARITS (mariés dans l'église d'Arbérats, le 25 juin 1753) (4), et petite-fille de messire Daniel de Lafargue de Cassaber (5), seigneur de Cassaber, conseiller au parlement de Navarre, et de dame Isabeau d'Arridolle-Guinarthe. Le futur époux fut assisté, dans cet acte, de son père; de : dame Marie de Poymiro, son aïeule; Marie-Magdeleine-Claire et Marie-Louise de Caumia-Baillenx, ses sœurs; messires Pierre de Caumia, lieutenant-colonel d'infanterie, chevalier de Saint-Louis; et Jacques-Antoine de Baillenx, curé de Salies, ses oncles paternels. La

(1) Archives d'Andrein, *État civil.*

(2) « Le dix janvier même année [1753], naquit un fils légitime a noble Jean Henri de Baillenx, seigneur d'Andrein, et a dame Jeanne de Momans, et fut baptisé, l'onsieme dudit mois, par Monsieur l'abbé de Baillenx, curé de St Vincens de Salies; — parreins, noble Jean Henri de Baüs et demoi-selle Marie Sara de Gassion; — et le nom de Jean-François luy fut imposé; — temoins les sous signés. Le parrein et la marraine s'étant trouvez absens, ledit seigneur de Bahus a été représenté par le sieur Pouré, curé du présent lieu, la marreine par dame Magdeleine-Claire de Gassion, mère dudit seigneur de Baillenx, père de l'enfant baptisé, lesquels ont signé, — (Signé :) Baillenx, curé; — Gassion de Baillenx; — Pouré, pretre et curé d'Andrein; — St Mellion; — Maisonnabe. » (Archives d'Andrein, *État civil.*)

(3) Bibliothèque Nationale, *Collection Chérin*, volume 47, dossier CAUMIA, f° 6, v°.

(4) Archives d'Arbérats-Sillègue, *État civil*, an. 1.

(5) Daniel de Lafargue de Cassaber était fils de noble François de Lafargue, seigneur de Cassaber et de La Salle de Cassaber, baron de Durfort, conseiller au parlement de Navarre, — dont le blason fut enregistré dans l'*Armorial de Béarn*, le 19 juillet 1697, — et de dame Marguerite de Sarrabère. (*Armorial de Béarn*, tome Ier, page 39.)

future épouse fut assistée, dans l'acte, de ses père et mère; de : demoiselle Elisabeth de Cassaber, sa sœur puinée; messire Jean-François de Cassaber, chef de bataillon au régiment de Navarre, chevalier de Saint-Louis, son oncle paternel; dame Marie de Cassaber-Rance; et de M. [Jean] de Rance, seigneur de Burgaronne, mari de cette dernière (1). — Nommé lieutenant au régiment Mestre de camp, par commission du 9 avril 1775 (2), Jean-François de Caumia-Baillenx fut admis aux États de Béarn, le 15 février 1776, pour la terre et seigneurie de Cassaber, appartenant à sa femme (3).

« Dame Marie de Cassabé, comtesse de Caumia Baillenx, héri-
« tière du sieur de La Fargue-Cassabé, épouse du sieur Jean-François,
« comte de Caumia-Baillenx, baron, seigneur haut justicier de
« Castaignos, Soulens et autres lieux, » rendit hommage au roi, le
7 décembre 1776, pour « la terre, seigneurie, château et batisses de
« Cassabé (4). » — Elle dénombra la seigneurie de Cassaber et l'abbaye de Lassalle, dudit lieu, le 11 avril 1777 (5).

En 1793, Jean-François de Caumia-Baillenx fut emprisonné comme suspect. Voici, à ce sujet, les renseignements qui furent donnés sur lui : « CAUMIA, dit BAILLENX, trois enfants, de 13, 10 et
« 8 ans; arrêté à Pau, le 24 novembre; ci-devant noble, aristocrate
« et fanatique, orgueilleux (6). »

Marie de Lafargue de Cassaber, comtesse de Caumia-Baillenx, mourut dans son château de Lassalle de Cassaber, le 21 novembre 1827, à l'âge de 73 ans, à la survivance de son mari, qui décéda au même lieu, le 22 novembre 1833, à l'âge de 80 ans. — Ils avaient eu de leur mariage :

1° Jean-Henry de Caumia-Baillenx, né à Cassaber, le 26 décembre 1775,
   décédé jeune;

(1) Bibliothèque Nationale, *Collection Chérin*, volume 47, dossier CAUMIA, f° 6, v°.

(2) Bibliothèque Nationale, *Collection Chérin*, volume 47, dossier CAUMIA, f° 7.

(3) Archives des Basses-Pyrénées, c. 811, f° 24 et 212.

(4) Bibliothèque Nationale, *Collection Chérin*, volume 47, dossier CAUMIA, f° 7.

(5) Archives des Basses-Pyrénées, B. 5535; B. 5777; c. 1348.

(6) *Liste des suspects du département des Basses-Pyrénées*, 1793, Pau, Ribaut, 1877, page 24.

2° Jean-François de Caumia-Baillenx, né et baptisé à Cassaber, le 30 mai 1780; il eut pour parrain, messire Jean-François de Cassaber, lieutenant-colonel du régiment Maréchal de Turenne, représenté par messire Jean-François de Sillègue, et pour marraine, dame Marie-Claire de Caumia de Baillenx, dame de Sus, représentée par dame Anne d'Arbérats-Cassaber (1). — Jean-François de Caumia-Baillenx était maire de Cassaber, lorsqu'il mourut dans cette commune, le 15 janvier 1812, à l'âge de 31 ans;

3° Pierre de Caumia-Baillenx, dont l'article suit;

4° Et Marie-Henriette de Caumia-Baillenx, née à Cassaber. Elle épousa dans cette commune, le 18 septembre 1809, M. George-Marie de Burosse, fils de M. Jean-Antoine de Burosse, ancien capitaine d'infanterie, et de dame Anne-Françoise Daudard.

X. — Pierre DE CAUMIA-BAILLENX, comte de Caumia-Baillenx, naquit à Cassaber, le 3 juin 1783 (2). Il épousa, le 18 juillet 1812, mademoiselle Marie-Anne-Antoinette DE LALANDE D'OLCE, née à Bayonne, fille de Jean-Nicolas DE LALANDE, baron d'Olce et de Mageseq, chevalier de Saint-Louis, capitaine commandant aux gardes françaises, et de madame Marie-Louise-Hyacinthe HOCQUART DE CUEILLY. — Le comte Pierre de Caumia-Baillenx, qui était maire de Cassaber, le 14 mai 1813 et le 13 août 1822, mourut au château de cette commune, le 16 mars 1858, à l'âge de 74 ans. — Sa veuve décéda au même lieu, le 21 juillet 1866, à l'âge d'environ 80 ans. — De leur union :

1° Hyacinthe-Henry de Caumia-Baillenx, dont l'article suit;

2° Louis-Henry de Caumia-Baillenx, né à Cassaber, le 3 mai 1818, décédé dans cette commune, le 6 mai de la même année;

----

(1) Actes de l'état civil de Cassaber déposés au greffe du Tribunal civil d'Orthez.

(2) « Le trois juin mille sept cents quatre vingt trois, est né et a été baptisé, le même jour, messire Pierre de Caumia de Baillenx, fils légitime de messire Jean-François, comte de Caumia de Baillenx, et de dame Marie de Cassabé; — tenu sur les fonts baptismaux par messire Jean François de Sillègue et par dame Anne d'Arbérats Cassabé, à l'absence de messire baron d'Arbérats, son parrain, et de demoiselle Marie-Louise de Caumia de Baillenx, sa marraine, qui ont signé avec nous. (Signé :) Sillègue; — d'Arbérats Cassabé; — Noguères, curé. » (Actes de l'état civil de Cassaber déposés au greffe du Tribunal civil d'Orthez.)

3° Marie-Henriette-*Amélie* de Caumia-Baillenx, née à Cassaber, le
14 mai 1813, mariée, dans cette commune, le 1er octobre 1835,
à M. Xavier-Barthélémy du Moulin de Labarthète, né à Aire
(Landes), le 16 frimaire an XIV (7 décembre 1805), fils de
M. Raymond du Moulin de Labarthète et de dame Clémentine
Laffitte de Saint-Aubin ;

4° Marie-Antoinette-Angélique de Caumia-Baillenx, née à Cassaber, le 17
janvier 1816, décédée dans cette commune, le 19 septembre 1817;

5° Jeanne-Claire-*Augusta* de Caumia-Baillenx, née à Cassaber, le 13
août 1822, mariée dans cette commune, le 7 septembre 1847, à
M. Antoine-Edouard Louis, avocat, juge suppléant au Tribunal
civil d'Oloron, fils de M. Bertrand Louis et de dame Magdeleine-
Victoire Tillet ;

6° Et Marie-Thérèze-*Henriette* de Caumia-Baillenx, née à Cassaber, le
26 avril 1826, décédée, le 14 août 1872.

XI. — Hyacinthe-Henry DE CAUMIA-BAILLENX, comte de Caumia-
Baillenx, né à Cassaber, le 8 décembre 1814, épousa, le 24 avril
1843, mademoiselle Jeanne-Caroline-Marie-Louise DE CHANCEAULME
DE CLARENS, née à Clarens, domiciliée au Houga (Gers), fille de
M. Jean-Maurice-Magdeleine DE CHANCEAULME DE FONROSE DE
CLARENS, et de madame Louise-Nathalie DE MALARTIC. — La com-
tesse Hyacinthe-Henry de Caumia-Baillenx mourut au château de
Lassalle de Cassaber, le 8 septembre 1882, à l'âge de 57 ans, à la
survivance de son mari, qui est décédé audit lieu, le 25 septembre
1895, à l'âge de 80 ans. (1). — De cette alliance :

1° Pierre-Louis-Armand de Caumia-Baillenx, dont l'article suit ;

2° Marie-Pierre-François, vicomte de Caumia-Baillenx, né à Cassaber, le
25 juillet 1860, marié à Sauviac (Gironde), le 27 juin 1887, à
mademoiselle Marie-Marguerite-Henriette de Marbotin de Sauviac,
née à Bordeaux, fille de Charles-Jeanne, baron de Marbotin de
Sauviac, docteur en droit, chevalier de la légion d'honneur, commandeur du Medjidié, officier d'académie, ancien préfet des Landes,
et de madame Marie-Magdeleine-Sophie-Berthe Lebas de Girangy
de Claye. — De cette union :

a. — *Louis*-Marie-François-Joseph-Henri de Caumia-Baillenx, né
à Sauviac, le 13 novembre 1888 ;

(1) *Bulletin héraldique de France*, Paris, quai des Orfèvres, 56,
septembre 1895, colonne 612.

b — *Charles*-Marie de Caumia-Baillenx, né à Sauviac, le 30 avril 1890;

c. — *Geneviève*-Marie-Armande de Caumia-Baillenx, née à Sauviac, le 20 novembre 1891;

d. — Et *Marie*-Anatolie-Antoinette de Caumia-Baillenx, née à Sauviac, le 5 novembre 1893.

3° Jeanne-Marie de Caumia-Baillenx, née à Cassaber, le 18 octobre 1846, mariée dans cette commune, le 9 juillet 1873, à M. George-Jules Dougnac de St Martin, né à Saint-Laurent (Haute-Garonne), le 19 mai 1834, ancien capitaine de hussards, domicilié à Saint-Laurent, fils de M. Valentin Dougnac de Saint-Martin, chevalier de la légion d'honneur, ex-capitaine, décédé à Saint-Laurent, le 27 août 1854, et de madame Marie-Louise de Lartigue, décédée à Saint-Laurent, le 28 octobre 1858;

4° Et Amélie de Caumia-Baillenx, née à Cassaber, le 30 avril 1858, décédée dans cette commune, le lendemain de sa naissance.

XII. — Pierre-Louis-Armand DE CAUMIA-BAILLENX, comte de Caumia-Baillenx, né à Cassaber, le 20 décembre 1844, licencié en droit, maire de Cassaber, représente actuellement la branche des Gassion d'Abère. Il a épousé, à Morlàas (Basses-Pyrénées), le 8 janvier 1873, mademoiselle Marie-Marthe-Amélie DE SALINIS, née à Pau, le 18 avril 1852, fille de M. Jean-François DE SALINIS, commandeur de l'ordre de Saint-Grégoire le Grand, et de madame Louise-Marie FROUARD. Les témoins du mariage furent : MM. Henry-Justin-Marie du Moulin de Labarthète, âgé de 36 ans, né à Aire (Landes), procureur de la République à Saint-Palais (Basses-Pyrénées), cousin germain de l'époux; Antoine-Edouard Louis, âgé de 59 ans, avocat, domicilié à Oloron-Sainte-Marie, oncle par alliance de l'époux; Pierre-Henry Desclaux de Lescar, juge de paix du canton de Hagetmau (Landes); et Clément-Hubert de Seissan de Marignan, né à Auch (Gers), âgé de 55 ans, propriétaire, demeurant à Bayonne, oncle de l'épouse. — Le comte de Caumia-Baillenx a eu de mademoiselle de Salinis :

1° Louis-Marie-*Henry* de Caumia-Baillenx, vicomte de Caumia-Baillenx, né à Cassaber, le 23 septembre 1873, maréchal des logis au 4° chasseurs;

2° Henry-Marie-Albert-*Hyacinthe* de Caumia-Baillenx, né à Morlàas, le 20 mai 1876;

3° George-Marie-Joseph-*Albert* de Caumia-Baillenx, né à Cassaber, le
23 avril 1879;

4° François-Marie-Edouard-*Joseph* de Caumia-Baillenx, né à Cassaber,
le 7 décembre 1880;

5° Marie-Augustin-*Hubert* de Caumia-Baillenx, né à Cassaber, le
6 janvier 1887;

6° Jeanne-Marie-*Louise* de Caumia-Baillenx, née à Cassaber le 23 septembre 1873 (le même jour que son frère aîné);

7° Marie-Adélaïde-Georgina de Caumia-Baillenx, née à Cassaber, le
10 janvier 1875;

8° Marie-Henriette-Marguerite de Caumia-Baillenx, née à Cassaber, le
27 octobre 1889, décédée dans cette commune, le 31 octobre de la
même année;

9° Henriette-Marie-*Magdeleine* de Caumia-Baillenx, née à Cassaber, le
même jour que la précédente;

10° Marie-Ignace-Jeanne-*Marguerite* de Caumia-Baillenx, née à Cassaber, le 10 novembre 1891;

11° Et Ignace-Andrée-Marie-*Elisabeth* de Caumia-Baillenx, née à Cassaber, le 7 février 1895.

Armes des Caumia-Baillenx : *écartelé : aux 1 et 4, d'azur, à la tour
d'argent, maçonnée, ouverte et percée de sable, [qui est* DE CAUMIA]; *
aux 2 et 3, d'argent, à trois flammes de gueules, rangées en fasce,
[qui est* DE BAILLENX.] (1).

***

Pendant l'impression de cette notice, M. Ch.-L. Frossard a publié
dans le *Bulletin de la Société Ramond* (1896), une *Généalogie de la
famille de Gassion*. Nous empruntons à ce travail l'intéressante
conclusion suivante :

« Dans le cours de l'histoire, il en est d'une famille comme d'un
« individu. Considérée de loin, en bloc et en superposant les traits
« de même ordre, on lui voit une figure spécifique et un caractère.

(1) La Chenaye-Desbois et Badier, *Dictionnaire de la Noblesse*, tome IV,
3e édition, Paris, Schlesinger, 1864, colonne 866; — Ch. de Picamilh,
Statistique générale des Basses-Pyrénées, tome Ier, pages 258 et 399; —
J.-B.-E. de Jaurgain, *Nobiliaire de Béarn*, tome Ier, page 17.

« Qu'en est-il des Gassion? Ils ont pu aspirer à entrer comme nobles
« aux Etats de Béarn, puis recevoir des titres nobiliaires, acheter
« des châteaux et contracter de nobles alliances, néanmoins, nous
« apercevons toujours en eux une famille bourgeoise. Impossible de
« les confondre avec les Gramont, leurs contemporains et compa-
« triotes. De la noblesse n'ont ni les vertus ni les vices, à part de
« rares exceptions.

« En tout, il faut mettre en dehors le maréchal, qui n'est pas
« plus un noble qu'un bourgeois, mais un homme de génie et un
« héros. Il sort de la famille et il la dépasse.

« Pendant un siècle, la Réforme a mis sur cette famille un cachet
« d'austérité et imprimé un goût prononcé pour une littérature théo-
« logique et érudite. Le xviie siècle a vu l'épanouissement en nom-
« bre, en dignités et en richesses, de la race, qui, au xviiie, s'affaiblit
« et tend à s'éteindre avec plus d'honneurs que de mérite, et plus
« de terres que d'enfants.

« Economes de leurs biens, qu'ils tiennent en bon ordre, ainsi que
« leurs enfants, ils n'ont ni libéralité ni goût pour les arts, on ne les
« voit guère agir contre leur intérêt temporel, même dans la ques-
« tion religieuse, qui est affaire de conscience. Ils se mettent le plus
« souvent du côté du manche, comme on dit vulgairement.

« Ils prêtent volontiers au denier douze, soit aux corps de l'Etat,
« quand ils le peuvent, soit aux particuliers, nobles besogneux et
« petites gens.

« Ils ne craignent pas les procès, même avec leurs proches,
« et tiennent ferme à leurs droits, même pour des vétilles, les
« femmes de leur race n'ont pas fait parler d'elles, ce qui est tout
« à leur louange, mais, comme chez les hommes, on leur trouve plus
« de vertu que de grâce (1). »

VIII

*Familles, du nom de Gassion, paraissant distinctes de la maison
du maréchal.*

Le nom de Gassion, assez répandu en Béarn, a été porté par un
certain nombre de familles que nous n'avons pu rattacher à la maison

---

(1) Ch.-L. Frossard, *Généalogie de la famille de Gassion*, in-8°, 14
pages, page 10.

du maréchal et qui ont habité ou habitent Arbus, Audaux, Bruges, Bugnein, Cardesse, Cassaber, Castillon, Ledeuix, Méritein, Navarrenx, Nay, Oloron, Orthez, Pontacq, Susmiou, etc., en Béarn, Maubourguet, en Bigorre, Paris et Tours. Il convient de donner quelques détails sur ces familles dont les membres ont occupé des situations diverses.

Gassion, d'Arbus.

I. — Henry DE GASSION, Ier du nom, né vers 1621, mourut à Arbus, le 10 février 1701, à l'âge de 80 ans (1). Il paraît avoir eu pour fils, Jean de Gassion, dont l'article suit.

II. — Jean DE GASSION, Ier du nom, eut de son mariage avec Jeanne DE DOUCE, de Poey :

1° Henry de Gassion, IIe du nom, dont l'article suit ;
2° Marie de Gassion, baptisée à Arbus, le 19 juillet 1682 (2). Elle épousa, avant le 21 septembre 1712, Raymond de Barrot, et mourut à Arbus, le 23 mars 1757, à l'âge de 74 ans (3) ;
3° Jeanne de Gassion, baptisée à Arbus, le 27 septembre 1685 ;
4° Et Anne de Gassion, baptisée à Arbus, le 22 mars 1691 (4).

III. — Henry DE GASSION, IIe du nom, laboureur, fut baptisé à Arbus, le 21 décembre 1679 (5). Il épousa, dans cette commune, le 15 juin 1706, Jeanne DE LACOUDE (6), et mourut audit lieu, le 19 juin 1750, à l'âge de 70 ans (7), après avoir eu de son mariage :

---

(1) Archives d'Arbus, État civil, 1680-1705, f° 71, v°.
(2) Archives d'Arbus, État civil, 1680-1705, f° 6.
(3) Archives d'Arbus, État civil, 1747-1758, Sépultures, f° 28, v°.
(4) Archives d'Arbus, État civil, 1680-1705, f° 13, v°, et 25, v°.
(5) « Henry de Gassion, fils légitime de Jean de Gassion et de Jeanne de Douce, mariés, a esté baptizé le vingt unième décembre mil six cens septante et neuf ; parrin, Henry de Gassion, et marraine, Anne de Gassion, habitante a Lassalle de La Bielle ; — par moy, (Signé :) Sanctis, curé. » (Archives d'Arbus, État civil, 1654-1679, f° 39, v°.)
(6) Archives d'Arbus, État civil, 1705-1736, f° 2, v°.
(7) Archives d'Arbus, État civil, 1747-1758, Sépultures, f° 12, v°.

1° Henry de Gassion, III° du nom, dont l'article suit ;

2° Jean de Gassion, baptisé à Arbus, le 21 septembre 1712 ;

3° Autre Jean de Gassion, baptisé à Arbus, le 10 juin 1721 ;

4° Et Marie de Gassion, baptisée à Arbus, le 21 septembre 1712 (1).

IV. — Henry DE GASSION, III° du nom, laboureur, épousa à Arbus, le 11 février 1738, Magdeleine DE PUCHEU, dite DE BOURDA, fille de Charles DE PUCHEU, de Mourenx, et de Jeanne DE BOURDA, laboureurs de profession (2). — Il mourut à Arbus, le 7 octobre 1782, à l'âge de 76 ans, environ (3), ayant eu de sa femme :

1° Jean de Gassion, II° du nom, dont l'article suit ;

2° Charles de Gassion, né à Arbus, le 7 avril 1741, décédé dans cette commune, le 14 février 1746 (4) ;

3° Autre Jean de Gassion, marié à Arbus, le 3 novembre 1773, à Marie Doulet, fille de Jean Doulet et de Jeanne de Nergassie (5). — De cette alliance : a. — Henry de Gassion, né à Arbus, le 24 décembre 1773 ; — b. — Jean de Gassion, né à Arbus, le 24 juillet 1776 (6) ;

4° Et Anne de Gassion, née à Arbus, le 20 avril 1744 (7).

V. — Jean DE GASSION, II° du nom, né à Arbus, le 19 novembre 1738 (8), épousa dans cette commune, le 26 juin 1759, Marie DE GUILLOU, d'Artiguelouve, fille de Jean DE GUILLOU et de Jeanne DALICQ (9). Il était officier municipal d'Arbus, lorsqu'il mourut audit lieu, le 23 septembre 1791 (10). — De son mariage avec Marie de Guillou :

1° Pierre de Gassion, né à Arbus, le 15 août 1762, décédé dans cette commune, le 18 août de la même année (11) ;

(1) Archives d'Arbus, État civil, 1705-1736, f°° 28 et 47.

(2) Archives d'Arbus, État civil, 1737-1747, f° 14, v°.

(3) Archives d'Arbus, État civil, 1782-1792, f° 5, v°.

(4) Archives d'Arbus, État civil, 1737-1747, f°° 27 et 54, v°.

(5) Archives d'Arbus, État civil, 1771-1781, f° 19.

(6) Archives d'Arbus, État civil, 1771-1781, f°° 20 et 35.

(7) Archives d'Arbus, État civil, 1737-1747, f° 43, v°.

(8) Archives d'Arbus, État civil, 1737-1747, f° 18, v°.

(9) Archives d'Arbus, État civil, 1759-1770, f° 18.

(10) Archives d'Arbus, État civil, 1782-1792, f° 63, v°.

(11) Archives d'Arbus, État civil, 1759-1770, f° 29, v°; — 1759-1773, Sépultures, f° 10, v°.)

2° Un autre fils, né à Arbus, le 5 octobre 1783, décédé le même jour (1);

3° Magdeleine de Gassion, née à Arbus, le 3 août 1760 (2);

4° Jeanne-Marie de Gassion, née Arbus, le 14 juillet 1770 (3);

5° Et Magdeleine de Gassion, née à Arbus, le 16 février 1779 (4);

Les Gassion, d'Arbus, comptent encore, croyons-nous, des représentants.

Gassion, d'Audaux.

Peyrot DE GASSION, habitant à Audaux, est témoin d'un acte, à Bugnein, le 24 novembre 1525 (5). Il eut de son mariage avec Johanette DE MARCQUES, héritière de la maison de ce nom, d'Audaux :

1° Arnaud de Gassion;

2° Et Gratianette de Gassion, mariée, par contrat du 9 février 1555, à Audaux, à Sansot de Labarrère, de Castetbon (6).

Gassion, de Bruges.

Le seigneur Jean DE GASSION, marchand, du lieu de Bruges, habitant à Oloron, épousa Jeanne DE PASQUOAU, de Préchacq, et fit son testament, à Oloron, le 22 mai 1626. Il déclara, dans cet acte, que tous les enfants, issus de son mariage, étaient morts; il légua 500 francs à Catherine de Gassion, *alias* de Bidon, de Bruges, sa sœur; institua pour héritière, Marie de Gassion, sa fille naturelle, femme d'Antoine d'Espiaube, et exprima le désir d'être enterré dans l'église Sainte-Marie d'Oloron (7).

Jeanne de Pasquoau, veuve du seigneur Jean de Gassion, fit donation, le 20 janvier 1632, de la somme de 800 francs au sieur Antoine d'Espiaube, marchand, habitant à Oloron (8).

(1) Archives d'Arbus, *État civil*, 1782-1792, f° 14.

(2) Archives d'Arbus, *État civil*, 1759-1770, f° 18.

(3) Archives d'Arbus, *État civil*, 1771-1781, f° 27.

(4) Archives d'Arbus, *État civil*, 1748-1758 et 1779, f° 18, v°.

(5) Archives des Basses-Pyrénées, E. 1610, f° 5; E. 1617, f° 146.

(6) Archives des Basses-Pyrénées, E. 1625, f° 405, v°.

(7) Archives des Basses-Pyrénées, E. 1812, f° 260, v°.

(8) Archives des Basses-Pyrénées, E. 1816, f° 211.

Gassion, de Bugnein.

Guilhamot DE GASSION, *voisin* et jurat de Bugnein, — qu'il ne faut point confondre avec noble Guilhamot de Gassion, abbé laïque de Goès, notaire coadjuteur à Oloron, son contemporain et homonyme, — est cité dans des actes des notaires de Navarrenx, des 25 février, 26 mars 1493 et 4 avril 1494 (1).

Guicharnaud DE GASSION, jurat de Bugnein, le 27 mars 1525, l'était encore, le 5 décembre 1545 (2). Il vendit, le 4 janvier 1532, conjointement avec Arnaud de Gassion, son fils et héritier, 15 sols jaqués de rente, pour le prix de 15 francs, à mossen Guilhem d'Abbadie, curé de Bugnein. Les mêmes Guicharnaud et Arnaud de Gassion, père et fils, vendirent, le 17 octobre 1533, une pièce de terre, située à Bugnein, appelée « lo marlat de Gassioo, » en faveur d'Arnaud de Casaus, marguillier de l'église Saint-Jean de Bugnein (3).

Gassiot DE GASSION, de Bugnein, est mentionné dans un acte du 28 avril 1526 (4).

Guichot DE GASSION, jurat de Bugnein, vendit, le 22 décembre 1535, une pièce de terre à Bertranet de Casadabant (5). Il eut d'une alliance ignorée :

1° Arnaud de Gassion ;
2° Autre Arnaud de Gassion, marchand, habitant à Navarrenx (6).

Marianette DE GASSION, maîtresse adventice de la maison de Sallenave de Bugnein, et Peyrot, son fils, prirent à cheptel, le 12 septem-

---

(1) Archives des Basses-Pyrénées, E. 1606, f°s 65; 217, v°, et 243.
(2) Archives des Basses-Pyrénées, E. 1608, f°s 46, v°, et 53, v°; E. 1610, f°s 11; 81; 85; 95; 139 et 179; E. 1614, f° 242; E. 1616, f°s 1; 171 et 186; E. 1619, f°s 81; 201; 274; 282; 306 et 308; E. 1621, f° 153, v°.
(3) Archives des Basses-Pyrénées, E. 1617, f°s 118 et 158, v°; E. 1618, f° 37, v°.
(4) Archives des Basses-Pyrénées, E. 1610, f° 84.
(5) Archives des Basses-Pyrénées, E. 1619, f° 281.
(6) Archives des Basses-Pyrénées, E. 1620, f° 12, v°; E. 1621, f° 232, v°.

bre 1549, du seigneur Arnaud de Gassion, marchand, habitant à Navarrenx, une truie, un porc et deux pourceaux (1).

I. — Le seigneur Jean DE GASSION, de Bugnein, acheta, le 14 juillet 1550, pour le prix de 242 francs, la maison de Moret, de cette commune, de Guilhem d'Anglade et d'honorable Perarnaud de Sajus, lieutenant du bayle de Navarrenx, tuteurs de Jean de Moret (2). — « Honorable Jean de Gassion » était jurat de Bugnein, le 19 avril 1560. — Le 20 novembre 1560, à Navarrenx, Jean de Gassion, maître de la maison de Moret, de Bugnein, patron de la prébende de Moret, fondée dans l'église Saint-Jean de cette commune, et mossen Louis de Casenave, de Bastanès, curé de Narp, titulaire de ladite prébende, vendirent une pièce de terre, située à Audaux, au profit de Me Arnaud de Sallenave (3). — Jean de Gassion laissa un fils, Perarnaud, dont l'article suit.

II. — Perarnaud DE GASSION, de Bugnein, épousa Antoinette DU VERNET, d'Audaux, fille de Gaillard DU VERNET et de Jeanne DU VERNET (4). — De cette alliance vint une fille unique, Catherine, dont l'article suit.

III. — Catherine DE GASSION, héritière de la maison de Gassion, de Bugnein, contracta mariage, à Audaux, le 22 novembre 1590, avec Me Guilhem DE FAURIE, de cette commune. Elle fut assistée, dans les pactes, de : Gaillard du Vernet, d'Audaux, son grand-père ; Jeanne du Vernet, sa grand'mère ; Jean de Gassion, d'Oloron, son oncle ; Jean de Casenave, de Bastanès, son parrain ; et de Bernard de Mossentramon, d'Audaux, son oncle. Guilhem de Faurie fut assisté, dans le même acte, d'Arnaud-Guilhem de Faurie, son père ; d'autre Arnaud-

(1) Archives des Basses-Pyrénées, E. 1623, fo 221, vo.

(2) Archives des Basses-Pyrénées, E. 1623, fo 270 : E. 1624, fo 185, vo ; E. 1625, fo 231 ; E. 1626, fo 306 ; E. 1627, fos 50, 241 et 285 ; E. 1629, fo 125.

(3) Archives des Basses-Pyrénées, E. 1626, fos 206 et 253 ; E. 1647, fos 348, vo, et 351.

(4) Archives des Basses-Pyrénées, E. 1643, fo 12, vo.

Guilhem de Faurie, son frère, futur héritier de ladite maison de Faurie; d'Arnaud de Capdepont, son oncle; et de Guilhem de Capdepont, son parrain (1). — Le 14 juillet 1610, à Audaux, Catherine de Gassion, de Bugnein, assistée de M° Guilhem de Faurie, son mari, vendit la maison de Casamajor, d'Orriule, en faveur de noble Antoine de Bachoué, seigneur de Camou d'Ossenx (2). — Catherine de Gassion, « petite-fille et héritière du défunt Jean de Gassion et fille « légitime du défunt Perarnaud de Gassion, » fit son testament, à Bugnein, le 20 juin 1593, et un codicille, le 19 novembre 1610 (3). — Elle laissa de son mariage, entre autres enfants :

1° Jean de Faurie, autrement de Gassion, institué héritier par sa mère. Il figure dans un acte du 8 février 1612 (4);

2° Et Isaac de Faurie, autrement de Gassion, dont l'article suit.

IV. — Isaac DE FAURIE, autrement DE GASSION, de Bugnein, habitant à Navarrenx, contracta mariage dans cette ville, le 5 février 1651, avec Marguerite DE BRETAGNE. Il fut assisté, aux pactes, de Jacques de Lafargue, de Bastanès, son beau-frère (5).

Gassion, de Cardesse.

Gaillardon DE GASSION, de Cardesse, acheta, le 14 mai 1418, une pièce de terre, à Ledeuix, pour le prix de 26 florins, d'Arnauton du Faur, de Cardesse, et de Johanot, son fils (6).

Arnauton DE GASSION, de Cardesse, frère de Bernard DE GASSION, contracta mariage, le 19 août 1431, avec Johanine DU FAUR, fille de Peyrot DU FAUR, tailleur de pierres, et de Juliane, sa femme (7).

---

(1) Archives des Basses-Pyrénées, E. 1634, f° 515, v°; E. 1651, f° 307.

(2) Archives des Basses-Pyrénées, E. 1657, f° 403, v°.

(3) Archives des Basses-Pyrénées, E. 1657, f°° 477 et 479; E. 1646, f° 147; E. 1647, f° 379; E. 1648, f° 167, v°.

(4) Archives des Basses-Pyrénées, E. 1662, f° 269.

(5) Archives des Basses-Pyrénées, E. 1683, f° 352.

(6) Archives des Basses-Pyrénées, E. 1766, f° 7, v°.

(7) Archives des Basses-Pyrénées, E. 1766, f°° 47, v°, et 174, v°; E. 1767, f° 122.

Jean DE GASSION, de la marque de Cardesse de Moncin, vivait, le 1ᵉʳ mai 1537 (1).

Guilhem DE GASSION, de Cardesse, reconnut devoir, le 21 décembre 1542, la somme de 12 francs et 2 sols, de 10 sols par franc, à Arnaud du Faur, maréchal, d'Oloron, pour achat d'un cheval (2).

Bernard DE GASSION, de Cardesse, « lanesicier, » (lainier, marchand de laine), habitant à Oloron, et Guiraute DE SAINT-MARTIN, sa femme, vendirent, le 13 avril 1561, pour le prix de 12 écus 5 sols, plusieurs pièces de terre et places, situées dans la rue du Marcadet d'Oloron, en faveur d'Arnaudet de Moreu, de Goès, voisin d'Oloron (3).

Bernarde DE GASSION, propriétaire de la maison de Gassion, de Cardesse, et Arnaud D'ARRIUTORT, son gendre, maître adventice de ladite maison de Gassion, affermèrent, pour quatre années, le 6 janvier 1573, une pièce de terre, à Cardesse, des mains de Bertrand de Bordères, d'Oloron, et de Marguerite d'Espagne, sa femme. — Arnaud d'Arriutort, alias de Gassion, Guilhem, son fils, de Cardesse, et Guiraudette DE MIRAMON, femme dudit Guilhem, achetèrent, le 8 septembre 1589, pour le prix de 290 francs, un enclos, appelé de La Sobre, situé à Cardesse, de Bernard de Barranco, aîné, d'Oloron (4).

Gassion, de Cassaber.

Arnaud DE GASSION, de Cassaber, vendit, le 4 mai 1613, pour le prix de 40 francs bordelais, une pièce de terre, sise à Carresse, au profit de noble Jean de Mosqueros, de Salies (5).

Gassion, de Castillon.

Michel DE GASSION, alias DE LACOME, et Mariette DE GASSION, sa mère, vendirent, le 27 mai 1498, pour le prix de 12 florins 4 sols,

---

(1) Archives des Basses-Pyrénées, E. 1772, fᵒ 149, vᵒ.
(2) Archives des Basses-Pyrénées, E. 1774, fᵒ 10, vᵒ.
(3) Archives des Basses-Pyrénées, E. 1780, fᵒ 195.
(4) Archives des Basses-Pyrénées, E. 1783, fᵒ 79; E. 1796, fᵒ 267.
(5) Archives des Basses-Pyrénées, E. 1206, fᵒ 157, vᵒ.

une pièce de terre, située à Castillon, appelée de Missorbe, en faveur de mossen Arnaud-Guilhem de Lacome, curé de Castillon (1).

Gassion, de Ledeuix.

Bernadet DE GASSION, dit « lo sabi » (le sage), de « las Yolettes » de Ledeuix, fut choisi, le 16 janvier 1561, comme arbitre dans un procès entre Ramonet de Lembeye, *alias* du Sobac, de Lasseube, Gaillard d'Orticous, Joanicou de Coralet et Peyrot de Joanicot, de Moncin (2).

Jean DE GASSION, de « las Yolettes » de Ledeuix, maria, le 1er janvier 1576, à Oloron, Guirautine DE GASSION, sa fille, avec Jean DU MOULIN, du Faget de Goès (3). Par son testament, daté de Ledeuix, 3 mars 1591, il légua 400 francs et une vache à Jeanne, sa fille; laissa l'administration de ses biens à Bertrane, sa femme; nomma pour exécuteurs testamentaires Pès de Gassion, son frère, Bernadet de Pasama, *alias* de Laborde, de Lucq, son beau-frère, et institua pour héritier Peyrolet de Gassion, son fils (4).

Pès DE GASSION épousa, avant le 8 juin 1586, Guirautine D'ARRIPE, fille et héritière de Bernard D'ARRIPE, du Faget d'Oloron, et de Joanine DE BONESEUDE (5). — « Pès de Gassion, du Faget de Ledeuix, « habitant à Saint-Pé de Catron, » reçut, le 1er mai 1588, un cheptel du seigneur Sans du Colomer, marchand, d'Oloron (6).

Gassion, de Méritein.

Perrodine DE GASSION eut de son mariage avec Arnautolo DE LA SALLE, de Méritein :

---

(1) Archives des Basses-Pyrénées, *Nouvelles acquisitions*, Notaires de La Bastide-Monréjau, n° 15, f° 16.

(2) Archives des Basses-Pyrénées, E. 1780, f° 564.

(3) Archives des Basses-Pyrénées, E. 1825, f° 88, v°.

(4) Archives des Basses-Pyrénées, E. 1794, f° 66.

(5) Archives des Basses-Pyrénées, E. 1792, f°° 214, v°; 240; 241, 284, v°; E. 1793, f° 315; E. 1794, f° 307.

(6) Archives des Basses-Pyrénées, E. 1795, f° 232.

1° Guilhem-Ramon de La Salle ;

2° Et Marie de La Salle, femme d'Arnaudet de Baherle, de Méritein. Elle reçut, le 10 novembre 1493, à Navarrenx, la donation que lui fit Guilhem-Ramon, son frère, de la maison de la Salle, de Méritein (1).

Gassion, de Navarrenx.

Arnaud de Gassion, de Bugnein, fils de Guichot de Gassion et neveu de Gratian de Gassion, aussi de Bugnein, épousa, à Sainte-Marie d'Oloron, le 27 juillet 1533, Marguerite de Dosse, de cette ville, fille et héritière de Bertranette de Dosse (2). Le 23 juillet 1551, Arnaud de Gassion s'associa, pour faire le commerce, avec honorable Pierre du Tilh, capitaine, habitant et *voisin* de la ville de Navarrenx (3). — « Arnaud de Gassion, marchand, *voisin* et habitant de Navarrenx, » donna en mariage, le 9 avril 1552, Marguerite de Gassion, première héritière de la maison de Dosse, de Sainte-Marie, à Johanet de Domecus, fils de Jean de Domecus, d'Ance (4). — Il acheta, le 20 juin 1553, pour le prix de 210 francs, de dix sols chacun, une maison, située au Marcadet d'Oloron, de Jean du Casso et de Gratiane de Bergès, sa femme (5). — Le 6 novembre 1561, à Navarrenx, honorables Bernard de Mondet, *voisin* de ladite ville, abbé de Camblong, et Tristan, son fils, ayant pour cautions Arnaud de Gassion, *voisin* de Navarrenx, marchand, habitant à Oloron, et Fortic de Laborde, de Castetnau, *voisin* de ladite ville d'Oloron, reconnurent devoir la somme de 806 florins, de 9 sols pièce, à Pés du Laée et Bertrand de Prat, gardes de Navarrenx (6).

Gassion, de Nay.

M⁵ Ramon de Gassion, apothicaire, habitant à Nay, épousa, avant le 21 juillet 1551, Domengine de Labamère, de ladite ville. Il résidait

---

(1) Archives des Basses-Pyrénées, E. 1606, f° 164, v°.

(2) Archives des Basses-Pyrénées, E, 1621, f°⁵ 181 et 200.

(3) Archives des Basses-Pyrénées, E. 1622, f° 122, v°; E. 1623, f° 333, v°; E. 1624. f° 47, v°.

(4) Archives des Basses-Pyrénées, E, 1777, f° 89.

(5) Archives des Basses-Pyrénées, E. 1777, f°⁵ 271 et 310, v°.

(6) Archives des Basses-Pyrénées, E. 1626, f° 341, v°.

à Vic-Bigorre, le 3 mars 1557, fut témoin d'un acte, à Nay, le 15 février 1559, et afferma, pour trois années, le 2 avril 1559, à raison de 24 sols par année, au profit du seigneur Gratian de Nogués, un jardin, appelé d'Oliber, situé au parsan du Marcadet d'Oloron, jardin qu'il tenait lui-même à bail d'honorable Johannot de La Salle, seigneur de Jasses (1).

Gassion, de Bugnein, de Cardesse et de Ledeuix, établis à Oloron.

Jean DE GASSION, *alias* DU SARRALIER, d'Oloron, délivra quittance, le 30 juillet 1537, de la dot de 75 florins, constituée à Johanette d'ARANHIES, sa femme, au profit de Peyrot d'Aranhies, *alias* du Fauret, d'Estialescq (2).

————————

I. — Le seigneur Arnaud DE GASSION, de Bugnein, épousa, avant le 19 septembre 1537, Marguerite DE GUILHEMBRUN, sœur de François DE GUILHEMBRUN, d'Oloron (3). Il était marchand à Oloron, lorsqu'il vendit, le 12 août 1561, conjointement avec sa femme, pour le prix de 800 francs, la maison de Guilhembrun, située au Marcadet d'Oloron, et une métairie, appelée de Gastanhète, située, aussi, à Oloron, en faveur de mossen Pès de Larborie, chapelain, de cette ville (4). — Le 5 mars 1566, « Arnaud de Gassion, de Bugnein, « *voisin* et marchand d'Oloron, » vendit, pour le prix de 200 francs, plusieurs pièces de terre, situées à Bugnein, en faveur du seigneur Jean de Gassion, *voisin* et jurat de cette commune. son frère (5). — Arnaud de Gassion eut de Marguerite de Guilhembrun :

————————

(1) Archives des Basses-Pyrénées, E. 1728, fº 59; E. 1732, fº 89, vº; 245, vº, et 261, vº.

(2) Archives des Basses-Pyrénées, E. 1772. fº 168, vº.

(3) Archives des Basses-Pyrénées, E. 1772, fº 178.

(4) Archives des Basses-Pyrénées, E. 1624, fº 234; E. 1625, fº 397, vº; E. 1627, fº 214; E. 1771, fº 190, vº; E. 1780, fº 343, vº, et 556, vº; E. 1782, fº 134.

(5) Archives des Basses-Pyrénées, E. 1631, fº 3; E. 1773. fº 90, 127 et 152.

1° Jean de Gassion, dont l'article suit;

2° Mathieu de Gassion, qui s'engagea comme apprenti, pour cinq années, le 20 septembre 1580, chez Arnaud de Taulès, « laneficier » (marchand de laine), d'Oloron (1);

3° Joanine de Gassion, mariée, suivant contrat daté d'Oloron, 29 décembre 1560, à Guilhem de Lombrer, décédé sans postérité, avant le 5 novembre 1573 (2). Elle épousa, en secondes noces, le 1er avril 1574, Loys de Lagart, de Lucq, tondeur, habitant à Oloron, qui donna quittance de la dot de 150 francs, constituée à sa femme, le 30 novembre suivant (3);

4° Bertranine de Gassion, femme d'Arnaud de Harclup, de Nay, le 9 avril 1582 (4);

5° Et Bertrane de Gassion, qui s'allia, le 9 septembre 1580, à Oloron, à Julian Cumenge, de Roquecourbe, en Albigeois, bonnetier et soldat, habitant à Navarrenx (5).

II. — Jean DE GASSION, voisin d'Oloron, fils et héritier du défunt Arnaud de Gassion, assisté de Jean de Gassion, son oncle, vendit, le 1er août 1574, les droits que son père possédait sur la place du Périsser, située à Navarrenx, en faveur de noble Jean de Géleberrie, de cette ville (6). Il entra comme apprenti, pendant quatre années, le 29 mars 1575, chez le seigneur Raymond d'Osque, marchand, d'Oloron (7). Le 9 avril 1582, agissant avec l'assistance du seigneur Peyrot de Navailles et de Bernard de La Servarie, d'Oloron, ses proches parents, il vendit, pour le prix de 1.325 francs, la maison appelée de Colère, sise à Goès, au profit de Jean d'Espourrin (8).

I. — Bertranet DE GASSION. de Cardesse, épousa, avant le 28 mars 1552, Jeanne DE MONCAUBET, fille de Joanot DE MONCAUBET et de

---

(1) Archives des Basses-Pyrénées. E. 1788, f° 381, v°.

(2) Archives des Basses-Pyrénées, E. 1780, f° 74, v°; E. 1784, f° 1; E. 1785, f° 218; E. 1788, f° 587, v°.

(3) Archives des Basses-Pyrénées, E. 1784, f° 152; E. 1785, f° 217; E. 1788, f° 550, v°.

(4) Archives des Basses-Pyrénées, E. 1789, f° 147.

(5) Archives des Basses-Pyrénées. E. 1788, f° 374.

(6) Archives des Basses-Pyrénées, E. 1634, f° 216.

(7) Archives des Basses-Pyrénées, E. 1785, f° 309, v°; E. 1786, f° 73, v°.

(8) Archives des Basses-Pyrénées, E. 1789, f°s 147 et 375.

Perrodine DE BORDENAVE. Il est rappelé comme défunt, dans un acte du 4 mars 1568, par lequel Jeanne de Moncaubet, sa veuve, femme en secondes noces de Peyrot DE CAPDEPONT, acheta, conjointement avec ce dernier, pour le prix de 1.500 francs, les moulin, terre, place et jardin de Moncaubet, autrement de Guoalharde, situés à Oloron, de Perrodine de Moncaubet et de Bernard de Moncaubet, son fils, de cette ville (1). — Bertranet de Gassion laissa de Jeanne de Moncaubet, Joanet de Gassion, dont l'article suit.

II. — Joanet DE GASSION, de Ledeuix, « laneficier » (marchand de laine), habitant a Oloron, épousa, par contrat du 27 mai 1575, Anne DE LAILHACAR, fille de Bertranet DE LAILHACAR, de ladite ville, et de Bernardine DE LAFORCADE, d'Escout (2). Il assista, le 8 décembre 1582, à Oloron, aux pactes de mariage de Gratie de Capdepont, sa demi-sœur, avec Peyrot d'Arnaudpeyré, de Lasseube (3), et était curateur de Pierris de Lailhacar et des autres enfants du capitaine Antoine de Lailhacar, d'Oloron, les 3 janvier 1584 et 14 décembre 1586 (4). — Joanet de Gassion épousa, en secondes noces, à Oloron, le 7 mars 1588, Françoise DE LANNE, veuve d'Arnaud DE TAULÈS, « laneficier » de cette ville. Il fut assisté, au contrat, du sire Guiraud de Laforcade, marchand, et de Pés de Vignes, « laneficier, » de ladite ville, ses parents. La future épouse fut assistée, dans le même acte, de : dame Jeanne de Discrotte, sa tante, Arnaudet de Bordes; et Guiraud de Taulès, ses alliés (5). — Joanet de Gassion laissa d'Anne de Lailhacar :

1° Marie de Gassion, femme de Jean de Porte, de Cardesse, le 7 octobre 1623 (6).

Il parait avoir eu de Françoise de Lanne :

2° Gaillard de Gassion, dont l'article suit.

---

(1) Archives des Basses-Pyrénées, E. 1777, f° 84, v°; E. 1785, f° 13, v°.

(2) Archives des Basses-Pyrénées, E. 1788, f° 242 et 382; E. 1814, f° 172, v°.

(3) Archives des Basses-Pyrénées, E. 1789, f° 357, v°, et 648.

(4) Archives des Basses-Pyrénées, E. 1793, f° 41, v°; E. 1794, f° 299 et 310; E. 1795, f° 363, v°; E. 1796, f° 47 et 51, v°; E. 1799. f° 281.

(5) Archives de Basses-Pyrénées, E. 1792, f° 214; E. 1795, f° 167, v°.

(6) Archives de la maison de Lailhacar, rue de Châteaudun, n° 8, bis, à Paris.

III. — Mᵉ Gaillard ᴅᴇ Gᴀssɪᴏɴ contracta mariage avec Jeanne ᴅᴇ Lᴀʙᴏʀᴅᴇ. — De cette alliance :

1° Pierre de Gassion, baptisé à Oloron, le 7 septembre 1629;
2° Jeanne de Gassion, baptisée dans l'église Sainte-Croix d'Oloron, le 12 septembre 1627 (1) ;
3° Et Marie de Gassion, dont l'article suit.

IV. — Marie ᴅᴇ Gᴀssɪᴏɴ, héritière, contracta mariage, à Oloron, le 8 janvier 1659, avec Mᵉ François ᴅ'Aʀᴛɪɢᴀᴜx, marchand, de cette ville. Elle fut assistée, aux pactes, de son père et de sa mère; de : Mᵉˢ Pierre d'Arnaudpeyré ; Jacques d'Angoustures ; Jean de Cauhaper ; Jeannes (sic) de Diserotte ; et de Gaillard de Couhitte, ses parents et amis. Le futur époux fut assisté, de son côté, de : Mᵉ Martin d'Artigaux, son père ; Mᵉ Jean de Bourbon, docteur en médecine ; Mᵉ Jean de Toux ; Mᵉˢ Arnaud de Lescriban ; Arnaud et Jean de La Salle ; Antoine du Règne ; et de Mᵉ Abraham de Bordenave, greffier au sénéchal d'Oloron, ses parents (2).

Gassion, d'Orthez.

Mᵉ Jacques ᴅᴇ Gᴀssɪᴏɴ eut de son mariage avec damoiselle Marie ᴅ'Aʀʀɪɢʀᴀɴ, d'Orthez :

1° Pierre de Gassion, né à Orthez, le 14 mars 1665, et baptisé, le lendemain, dans le temple protestant de cette ville. — parrain, noble Pierre d'Arrigran, sieur de Castera ; — marraine, damoiselle Anne de Blair ;
2° Esther de Gassion, née et baptisée à Orthez, le 12 février 1661 ; — parrain ; Mᵉ Jean de Berducan ; — marraine, damoiselle Esther de Rabier ;

(1) « Le 12 septembre 1627, a esté baptisée Jeane, filhe de Goualhart de Gassion et de Joanne de Laborde : — parrins, Arremon de Laborde et Guirautane de Caubet. » (Archives d'Oloron, *Etat civil*, Baptêmes de l'église Sainte-Croix, ɢɢ. 1. fᵒˢ 11, v° ; 162 et 179, v°).
(2) Archives des Basses-Pyrénées, ᴇ 1825, f° 88, v°.

3ª Et Marie de Gassion, née à Orthez, le 15 décembre 1662, baptisée, le lendemain; — parrain, Mᵉ Jean-Pierre d'Arrigran; — marraine, damoiselle Marie de Galèze (1).

La maison de cette famille était située rue des Paillatez, à Orthez (2).

Gassion, de Pontacq.

On trouve des Gassion fixés à Pontacq, dans la seconde moitié du XVIIᵉ siècle. Ils possédaient une maison, située dans la rue de Mesplet, de cette ville (3).

Pierre DE GASSION ou plutôt DE GASSIOU, de Pontacq, eut de Jeanne DE GASSION, sa femme :

Pierre de Gassion, né à Pontacq, le 3 avril 1676 (4).

Anne DE GASSIOU, née vers 1659, mourut à Pontacq, le 12 avril 1734, à l'âge de 75 ans environ (5).

---

(1) Archives d'Orthez, *État civil protestant*, 1593-1663, fˢ 145 et 160 ; — 1663-1767, fᵉ 181, vᵒ.

(2) « Estimation des maisons d'Orthez, faite, en 1693, par Pierre de Léhigaray, avocat en parlement, Pierre de Badière, bourgeois, et Abraham de Laposterne, charpentier, habitans de ladite ville. — 13 septembre 1693. — Rue des Paillatez... Item [nous nous sommes transportez en la rue appellée des Paillatez et dans] la maison de Gassion, appartenante à Jacques de Gassion, contenant demy place ; — confronte : d'orient, avec maison de Pruer ; du midy, avec maison appellée de Fargues ; d'occident, avec ladite maison de Vidau : et du septentrion, avec rue publique ; — estimée trois cens cinquante livres... » (Archives des Basses-Pyrénées, c. 1047, fᵒ 8.)

(3) Estimation des maisons de Pontacq : « 29 août 1693. — Nous, Guillaume de Barber et Pierre de Peyret, de Pontacq, et Estienne Sanstinès, mᵉ charpentier, de Pontacq..., nous sommes transportés en la maison de Guassion, couverte de paille, et autre grange, couverte de paille, rue de Mesplet, basse cour et jardin ; — quy confronte : d'orient, aveq chemin publiq ; midy, aveq une petite ruette publique ; septantrion, aveq terre de Bernata ; et aquilon, aveq terre Jean Gran ; — que nous avons estimée la somme de douze livres. » (Archives des Basses-Pyrénées, c. 1047.)

(4) Archives de Pontacq, *État civil*, GG. 1, fᵒ 21, vᵒ.

(5) Archives de Pontacq, *État civil*, GG. 4, fᵒ 15.

Autre Anne de Gassiou, dite Marquis, femme de Pierre de Casaban, le 21 avril 1696, mourut à Pontacq, le 9 juin 17?3, à l'âge d'environ 55 ans (1).

────────────

I. — Isaac de Gassiou, — que nous croyons fils de Pierre de Gassiou, de Pontacq, et de Jeanne de Gassiou, — épousa, avant le 21 avril 1696, Anne de Casaban. — Il mourut à Pontacq, le 16 janvier 1740 (2), après avoir eu de son mariage :

1° Pierre Gassiou, *alias* Marquis-Gassiou, dont l'article suit ;
2° Jean Gassiou, baptisé à Pontacq, le 10 août 1708 (3).

II. — Pierre Gassiou, *alias* Marquis-Gassiou, né vers 1699, épousa, à Pontacq, le 11 novembre 1727, Magdeleine de Germa, (4). Il mourut dans cette ville, le 29 décembre 1734, à l'âge d'environ 35 ans (5), ayant eu de sa femme :

1° Thomas Gassiou, *alias* Marquis-Gassiou et Gassion, dont l'article suit ;
2° Jean Gassiou, *alias* Marquis-Gassiou et Gassion, baptisé à Pontacq, le 25 novembre 1732 ; — parrain et marraine : Jean de Casaban et Marie de Poque, mari et femme (6) ;
3° Pierre Gassiou, *alias* Marquis-Gassiou et Gassion, fils posthume, baptisé à Pontacq, le 27 avril 1735 ; décédé dans cette ville, le 13 septembre 1738 (7).

────────────

(1) Archives de Pontacq, *État civil*, GG. 1, f° 161, v°.
(2) « L'an 1740 et le 16 janvier, mourut Isaac de Gassiou, aagé d'environ septante cinq ans, apres avoir esté confessé, receu le saint viatique et le sacrement de l'extremonction. Son corps feut inhumé le lendemain, dans le cimetiere de la presente parroisse, en presence de Jacques·Garrot et Pierre Garrot, sacristains, qui ont signé avec moy, qui ay fait la ceremonie. (Signé :) P. Garrot, present ; — Sans, vicaire. » (Archives de Pontacq, *État civil*, GG. 4, f° 106.)
(3) Archives de Pontacq, *État civil*, GG. 2, f° 6.
(4) Archives de Pontacq, *État civil*, GG. 2, f° 142, v°.
(5) Archives de Pontacq, *État civil*, GG. 4, f° 23, v°.
(6) Archives de Pontacq, *État civil*, GG. 3, f° 203.
(7) Archives de Pontacq, *État civil*, GG. 4, f°ˢ 28, v° et 82.

4° Et Jeanne Gassiou, *alias* Marquis-Gassiou et Gassion, baptisée à Pontacq, le 11 octobre 1730 (1).

III. — Thomas Gassiou, *alias* Marquis-Gassiou et Gassion, fut baptisé à Pontacq, le 21 décembre 1728 (2). Marchand dans cette ville, il y épousa, le 4 août 1756, Catherine Courties (3). — « Le « sieur Thomas Gassion, marchand, de Pontacq, » obtint, le 13 février 1775, une sentence du sénéchal de Pau contre les nommés Garruet et Lempiron, mari et femmme, de Labatmale (4). — Thomas Gassion eut de son mariage :

1° Pierre Gassion, né et baptisé à Pontacq, le 28 avril 1757 ;
2° Louis-Henri Gassion, né et baptisé à Pontacq, le 10 janvier 1759 (5) ;
3° Jacques Gassion, dont l'article suit ;
4° Et Jeanne Gassion, née et baptisée à Pontacq, le 15 février 1760 (6).

IV. — Jacques Gassion épousa, à Maubourguet, le 30 avril 1787, Marie-Célestine Denfite, et mourut dans cette ville, le 22 juin 1840, laissant postérité.

Gassion, de Susmiou.

Gratianette de Gassion, de Susmiou, contracta mariage, à Castetnau, le 1er mars 1594, avec François de La Garde, de Montfort. Elle

(1) Archives de Pontacq, *Etat civil*, GG. 3, f° 179, v°.

(2) « L'an 1728 et le 21 décembre, je, vicaire de la paroisse de Pontac, ay baptisé le fils de Pierre Gassiou et de Magdeleine de Germa, ses pere et mere, mariés ensemble et habitans dans la presente parroisse, a qui on a imposé le nom de Thomas. Le parrain a esté Isaac de Gassiou, et la marraine, Anne de Cazaban, grand pere et grande mere du baptisé. Les parrains ont déclaré ne pas sçavoir signer. (Signé :) Sans, vicaire. » — « L'an 1735 et le vint et sept avril, je, archiprêtre de Pontac, [ai] baptizé le fils de Pierre Marquis Gassiou et Magdelaine de Germa, mariés dans cette paroisse, a qui on a donné le nom de Pierre: parrein, Thomas de Marquis Gassiou ; — marreine : Anne de Marquis Gassiou; l'office fait par moy. — Le parrein n'a sceu signer. (Signé :) de Perpigna, archiprêtre. » (Archives de Pontacq, *Etat civil*, GG. 3, f° 159; GG. 4, f° 28, v°.)

(3) Archives de Pontacq, *Etat civil*, GG. 5, f° 108, v°.

(4) Archives des Basses-Pyrénées, B. 7725, f° 10.

(5) Archives de Pontacq, *Etat civil*, GG. 5, f°s 120 et 144.

(6) Archives de Pontacq, *Etat civil*, GG. 6, f° 157, v°.

fut assistée, dans cet acte, d'Arnaud de Gassion, son frère, et de Mᵉ François Guoyen, habitant à Oloron, son beau-frère (1).

Jean DE GASSION, de Susmiou, épousa à Navarrenx, le 29 janvier 1642, Gratianne DE MIRASSOUR, de Géronce. Il fut assisté, au contrat, de Pierre de Gassion, son père, et d'Arnaud de Faurie, de Susmiou, son oncle (2).

Gassion, de Paris.

« Honorable homme et saige maistre Denys GASSION, licencié en « loix, advocat au Châtelet, » vendit, le samedi, 9 mai 1523, à Paris, 50 sols parisis de rente en faveur de noble homme et sage maitre Jean de Poncher, seigneur de Lymonre, conseiller du roi et général de ses finances (3).

N..... GASSION était notaire au Châtelet de Paris, le 31 octobre 1568 (4).

Seigneurs de Garges (5).

I. — Richard GASSION, docteur en la faculté de médecine de Paris, sieur du fief de Garges, en sa partie, appartenait, probablement, à la même famille que les précédents. — Il eut d'une alliance ignorée, Denis, dont l'article suit.

II. — Denis GASSION, avocat au Châtelet de Paris, sieur du fief de Garges, épousa Jeanne BABÉE, fille d'Ayoul (?) BABÉE, procureur au parlement de Paris, et de Marguerite BARTHÉLÉMY. — De cette union :

1° Claude Gassion, 1ᵉʳ du nom, dont l'article suit ;
2° Et Marie Gassion, femme de Claude Coulanges, procureur au grand Conseil.

---

(1) Archives des Basses-Pyrénées, E. 1647, f° 177, v°.
(2) Archives des Basses-Pyrénées, E. 1673, f° 81.
(3) Bibliothèque Nationale, *Pièces originales*, volume 1289, n° 29,029, verbo DE GASSION, pièce n° 3 (parchemin.)
(4) Bibliothèque Nationale, *Collection Clairambault*, volume 131, f° 1511.
(5) *Garges*, aujourd'hui commune du canton de Gonesse et de l'arrondissement de Pontoise (Seine et Oise).

III. — Claude GASSION, procureur au parlement de Paris, sieur du fief de Garges, épousa : 1° Marie DE LAULNAY; 2° Marguerite GUYON, fille de Jean GUYON, avocat au parlement de Paris. — Il laissa deux enfants, savoir :

1° Claude Gassion, IIᵉ du nom, dont l'article suit;
2° Et Charles Gassion.

IV. — Noble homme Claude GASSION, IIᵉ du nom, sieur de Garges, conseiller du roi, contrôleur général du taillon en la généralité de Paris, contracta mariage avec damoiselle Renée LE CAMUS et vivait encore, le 13 mai 1662 (1). — Renée Le Camus mourut, le 18 septembre 1670, après lui avoir donné les enfants suivants :

1° Nicolas Gassion, décédé à Charenton, le 14 octobre 1674;
2° Robert Gassion ;
3° Charles Gassion ;
4° Claude Gassion ;
5° Catherine Gassion, religieuse à Bourgfontaine (2);
6° Et Magdeleine Gassion, dame du fief de Garges, décédée, le 13 avril 1709 (3).

On lit dans l'Armorial de Paris, dressé en vertu de l'édit du mois de novembre 1696, l'article suivant, qui concerne, très vraisemblablement, Magdeleine Gassion, dame du fief de Garges :

« 698. — Madelaine GASSION
« Porte d'argent, a un chevron d'azur, accompagné de trois rateaux
« de sable, emmanchez de meme, 2 en chef et un en pointe. »

Ce blason, présenté, le 13 novembre 1697, fut enregistré, le 22 novembre de la même année (4).

« N..., veuve de N... DE GASSION,» ayant négligé de fournir la

_____

(1) Bibliothèque Nationale, *Pièces originales*, volume 1289, n° 29,029, *verbo* DE GASSION, pièce n° 9, (parchemin).

(2) Aujourd'hui *Fontaine-le-Bourg*, commune du canton de Clères et de l'arrondissement de Rouen (Seine-Inférieure.)

(3) Bibliothèque Nationale, *Cabinet de d'Hozier*, volume 156, n° 4030, verbo GASSION, f° 2. — Cette généalogie fut dressée sur titres, au mois de février 1711.

(4) *Armorial de Paris*, tome Iᵉʳ, états. page 102; — tome II, blasons coloriés, page 1780.

description de ses armoiries, reçut d'office, le 3 décembre 1700, le blason qui suit :

« *D'or, a deux loups de sable, passant l'un sur l'autre.* » (1).

NOTE COMPLÉMENTAIRE

S'il fallait ajouter foi à une généalogie des Gassion, écrite vers la fin du XVIe siècle, Guilhamot de Gassion, époux de Johanine d'Abbadie, abbesse laïque de Goès, serait *fils de Bernadou de Gassion et de Marianote du Coterer*. Mais il résulte de documents analysés par M. Ch.-L. Frossard, que la femme de Guilhamot était *fille de Bernadou d'Abbadie de Goès et de Mamerote de Caterer* (évidemment *Marianotte du Coterer*). Bernadou d'Abbadie (et non de Gassion) et Marianote du Coterer, sa femme, étaient donc le *beau-père* et la *belle-mère* de Guilhamot de Gassion (2).

Au XVe siècle, le nom patronymique des seigneurs de l'abbaye de Goès était *Lyanis*.

Arnaud DE LYANIS, marchand, abbé de Goès, donna une procuration, datée de Castelnaudary, diocèse de Saint-Papoul, 24 juin 1468, pour faire présenter à la cure de Goès, diocèse d'Oloron, Bernard de Lyanis, clerc, son frère, étudiant à l'université de Toulouse (3).

Aux termes d'une enquête, faite à Oloron et complétée à Pau, au mois de juillet 1579, pour établir la noblesse de Hugues de Gassion, gouverneur de la ville et du château de Nantes, les d'Abbadie de Goès portaient, de toute antiquité, dans leur écusson, *un lévrier, avec son collier, attaché à un pin* (4). Il s'ensuivrait que le 3e quartier des armes de la maison de Gassion rappellerait l'alliance de Guilhamot avec l'héritière des d'Abbadie de Goès.

Or, d'après M. J.-B.-E. de Jaurgain, ces prétendues armes des

---

(1) *Armorial de Tours*, n° 210.

(2) Ch.-L. Frossard, *Généalogie de la famille de Gassion*, pages 3 et 4.

(3) Archives de M. Franck d'Andurain, *Papiers de Gassion*. (Communication de M. J.-B.-E. de Jaurgain.)

(4) Ch.-L. Frossard, *Généalogie de famille de Gassion*, page 11.

d'Abbadie de Goès ne seraient autres que celles de la maison de Méritein, à laquelle les Gassion ont cherché à se rattacher, comme on l'a vu, en supposant le mariage d'Arnaud de Gassion avec Raymonde de Méritein (18 mai 1499).

Les Méritein, d'origine féodale, portaient : *d'argent, à l'arbre de sinople et au lévrier de gueules, attaché au fût de l'arbre.*

On attribue, encore, à cette maison les armes suivantes : *d'azur, au lévrier d'argent, arrêté contre un arbre de sinople* (1).

Il est fort probable que *la tour* des 1er et 4e quartiers des armes des Gassion était l'emblème héraldique des d'Abbadie de Goès (2).

---

(1) Baron de Cauna, *Armorial des Landes*, tome III, pages 356 et 357.
(2) Lettre de M. J.-B.-E. de Jaurgain (1896).

ERRATUM

(Page 56, ligne 27, *lisez :*)

13° Et Jeanne de Gassion, qui épousa : 1° le 15 juillet 1607, à Pau, M⁰ Pierre de Lafite, avocat au Conseil souverain et en la Cour de M. le sénéchal au siège d'Orthez, fils de M⁰ Jean de Lafite, notaire au Conseil souverain ; 2° suivant contrat, daté de Pau, 10 juillet 1626, noble Pierre de Bachoué, avocat au parlement de Navarre..... — Jeanne de Gassion mourut protestante, à un âge fort avancé, et fut enterrée, le 19 avril 1678, à Pau (1). — Elle laissa de son second mari : Aimée de Bachoué, qui épousa, vers 1654, M. M⁰ Jean de Debats, de Lembeye, conseiller du roi, doyen du parlement de Navarre (2).

---

(1) « Le 19 avril 1678, fut enterrée mademoiselle de Gassion, veuve au feu sieur de Bachoué, en son vivant advocat en parlement. » (Archives de Pau, *État civil protestant*, GG. 6, f° 7, v°.)

(2) Ch.-L. Frossard, *Généalogie de la famille de Gassion*, page 6 ; — *Armorial de Béarn*, tome I⁰ʳ, pages 99 et 100. — C'est à tort que nous avions mentionné *deux* Jeanne de Gassion, filles du président Jean de Gassion, I⁰ʳ du nom, et de Marie du Brexo, sa seconde femme.

INDEX ALPHABÉTIQUE

DES NOMS DE PERSONNES ET DE TERRES

CONTENUS DANS LE VOLUME

———

Les noms de personnes sont écrits en lettres ordinaires; les noms de lieux en italiques.

A

B

C

D

E

F

H

I

J

L

M

N

O

P

R

S

V

Valedons : 97.
Vallée (La) : 22.
Vallière (La) : 135.
Varennes : 25.
Vauzé : 72, 73.
Veaubourg : 119.
Verduc : 67.
Verger (du) : 34.
Vergès : 9.
Vernet (du) : 184.
Veronese : 112.
Viana : 141, 142.
Vic : 50, 51.
Vicq Hariade : 51, 55.

Vidart : 85.
Vidau : 193.
Vieillevie : 131.
Viellepinte : 157.
Vienne : 114.
Vignancour : 72, 122.
Vignancourt : 105.
Vignau : 9, 32, 107, 108.
Vignes : 191.
Villeromard : 104.
Villeromard : 153.
Villeroy : 101, 123.
Voisin : 119, 138.
Voyrie (La) : 88.

W

Wallenstein : 97.

Y

Yhars : 36.

TABLE DES MATIÈRES

—